公益科研机构员工激励

——基于工作价值观的思考

冯绍红　著

科学出版社

北　京

内 容 简 介

本书以提高知识员工士气、科研组织效率和国家科技创新实力为目标，比较全面、系统地研究了如何改进和完善我国公益科研机构员工激励系统。全书共分7章，分别论述了公益科研机构员工工作价值观的维度结构和基本要素，知识文明条件下公益科研机构员工激励系统建设的目标模式，公益科研机构员工激励系统的总体结构，包括由工作报酬、知识进取、职务晋升、工作环境和人际关系等5种要素构成的动力机制，由工作绩效、伦理道德和制度规范等3种方式构成的约束机制，以及由动力机制和约束机制有机结合构成的博弈机制。书中深入论述了员工激励系统3种机制的有效运用，并分别从不同角度进行了量化研究。

本书理论联系实际，论述颇具特色，可供科研工作者、科技管理者、人力资源开发与管理者以及高等学校人力资源管理专业师生阅读参考。

图书在版编目（CIP）数据

公益科研机构员工激励：基于工作价值观的思考/冯绍红著.—北京：科学出版社，2012

ISBN 978-7-03-033776-4

Ⅰ.①公… Ⅱ.①冯… Ⅲ.①科学研究组织机构-激励理论-研究 Ⅳ.①G311

中国版本图书馆CIP数据核字（2012）第039926号

责任编辑：马 跃/责任校对：朱光兰
责任印制：张克忠/封面设计：蓝正设计

科学出版社 出版
北京东黄城根北街16号
邮政编码：100717
http://www.sciencep.com

北京凌奇印刷有限责任公司 印刷
科学出版社发行 各地新华书店经销
*
2012年5月第 一 版 开本：B5（720×1000）
2012年5月第一次印刷 印张：13 1/2
字数：260 000

POD定价： 56.00元
（如有印装质量问题，我社负责调换）

前　言

我国的公益科研机构在国家科技创新中担负着重要使命，目前正处在改革和发展的关键时期，面临着机构运行不畅、政策支持不配套、内部管理不完善、员工积极性不高等诸多困难。如何对公益科研机构员工进行有效的激励，以提升员工的士气、组织的科研效率和国家的科技实力，是科技人力资源开发与管理研究者面临的一个十分有挑战性的课题。本书从员工工作价值观入手，以提高组织效率为目标，展开对公益科研机构员工激励问题的研究。

本书内容以员工激励为经，以工作价值观为纬分层次展开。在整个研究过程中，一方面，始终不离公益科研机构员工激励这条主线，从员工激励的文化心理基础到经济社会背景，从系统总体设计到各项具体机制，从理论铺陈到实例验证，一以贯之地朝着如何在公益科研机构中建立完善的员工激励系统这个大方向逐步推进。另一方面，始终不离工作价值观这个员工激励的文化心理基础，从概念内涵和外延的推敲到经济社会变革影响的分析，从激励因素的确定到系统功能的发挥，从调查量表的设计到激励系统模型的构建，全部研究思考都基于工作价值观而展开。

本书联系公益科研机构员工激励实践开展理论探索，主要包括 4 个方面的内容。

1）知识文明时代对公益科研机构员工工作价值观的深刻影响

在知识文明和全球化的背景下，研究我国公益科研机构员工激励的文化心理基础，分析知识员工工作价值观的时代特征，提出了知识员工是知识文明时代孕育和催生的新兴社会阶层的理论命题。在广泛借鉴国内外研究成果的基础上，实地调研典型公益科研机构，并运用 SPSS 软件系统处理调查问卷的样本数据，构建了我国公益科研机构员工工作价值观维度结构模型，包括工作报酬、知识进取、职务晋升、工作环境、人际关系等 5 个基本维度及其所属的 45 个具体项目。

2）公益科研机构员工激励系统的总体结构

论述公益科研机构员工的时代特点和素质要求，员工激励效果对提高公益科研机构效率的决定性作用，提出了员工激励系统主体与客体关系的革命性变化等观点。在此基础上研究公益科研机构员工激励系统建设的目标模式，改进公益科研机构员工激励系统的顶层设计，从系统论的视角设计了公益科研机构员工激励系统总体结构模型，明确了系统的总体构成以及推动系统内部矛盾运动的 3 种基本力量，即驱动力、调控力和互动力，确立了分别发挥 3 种力量的作用机制，即动力机制、约束机制和博弈机制。

3）系统 3 大作用机制在公益科研机构员工激励实践中的有效运用

关于动力机制，针对公益科研机构员工工作价值观的 5 个基本维度研究了调动员工积极性的驱动力、动力机制的要素构成及运用效果。归纳了员工激励系统动力机制的 5 大构成要素,论述了诸要素特别是知识进取、职务晋升和人际关系等 3 个要素在公益科研机构员工激励中的实际运用。在提高公益科技职业吸引力,走出改革困境,建设创新型组织,培养拔尖人才,健全晋升机制,营造健康和谐的人际关系氛围等重要问题上提出了新见解。

关于约束机制,从工作绩效、伦理道德和制度规范等 3 个层面研究了健全激励系统的调控力,以及保证员工的行为符合组织目标的实现途径。在工作绩效的约束作用,伦理道德的民族性和时代性,克服制度规范约束软化等问题上提出了新见解。

关于博弈机制,突出激励系统的心理学特点,研究了在我国当前的文化背景和公益科研机构管理的现实条件下,激励措施与效果的博弈性,从动力机制和约束机制有机结合的视角研究了员工激励系统的博弈机制。从效率与公平这两个基本问题入手,研究了博弈机制在公益科研机构员工激励中的实际运用,探讨了员工激励系统中博弈的角色、内容、阶段性和连续性,员工公平偏好对激励博弈效果的影响。

4) 公益科研机构员工激励系统中诸机制的量化研究

基于调研获得的事实和数据,尝试多角度运用数学工具处理数据,建立模型,验证理论,进一步揭示公益科研机构员工激励的内在机理和基本规律。

运用系统控制理论分析了员工激励系统动力机制的整体作用效果,运用全局灵敏度方程(global sensitivity equation,GSE)方法分析了员工激励系统动力机制诸要素的灵敏度,探讨了动力机制诸要素协同优化的基本思路。结合实例研究分别运用模糊偏序方法和自适应神经模糊推理系统(adaptive neurofuzzy inference system,ANFIS)方法研究了员工激励系统动力机制的决策优化问题。

基于委托-代理理论设计了公益科研机构员工激励-约束机制,对标准模型做了系统改进,以解释工作报酬之外各项动力要素的作用效果,对约束机制的作用效果做出了与动力机制统一的解释,对约束机制的一般特点及其博弈性、动态性和有效性进行了简要分析。

运用贝叶斯模型对员工激励系统博弈决策机制进行了量化研究,论证了学习过程对提高激励博弈效果的重要作用。

本书在知识文明和全球化的大视野上探讨公益科研机构员工激励问题,书中的基本观点适用于一般科研机构员工以及一般知识员工激励问题的研究。

科研机构员工激励问题是一个关系到我国创新型国家建设进程的大课题,是一个需要在实践发展中不断提高认识的大课题。限于作者的能力和视野,书中一定存在许多不全面、不深入甚至不正确的地方,敬请专家学者不吝赐教。

作　者

2012 年 1 月

目　　录

1 绪　论

1.1 公益科研机构

科研机构是直接从事科研活动的正式组织，是国家科技创新体系的基本力量。在我国现行的科技管理体制下，科研机构分为营利的科技企业和非营利的公益科研机构①。前者与各产业部门联系更密切，直接承担着将科学技术由潜在生产力转化为直接生产力的经济任务；后者是社会公共科技产品的主要提供者，其主要职能是提供战略性、关键性的知识与技术等公共科技产品，有组织、有计划地推动原创性的知识生产和技术研发活动，有效地突破技术瓶颈，进而形成全社会共享的技术基础和科技资源。公益科研机构对国家的经济社会发展与科技人文进步具有不可替代的骨干作用。在经济社会发展和参与国际竞争的实践中，世界各国越来越认识到，公益科研机构的作用发挥得如何在很大程度上决定了一个国家的科技创新能力。因此，各国高度关注改进公益科研机构内部管理这一重要问题，普遍从国家战略高度重视提高公益科研机构的组织管理水平和科技创新能力。西方发达国家甚至多以法律形式对公益科研机构的内部管理制度做出规定。

20 世纪中叶以来，以美国为代表的西方发达国家经济总量不断增长，科技实力不断增强，关于公益科研机构管理制度的研究一直受到高度重视。对美国、德国、英国、瑞典等国公益科研机构内部管理制度特别是人力资源开发与管理制度的研究表明[1～4]，西方发达国家公益科研机构突出体现了竞争、激励、流动、开放的特点，重视形成竞争开放、自由探索、高效运作、鼓励创新的研究氛围。它们与外部大学、科研机构及国外相关单位之间的学术交流十分频繁，通过人员的流动促进了公平竞争意识，同时也开拓了学术视野。这些科研机构内部的人事、财务等管理有很高的自主权和透明度，员工的工资福利水平与政府部门不相上下，组织对科研人员按照项目完成质量和科技创新贡献实施激励措施。但是，由于大多数公益科研机构是由政府直接创办的，这些机构与政府的管理和运行机制十分相似，有些机构的部分人员就是由政府机构人员兼职，有的整个机构就是由政府部门或完全按照政

① 我国对公益科研机构的界定始于 20 世纪后期的科研机构分类管理，由于其形式多样，构成复杂，文献中对其称谓颇不统一，有公益类、公益性、公益型科研机构等提法；为了突出其非营利性，也有的文献称之为非营利性科研机构。严格地说，公益科研机构在我国应包括民办科技类非企业组织在内。本书所说公益科研机构专指国家设立、投资和管理的公益科研机构。

府的编制和待遇管理，这使得这些机构的运行效率低下，创新活力在很大程度上受到限制，不能适应高速发展的经济和科技对公益科研机构的要求。为此，西方发达国家已开始尝试在公益科研机构中建立理事会制度，以市场化的管理体制和运行机制来解决公益性研究领域的低效率问题，鼓励公益科研机构摸索出适合本机构、本学科科研需要的管理办法。目前西方发达国家关于公益科研机构的研究基本集中在传统的机构设置、工资待遇、任务管理等制度层面，对公益科研机构员工激励系统建设缺乏专门研究。

我国设立公益科研机构已有较长的历史，但由于其间多次受到政府更迭、社会动荡的影响，直到20世纪90年代，国内才开始重视这方面的研究。2000年以来，我国公益科研机构根据国务院办公厅转发科技部等12个部门《关于深化科研机构管理体制改革的实施意见》(国办发[2000]38号文)精神，进行了全面的分类改革，其中有面向市场能力的部分，向企业化转制并逐步与原科研机构分离；主要从事应用基础研究或提供公共服务、无法得到相应经济回报，确需国家支持的科研机构，仍作为事业单位，按非营利性机构运行和管理。这场改革把我国的科研机构分为两大类型，即从事营利科技活动的科技企业和从事非营利科技活动的公益科研机构。经改革后保留下来的我国公益科研机构具有鲜明的组织特征，即宗旨的非营利性、核心业务的战略性和关键性、主要成果的公共性与高溢出性、组织绩效考核的非市场性、活动的相对公开性以及各种资源投入的高风险性[1]。这些特征决定了对公益科研机构员工有更高的素质要求，要求他们不仅在科研工作中要有更高的基础研究和科学发现能力，同时在世界观、人生观、价值观上还要更肯于吃苦，更耐得住寂寞和清贫，以对科学的追求和探索为乐，以社会和国家发展为己任，要求他们具有自觉性强、自律性强、共同价值感强、目标导向明确等特点。为适应2000年启动的公益科研机构分类改革，国内研究重点集中在公益科研机构分类改革方案、标准及配套政策、机构定位与内部管理机制等。目前我国公益科研机构的管理机制与发达国家的实践日趋接近，各公益科研机构都在积极地探讨有关建立公平竞争，具有良好激励作用的岗位薪酬制度，促进科技与经济结合，完善科技成果转化制度和绩效评价制度等问题[5,6]。

1.2 员工激励系统

在深化公益科研机构改革中，一项关键的攻坚性任务就是在这类科研机构内部建立高效的员工激励系统。在改革大潮的推动下，我国公益科研机构正处在发展的转折期，其发展既受到我国科技体制改革的积极影响，同时也受制于社会观念和外部环境等不利因素的困扰，面临着机构运行不畅、外部环境不稳定、政策支持不配套、内部管理不完善、员工积极性不高等诸多发展困难。如何对公益科研机构中的典型员工即知识员工群体进行有效的激励,以高效的激励系统来提升公益科研机构的整体管理水平,既是管理理论与实践发展的迫切需要,也是人力资源开发与管理研究者面临的一个十分具有挑战性的问题。由于受传统文化、管理水平、历史遗留问题等因素的影响,建立适合我国公益科研机构完善的激励系统是一项十分艰巨又十分迫切的任务。目前我国公益科研机构员工的总体努力水平和绩效水平还相当低,亟待通过激励予以大幅度提高。由于公益科研机构改革的复杂性和艰巨性,这项改革实际上至今未能圆满完成,还需要做出巨大的努力使之不断深化。其进度已经远远滞后于国家改革的整体步伐,这说明这项改革比人们预想的要深刻得多,难度比预想的要大得多。只要这一系统还没有建立起来并得到完善,公益科研机构的改革就还需要继续深化下去。在这样的形势下,针对我国公益科研机构的组织特征和对员工群体的要求,研究员工个体和群体的工作价值观特点,研究如何在此基础上建立公益科研机构员工激励系统,探索提升公益科研机构管理水平和组织效率的有效途径,是一项十分现实而迫切的任务。

激励问题是一个重要问题。激励可以对人的行为努力产生极大影响,这一点已经得到学术界的普遍共识。例如,美国哈佛大学管理学教授詹姆斯认为,如果没有激励,一个人的能力发挥不过20%~30%;而如果施以有效的激励,其能力则可以发挥到80%~90%[7]。我国已成为世界人才大国,国家已明确提出要在2020年建成人才强国的战略目标。建成人才强国一要看人才数量之多,二要看人才素质之高,三要看人才积极性的发挥。在组织中建设完善的激励系统,其根本目的就是为了更有效地提高员工的努力程度,发挥员工的能力,减少人力资本的浪费。

激励问题的重要性使其成为当代多门学科共同研究的一个热点问题。管理学、经济学、社会学、心理学、文化人类学、组织行为学等众多学科都对激励理论和实践的发展做出了积极贡献。

激励在历史上最初是作为一个管理学概念提出来的,因此在研究传统上,学术界长期认为激励问题是一个典型的管理学问题。在管理学关于激励问题的研究进程中,在员工个体行为、群体行为和组织行为三个层次上都有所研究,马斯洛、麦克里兰、赫茨伯格等学者先后提出了需求层次理论、双因素理论、期望模式理论等理论模型,用来解释现实组织中的各种激励问题,并提出组织设计理论、组织行为理论、组织文化理论等激励实践模型,解决组织中现实的激励问题[8~10]。

激励问题之所以在管理学研究中受到广泛重视,是因为它切中了管理活动的本质,即如何提高组织的效率。实际上,20世纪管理理论的迅速发展和管理实践的不断丰富都记载了人们对效率的不懈追求。从泰勒时代科学管理学派强调员工的物质性工作报酬倾向而提出“经济人”假设,到而后行为科学学派先后强调人际关系影响而提出“社会人”假设、侧重员工价值实现而提出“自我实现人”假设以及综合前人研究成果而提出“复杂人”假设，乃至“管理理论的丛林”①现象的出现，以人为中心的“文化人”、“有限理性人”概念的提出，这些都说明，如何提高效率是一切管理活动永恒的主题[11]。

知识文明时代的到来，引发了社会经济组织内部一系列的变革，例如技术变革、组织变革、管理变革、制度变革及需求变革等，这些变革强烈地呼唤着创新。在这种情况下，任何一个组织都必须通过提升自己的管理水平去赢得生存与发展的机遇。现代管理是以人为中心的管理活动，如何创造出使员工感到满意的工作环境，如何提高员工素质，如何提高组织吸引和培养人才的能力，如何实现组织目标和个人目标的统一，等等，这些问题都需要现代组织通过建立有效的激励系统才能解决。在这种情况下，对员工进行全面而有效的激励成为现代组织管理中的核心职能，如何根据知识文明时代的新特点与新要求建立适合组织需要的激励系统，已成为迫切需要管理学及相关学科深入研究的新课题。

在激励问题的研究历史上，科学管理理论的创立者泰勒曾经指出，要“精确地研究影响人们的动机”[11]，主张采用奖金和惩罚的方法来提高组织效率，这在当时较低的生产力水平下是很有效的激励措施。此后，随着社会学、心理学、管理学、经济学等有关学科的不断进展，产生了行为科学的系统理论，管理学家们又对管理活动中的激励问题进行了多方位、多层次的全面探讨。众多学者对行为科学的发展做出了重要贡献，他们提出的各种激励理论为我们深入研究激励问题打下了坚实的理论基础。另一方面，近年来关于工作价值观理论的研究与关于工作动机和工作态度之间关系的研究十分活跃，为我们更深入、更全面地探讨激励问题提供了新的理论工具。行为科学重视对管理实践经验的总结，注重应用社会调查、观察测验、典型试验、实例研究等社会科学方法研究激励问题，但现有研究对激励的机制设计问题涉及较少，对管理中出现的许多新问题、新现象也缺乏相应的理论解释。

经济活动是人类的基本活动，是人类一切社会、政治、科技等项活动的中心，经济活动效率决定组织生存发展的能力和活力。在很多情况下，经济活动和管理活动密不可分，经济活动需要靠管理活动来提高效率，管理活动直接为提高经济效益服务。在当今市场经济时代，激励问题理所当然地受到以研究经济活动效率为己任的经济学家的高度重视。

激励问题得到经济学家的关注，是在科斯提出了交易成本理论以后。信息经济学以及博弈论、契约理论等新兴学科的出现，为研究激励问题提供了十分重要的数学模型分析手段。激励研究中的组织效率在很多情况下是组织中经济活动效率的同义语，这使得激励问题成为现代经济学和管理学共同的研究重点和核心内容，

① 美国著名管理学者孔茨于1961年和1980年先后两次以“管理理论的丛林”为题著文，归纳了管理理论研究中的学派林立现象。

两门学科共同研究激励理论而形成的成果对提高组织的经济效益和社会效益共同发挥促进作用。以专门研究资源配置效率问题见长的经济学在长期的研究过程中建立了一套精巧的数学工具，经济学的加入使激励问题研究从管理学的基础上更加趋于精准，而这一问题由管理学向经济学的延伸也使后者对经济效益问题的研究扩展到组织层次。

经济学家对激励问题的研究一般是从“经济人”的假设出发的，他们的研究大多集中在对经济组织中经营管理活动的研究上，对组织内部员工的激励问题的研究涉及很少。在激励手段上主要强调运用经济手段，忽视了对人们内在思想体系的关注，以及其他管理手段的运用。经济学界研究激励问题的另一个明显不足是缺乏对约束机制和博弈机制等有关实际问题的应用研究。

在具体的研究活动中，国外学者 Vansteenkiste、Lens 和 Deci 等研究了内在激励与外在激励的相互关系[12～15]。Zenger 和 Marshall[16]分析了在团队回报率基础上的激励强度问题。Chang[17]研究了外在激励对工作努力程度的影响，研究包括外在激励的形式和外在激励的感知，并通过对韩国 29 个公司的 401 位员工采集的信息分析了影响外在激励感知的两个关键因子。Leonard、Beauvais 和 Scholl[18]建立了集成的激励模型，避免了以往研究从某个角度出发分析激励效果的局限性和片面性。Sumita[19]按照激励理论研究了激励策略的制定方法。Bird[20]分析了工作环境与员工激励之间的关系问题。Fehr 和 Armin[21]、Prendergast[22]的研究表明，从经济角度出发，无法建立员工激励的输入与员工的产出之间的确定关系；实际上一些非经济手段的激励方式，如提升员工地位等，也在激励过程中非常重要。Gneezy 和 Aldo[23]、Heyman 和 Ariely[24]的研究表明，即使在收入方面保持较低的激励强度，也会影响员工的工作绩效；文献[23]的研究进一步说明，如果对提升员工绩效给予的物质激励过小，比不给予任何物质激励的效果还要差。Li[25]研究了个体激励与团队关系问题，在探讨了物质激励的同时，研究从社会学角度进行激励的效果。Purdy[26]研究了非营利性组织员工的激励与工作满意度问题，采用实证分析的方法证明了赫兹伯格双因素理论的有效性，以及非营利组织的激励问题与一般组织具有一定共性。Xu[27]的研究表明，职业激励与员工的自我成长密切相关，通过职业激励可以更大程度地激发员工的潜能。Steers、Mowday 和 Shapiro[28]研究了基于工作的激励问题。Maurer 等[29,30]研究了激励与员工继续学习和职业发展的关系。Ramlall[31]研究了激励与员工在组织中留职的关系。Li 和 Chung[32]通过比较研究，分析了激励研究中工作满意度和组织承诺对中韩员工的影响和区别。Bolton[33]认为不同年龄段的人对工作的安全感与满意度等都不同，研究了在组织中针对不同年龄段的员工的激励方式。Barbuto、Brown、Wheeler[34]研究了通过激励来激发员工的组织公民行为和避免追求个人私利的行为。Furman[35]在个体激励的基础上进一步研究了团队激励问题，并研究了个体激励与团队激励之间的关系，他认为当具备良好的团队环境时，个人激励能够取得良好的效果。Markle[36]采用非对称不确定性理论研究了激励效果的不确定性问题，认为知识员工更希望通过激励实现知识的共享，提升组织的绩效。

近几年来，国内学者也对激励问题进行了广泛研究，出现了一批很有价值的学术成果。张维迎[37]从委托-代理理论角度对管理中的激励问题进行了研究，张军[38]对合作团队的激励问题进行了理论研究，刘正周[39]侧重于激励原理在管理中的应用研究，李红霞[40]则对基于知识的激励理论进行了研究。侯光明和李存金[9]对激励理论进行了比较深入的研究，对激励与约束机制设计问题进行了有益的探索，提出了约束是管理的重要职能的新观点，将约束要素从激励要素中分离出来，在激励与约束多因素、多目标、多阶段合作博弈以及对隐蔽违规行为①的约束机制设计等方面做出了很有特色的成果，并应用博弈论和委托-代理理论等方法，建立了一套被称为管理博弈机制式模型的数学分析模型，提出了一套被称为管理博弈论的较为完整的激励与约束机制设计理论与方法体系。目前国内对激励理论与实践的研究还不够完善、不够系统。在定性研究中，对激励系统的内在矛盾、客观规律和必然趋势揭示得还不够深入；在定量研究中，多倾向于纯粹数学意义上的抽象理论推导，缺乏密切联系实际的有效实证；特别是在定量与定性研究的结合上深度与广度还不够，缺乏对实际问题的针对性分析研究。

总的来看，国内外学者在激励理论方面取得的研究成果多倾向于实务方面。针对一般激励问题建立的形形色色的理论模型已渐成体系，但与管理实践的需求相比还有较大差距，其表现有三。一是一些理论模型只能较好地描述个体员工的激励问题，对群体员工激励问题的解释力较差。二是一些理论模型假设的约束条件过于理想化，以至于在很大程度上失去实践意义。三是多数理论模型只能停留在抽象意义的精准量化上，在解释实践中的具体问题时仍需要作定性意义上的还原。在本书的立论方向上，基于知识文明时代的工作价值观来研究我国公益科研机构员工激励系统的建设问题是一项艰巨的任务。

以员工激励为核心的组织管理是以人为中心的管理活动。组织的运行效率归根到底是由组织中人的素质、能力和努力程度决定的。因此，实施有效的人力资源开发与管理，选拔与培育人才、科学地使用人才、有效地激励人才，充分利用组织管理资源使人力资本的作用得到最大程度的发挥，就成为组织谋求生存与发展的必然选择。实施以人为中心的管理，关键是建立适应组织发展需要的激励系统。在

① 委托-代理理论认为，信息不对称经常会导致委托人和代理人的关系出现三个问题：道德风险、逆向选择和隐蔽违规行为。道德风险是指在合约签订之后，拥有私有信息的一方会在最大程度增大自己效用的同时做出对另一方不利的行为。逆向选择是指由于双方信息不对称，订立合约的选择过程中某一方的选择会使另一方做出不利的选择。隐蔽违规行为是指代理人为了追求个人效用而偏离组织的目标方向进行投机活动，从而给组织造成损失的行为。

当今知识文明时代迅速到来的社会背景下，人才竞争已成为组织之间、国家之间竞争的根本方式，激励系统的建设和完善比以往任何时候都更加重要，更加迫切。我国公益科研机构员工激励问题是一个十分复杂的系统问题，员工工作价值观体系的形成、激励因素的确定，都受到来自组织内部和外部各种复杂而模糊的因素的干扰。这些因素既包括公益科研机构面临的社会文化与价值观、科学技术环境、经济环境、法律环境、政策环境等外部环境和宏观运行机制的影响，也包括组织文化、组织制度规范等内部环境和内部运行机制的影响。因此，研究公益科研机构员工激励问题，需要紧密结合公益科研机构的内部和外部环境，系统分析其运行机制和运行效率，准确把握其组织特点和组织内员工的工作价值观体系，针对公益科研机构的实际问题和困境提出具有针对性的员工激励系统建设方案。

1.3 工作价值观

为适应改革要求，在公益科研机构建立完善的激励系统，需要激励和约束员工自觉树立适应时代和职业需要的工作价值观。在目前改革推出的激励措施中，关注较多的是薪酬、研究经费支持、效益分成、享受部分专利份额、允许兼职等基于员工需要特别是外部需要因素的激励，这些激励措施在实施中遇到了很多困难而难以全面落实。在这种情况下，对基于工作价值观体系的员工激励系统建设的需要显得尤为迫切。

激励是组织行为学的基本概念。在组织行为学中，传统的激励理论一般从满足人的需要的角度来研究管理对人的行为的影响，认为人有了需要才会有动机，才导致一定行为的产生。因此，把握员工的需要是在管理中对员工实施激励的基点。传统激励理论的研究成果为研究人的激励问题提供了重要的理论基础，但是这种面向需要的研究是一种面向个体的研究，它过分强调人的行为完全取决于个体的需要，强调组织要通过满足个体的需要来影响人的工作态度和工作行为。而组织行为学领域近年来兴起的工作价值观理论研究表明，人的行为除了追求个体需要的满足之外，还在很大程度上受到在一定的社会背景中形成的思想观念的影响。目前在工作价值观研究中较为普遍的认识是，工作价值观是个体关于工作行为及其在工作环境中获得的某种结果的价值判断，是一种直接影响个体工作行为的内在思想体系[41]。它不仅包含了个体对工作角色持有的需求和意愿，还包含了对工作的态度和驱动力，是需求、意愿、态度、驱动力的综合表现[42]。也就是说，这些价值观念不仅是个体表现出来的外部需要，也是帮助人们判断在工作中什么是应该做的、什么是有价值的内在取向。因此，从工作价值观角度思考员工的激励问题，能够更深刻地认识影响员工需要的内在思想体系，更全面地把握组织活动中员工群体需要的共性，更有效地引导员工实现自身工作价值观和组织价值观的统一。工作价值观与工作态度和工作绩效都具有很高的相关性，这一点已经得到了国内外研究者的广泛支持[43]。员工群体的共同价值观是群体成员共同的行动指南，群体成员的思维方式、努力方向和行动准则都由这一共同的价值观念来决定。也就是说，群体成员的共同价值观既是群体成功的必要条件，也是衡量群体成员成功与否的必要标准。由此，在研究员工工作价值观的过程中，对员工群体的工作价值观，对员工个体与群体在工作价值观上的一致性，应该给予更多的关注。

价值观是心理学、社会学的一个重要范畴。一般认为，价值观是指个体或社会群体对某一特定行为模式或目标状态的偏好程度胜于其他行为模式或目标状态的一种信念。作为一种持久的信念，价值观具有引导个体或群体行为，帮助个体做决定、解决冲突及激励个体自我价值的实现等社会心理功能。工作价值观是个体价值观的重要组成部分，是个体关于其工作行为及其在工作环境中获得的结果的价值判断，是一种直接影响个体工作行为的内在思想体系，包括个体从职业伦理道德到工作倾向性和工作需求的一系列思想理念。国内外学者对工作价值观内涵和外延上的界定不尽一致。归纳起来，工作价值观具有如下基本内涵特征：

(1) 人们希望从工作中得到的心理效用；

(2) 反映需要和满足之间的相互关系；

(3) 反映的是关于工作的偏好选择，而不是道德意义上的自觉性或法律意义上的强制性；

(4) 反映人们从事某一工作行为而不是其他工作行为的倾向性；

(5) 它是一种内在的动力，驱使个体朝着既定的职业目标前进，引导个体行为的方向和动机；

(6) 它是人们衡量社会上各种职业的优缺点、意义和重要性的内心尺度，是人们对社会职业需求所表现出来的价值判断，是世界观和人生观在职业问题上的反映，是人们对待工作的信念和态度。

随着对工作价值观研究的不断深入，学者们已经从多层次、多角度证明，组织成员的工作价值观是否符合其工作特点和组织价值观，是决定其工作绩效的重要因素。

国内早期对工作价值观的研究，是跟着西方的脚步进行的；而西方国家关于工作价值观的研究是从其社会结构、生产方式、工作本质的改变并由此带动社会价值观的变化开始的。西方国家关于工作价值观研究的主要成果有：

(1) 工作本质、工作价值观的转变以及与工作有关的社会观念历史脉络的研究。员工的工作价值观与社会价值系统、社会环境、工作本质及职业结构之间存在着紧密联系，个体工作价值观会随着社会观念、社会价值与意识形态的变化而变化，不同年龄、教育程度、性别、地域和文化背景的员工会有不同的工作价值观[44～47]。

学者们将工作价值观进一步划分为外在价值观和内在价值观，外在价值观强调的是物质和安全需要，内在的价值观则更注重自我实现和自我表现的需要。

(2) 建立了在西方文化背景下的工作价值观量表，其中以 Super[48,49]、Wollack[50]和 Elizur[51]的量表为典型代表。

(3) 工作价值观影响员工的工作行为与工作绩效。研究显示，工作价值观与工作态度的关联性得到了广泛支持。例如，Super[49]等学者发现，工作价值观与工作满足具有相关性，个体工作价值观与个体对组织的承诺有关联性，其工作价值观对工作投入也有相关性。Shapira 和 Griffith[47]发现，专业人员工作价值观与绩效评价结果有中高程度的相关性。Butler 和 Vodanovich[52]、Cheung 和 Scherling[53]、Drummond 和 Stoddard[54]的研究表明了工作价值观取向与工作成果之间的正相关，如工作满意度和组织承诺等。其他研究成果还包括，工作价值观与管理者的人际关系、解决问题的自觉性、参与度及决策行为等呈高相关性，与员工的工作态度、工作动机及工作行为间有高相关性。学术界因此认为，工作价值观影响工作行为与绩效的可能路径是：工作价值观→工作动机或态度→绩效表现[42]。

另一方面，Maarten、Neyrinck 和 Niemiec[55]则在关注工作价值观与工作成果之间正相关性的同时，也注意到一些外在和相对内在的价值观因素与工作成果之间存在着负相关性。LaBarbera 和 Gürhan[56]，Nickerson、Schwartz、Diener 和 Kahneman[57]以及 Malka 和 Chatman[58]从内在工作价值观和外在工作价值观的角度分析了它们与工作绩效的关系，认为在一定程度上，由于外在工作价值观的存在，组织员工不一定更倾向于工作绩效的提高，有时对工作绩效还产生了负面的影响。Bardi 和 Schwartz[59]的研究表明，虽然许多学者都讨论了工作价值观与员工工作行为之间的高度相关性，但是实证研究远没有能充分支持这样的结论。

此外，Gagne 和 Deci[60]研究了工作价值观与工作目标之间的关系，认为工作目标实际上是高一层次的工作价值观。

(4) 个体工作价值观与工作选择或职业选择有关。因此，鼓励个体在职业生涯选择中重视自己的价值观。

Ghorpade、Lackritz 和 Singh[61]的研究表明，由于工作价值观的作用，组织内的员工更有积极性参加组织的管理，提升管理效率。Roe 和 Ester[62]的研究表明，虽然工作价值观与员工工资收入水平和工作绩效之间有密切关系，但没有相关的实证研究对其提供有力支撑。Sun[63]通过对中国 29 家外资企业员工工作价值观的调查分析，研究了员工工作价值观的影响因素，相关结果对引导员工的工作价值观符合组织的核心价值观，提升跨国企业的竞争力具有重要意义。Kuchinke、Kang 和 Oh[64]通过对韩国中等规模企业员工采集的调查问卷分析了工作价值观与工作满意度和组织承诺之间的关系。Duysal、Ela 和 Olcay[65]分析了土耳其 6 个不同区域的 1023 个员工的工作价值观，统计分析发现经理人的工作价值观与企业规模密切相关，规模越小的企业，员工工作价值观越容易控制和管理，而经理人的受教育程度对工作价值观的形成没有明显影响。Ryan[66]通过采集样本，采用统计分析方法，研究了工作价值观与组织公民行为之间的关系。Frieze、Olson 和 Murrell 等[67]历时 16 年采集了 800 名 MBA 毕业生的相关数据，分析了工作价值观对男性和女性员工工作行为的影响，分析了工作价值观与工作努力程度、工资水平和工作时间的关系。他们认为工作价值观与离职倾向和工作提拔密切相关；通过统计分析表明，采集到的样本说明男性员工与女性员工的工作价值观没有明显区别，只是女性在工作中往往更容易出现追求完美的倾向。Loughlin 和 Barling[68]研究了与青年员工工作价值观密切相关的两个要素与工作态度和工作行为之间的关系，表明工作绩效与工作价值观、工作态度和工作行为之间密切相关，相关研究成果可以支撑对青年员工的管理。Raile[69]研究了工作价值观与组织沟通满意度之间的关系，并结合以往的工作价值观研究成果设计了验证试验，对其观点进行验证。

国内的研究目前主要集中在台湾地区，并在西方研究的基础上做了一些深化和拓展[42]：

(1) 工作价值观量表运用，直接引进国外工作价值观量表或采用国外工作价值观量表的维度结构来编制量表，对本土人员进行测量研究。

(2) 工作价值观与其他变项的关联性研究。其中研究较多的变项为个人背景(例如年龄、教育程度、性别、地域等)，还有内控和外控性格、工作特性、工作单位特性及组织特性等，研究得比较深入的是工作态度(包括组织承诺、工作投入、工作满足等)、生涯策略、离职行为等。国内在以上两方面的研究验证了西方研究提出的观点。

(3) 从儒家学说与传统价值的影响出发，探究随着社会、经济和科技的发展，传统价值观影响组织行为的变化趋势。

(4) 考虑文化因素研究工作价值观量表结构，初步编制了本土文化背景下的工作价值观量表。

Chiu[70]以台湾地区的高科技企业为研究对象，分析了工作绩效的目标设定、工作激励、团队建设和组织承诺之间的关系，相关数据的获取是通过设计 5 个调查问卷实现的，相关结果为台湾地区的高科技企业管理提供了支持。

1.4 知识员工激励

在当今迅速到来的知识文明时代，人力资源开发与管理的对象已经发生了深刻变化,管理活动更多的是面对知识员工①,其工作更具创造性,他们对新知识的探索、对新事物的创造过程主要是在独立自主的环境下进行,传统组织层级中的职位权威对他们不再具有绝对的控制力和约束力,沟通、重视、信任、创新、学习、合作成为针对知识员工的新的管理准则,组织的管理活动在组织结构、知识资本、信息沟通、教育培训等方面呈现明显的变化趋势。在这方面,目前学术界主要从人力资源开发与管理的角度对知识员工激励进行了一些理论和实证研究,研究内容涉及知识员工的特征、动机、职业、个体关系,知识员工的工作环境与工作流程设计,知识员工的社会角色,知识员工的战略资源地位与人才市场,知识员工团队设计,以及在管理实践中知识员工的报酬等问题[71~75]。

对知识员工激励问题的系统研究,目前国际上主要以管理学家玛汉·坦姆仆和安盛咨询公司提出的"知识员工激励因素"模型为代表[76]。玛汉·坦姆仆经过大量研究后提出,激励知识员工的前4个主要因素分别是个体成长、工作自主、业务成就和金钱财富。这一重要的研究成果表明,对知识员工的激励,不能以金钱刺激为主,而应以其发展、成就和成长为主,因为激励他们的动力更多地来自工作的精神性内在报酬。

国内学者张望军和彭剑锋针对我国现阶段实际情况进行了类似的研究,总结出我国知识员工的需求特征依次为[77]:

(1)工资报酬与奖励——获得一份与自己贡献相称的报酬,使自己能够分享自己所创造的财富。

(2)个人的成长与发展——存在使个人能够认识自己潜能的机会。这一结论证实了知识员工对知识、个体和事业的成长有着不断的追求。

(3)公司的前途——知识员工既看重金钱财富和个人能力的发挥,也看重公司的发展前景,他们认为公司的发展与员工的个人成长是休戚相关的。

(4)有挑战性的工作——知识员工希望承担具有挑战性的工作,因为这是对他们个人能力的一种检验,是显示他们突出于常人的佐证。

(5)其他激励因素——包括晋升机会、有水平的领导、工作的保障性与稳定性等。此外,学者们认为,知识员工对组织与个体双方之间隐含的非正式的相互责任与义务的心理契约具有与一般员工不同的特征,他们对良好的工作环境与同事关系、挑战性的工作、实现自我价值等方面的期望高于对金钱财富的期望,从而形成了基于心理契约的知识员工行为模型。学术界在此基础上提出了工作激励、成就

① 知识员工,美国管理学者彼得·德鲁克在20世纪60年代提出时称之为knowledge worker,后在文献中也有人写作knowledge staff,国内文献中常译作知识型员工。在近几十年世界经济社会发展中,知识员工一词的含义发生了很大变化,其作为企业雇员的含义已明显减少,逐渐成为对知识文明时代中这个特殊的新兴社会阶层的称谓。

激励、文化激励、情感激励等一系列相应的激励措施，提出了面向知识资本产权的激励措施[78,79]。但是存在的问题很明显，并非对所有人都可以实行知识产权激励，只有在组织中拥有知识产权的员工才能成为知识产权激励的对象。由于知识员工拥有知识资本，导致他们在组织中的实际地位不同于传统意义上的普通员工，他们和管理者之间的关系并非简单的管理-服从关系，而是一种更加平等互惠的合作关系。这样，对知识员工的激励就必须建立在平等、合作、互惠互利的基础上才能取得预期效果。

知识员工的激励是国内外研究的热点问题。早在20世纪90年代初，就有学者对知识员工激励问题进行了研究[80,81]。Dwivedula和Bredillet认为，工作激励是提升知识员工工作绩效的重要手段[82]。在知识员工激励的众多目标中，如何通过相关的激励措施和手段，推动组织内的知识共享是研究的重点之一[83~85]。Petroni和Colacino[86]采用实证分析的手段，采集了376名知识员工的信息，分析采用何种激励方式才能有效地激励员工。Brunner[87]的研究分析了通过激励激发知识员工进行创新和革新的问题。Agarwal和Singh[88]分析了对知识员工的激励策略一定要符合组织的结构特点才能有效地激发员工创新，Koning的研究表明，如果不这样做将会产生负面效果[89]。Kochanski等[90]分析了在以知识员工为主的团队中，提高组织的绩效无法通过对单个员工的激励实现，必须通过改善组织环境再结合有效的激励手段，才能实现组织绩效的提高。Latham和Pinder[91]认为对知识员工可以采用工作激励的方式进行。Milne[92]以知识员工为研究对象，分析了激励策略和员工绩效之间的关系。Murtonen和Olkinuora[93]认为基于工作的激励方式和策略要结合不同工作类型采取相关的激励形式。Osterloh和Frey[94]，Teigland和Wasko[95]，Serra、Serneels和Barr[96]的研究究表明，由于知识员工的工作环境是知识共享的，对知识员工的激励应更多地采用内在激励的方式进行。Amar[97]通过动力学分析研究了在知识环境中如何激励员工进行创新的问题。

目前国内外针对知识员工激励进行的研究主要存在3个问题。一是多侧重于从行为科学的角度分析其激励因素与激励过程，提出激励的措施，缺少系统的机制设计。二是多关注以管理层为主体的激励行为，且局限于针对薪酬激励措施设计激励机制。三是多针对经营性组织，对非营利性的公益科研机构中知识员工激励问题的系统研究亟待深入开展。

1.5 本书的章节安排

本书从奠定研究基础、明确对象特点、重视时代特征、面向管理实践等方面着力，对我国公益科研机构员工激励问题进行系统研究。在理论上，研究经济社会变革对知识员工群体的巨大影响和时代呼唤,认识知识员工的新兴社会阶层地位。在实践上,对影响知识员工激励效果的各种因素进行系统分析,对知识员工特别是公益科研机构知识员工的价值判断等基于内在思想体系的激励因素进行深入探讨,在此基础上构建能够体现系统化、动态化、个性化、科学化特征的工作价值观维度结构模型和激励系统整体结构模型。以这些模型为载体,对我国公益科研机构员工激励系统的构建和有效运用进行系统深入的研究,提出一套较为完整、具有较强逻辑性和可操作性的员工激励策略方案。作者希望本书关于激励系统的研究能够对提高我国公益科研机构人才资源开发与管理水平起到积极的理论与实践促进作用,通过对激励这个人才资源开发与管理关键环节的研究为我国扎实推进人才强国战略建言献策。

全书论述的总体思路如图 1.1 所示。

全书分 7 章展开论述。各章主要内容简述如下:

第 1 章是绪论,简要交代本书关注的 4 个焦点问题,即公益科研机构及其效率问题,员工激励系统的概念、渊源及其在公益科研机构效率中的作用,工作价值观在员工激励中的地位,以及作为公益科研机构激励对象主体的知识员工的基本特点。

第 2 章在知识文明时代和全球化的开阔视野上研究员工激励的文化心理基础,是对后续研究所作的理论铺垫,其任务是研究作为员工激励的文化心理基础的工作价值观的内涵和外延,对员工工作价值观的渊源——基本价值观,特别是对我国知识员工工作价值观的民族性和时代性作广角度的理论思考。借鉴国内外研究成果,运用从公益科研机构获得的调研数据构建公益科研机构员工工作价值观维度结构模型,论述了知识文明对知识员工工作价值观的深刻影响。

第 3 至第 6 章是理论联系实际的研究论述,是本书的主体内容,其任务是基于工作价值观从激励理论的高度对公益科研机构员工激励系统的实践问题进行全方位的连续思考。

第 3 章是激励系统设计总论,从系统论的视角研究公益科研机构员工激励系统的顶层设计,包括员工激励系统主体与客体关系的革命性变化,公益科研机构员工素质和工作价值观的时代性特点和基本要求,员工激励对提高公益科研机构效率的决定性作用,激励因素的确定和激励系统的总体结构,以及推动系统内部矛盾运动的各种作用力量。从顶层设计的高度构建公益科研机构员工激励系统总体结构模型。

第 4 章研究公益科研机构员工激励系统的动力机制,研究范围大致对应目前学术界研究激励机制的基本内容,针对公益科研机构员工工作价值观体系的 5 个维度归纳动力机制的构成要素,探讨动力机制诸要素的特点和实际运用,量化研究动力机制的整体效果及其优化。

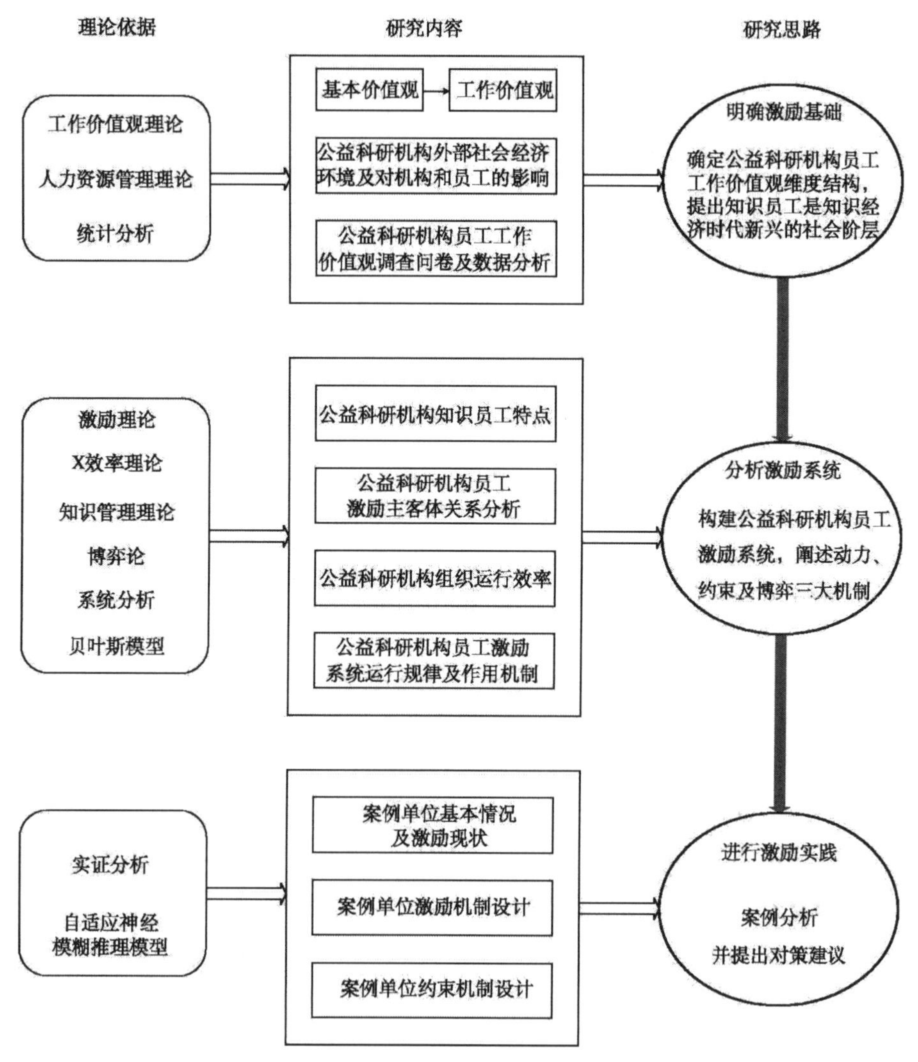

图 1.1　公益科研机构员工激励研究总体思路

第 5 章研究公益科研机构员工激励系统的约束机制，研究内容包括对约束机制内涵、对象等基本问题的思辨，从工作绩效、伦理道德和制度规范等 3 个层面归纳约束机制的构成要素，探讨约束机制诸要素的特点和实际运用，运用委托-代理理论量化研究激励-约束机制模型设计、约束合同优化以及约束机制的若干特点。

第 6 章研究公益科研机构员工激励系统的博弈机制。突出激励系统的心理学特点，研究在我国当前的文化背景和公益科研机构管理的实际条件下，激励行为与效果的博弈性。从效率与公平这两个基本问题入手，研究博弈机制在公益科研机构激励系统中的实际运用,运用贝叶斯模型研究员工激励中的博弈决策问题。

第 7 章是实例研究。按照本书的理论体系和研究任务要求,本着创新务实的原则安排了对公益科研机构员工激励实践的 4 项实例研究。实例 1 和实例 2 是两个调研报告,前者分析了某公益科研机构在员工激励系统建设方面的现有基础和改进思路,后者分析了某公益科研机构组织文化建设中的伦理道德约束问题。实例 3 和实例 4 分别运用模糊偏序方法和 ANFIS 方法研究员工激励动力机制决策问题,前者运用员工工作价值观关键指标和专家意见验证了模糊偏序模型在某公益科研机构员工激励系统动力机制方案选择中的有效性,后者运用调研数据验证了 ANFIS 模型在员工激励系统动力机制决策问题上的一般效果。

2 工作价值观——员工激励的文化心理基础

价值观和工作价值观是员工激励的文化心理基础。围绕价值观问题展开的种种文化和心理现象涉及员工激励行为的各个方面，对员工激励系统各种机制的作用效果产生全面而深刻的影响。

本章以知识文明时代和全球化的开阔视野研究工作价值观这一对员工实施有效激励的文化心理基础，是对后续各章研究所作的理论铺垫。本章的基本任务是：

(1) 研究作为员工激励的文化心理基础的工作价值观以及作为其渊源的基本价值观的内涵和外延，对我国知识员工工作价值观的民族性和时代性作广角度的理论思考。

(2) 借鉴国内外相关研究成果，运用 SPSS 软件处理从典型公益科研机构调研过程中获得的样本数据，构建我国公益科研机构员工工作价值观维度结构模型。

(3) 论述知识文明对知识员工工作价值观的深刻影响，提出知识员工正在成为知识文明时代新兴社会阶层的理论观点。

本章研究思路如图 2.1 所示。

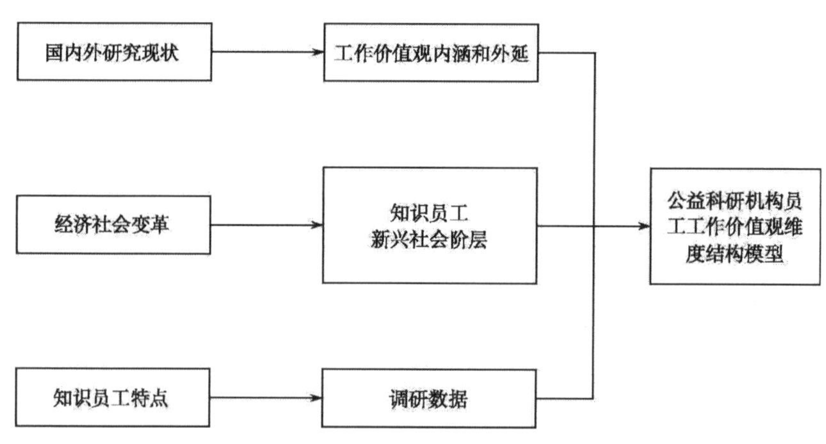

图 2.1　公益科研机构员工工作价值观研究思路

2.1 价 值 观

2.1.1 从价值到价值观

价值(value)是人们在理论研究和日常生活中使用频度很高的一个概念，但又是一个十分抽象的概念。由于其使用频繁而又十分抽象，不同学科也往往有不同的解释。鉴于此，研究价值观和工作价值观在员工激励中的地位和作用，首先应该明确价值这一概念的基本内涵。

在相关学科对价值概念给出的诸多释义中，存在着跨越学科具体研究内容的局限而更加抽象、更加一般从而也更带根本性的共性含义。这种共性源于价值一词的原始含义。有学者研究指出，价值一词肇始于古代梵文中"围墙、护栏"及拉丁文中"护堤"等词语，取其"掩盖、保护、加固"等含义，后来在漫长的语义学演变过程中逐步演化成关于某类事物和现象是否"可珍贵、可尊重、可重视"等一类判断标准的固定表述[98,99]。可以想见，在人类衣食堪虞，战乱与漂泊频仍的古代，在两三千年前的拉丁文语境和更早的梵文语境中，"围墙、护栏、护堤"这类事物"掩盖"了居所使人类免受风寒之苦，"保护"了人类安全使之免受野兽和异族侵袭之患，"加固"了堤坝等防护设施使人类免受洪水和泥石流之患，它们从不同侧面满足了当时人类最基本的因而也是最重要的物质生活需要，在当时的人类生活条件下这当然是最"可珍贵、可尊重、可重视"的。只是限于当时低下的生产力水平，我们饥寒交迫的前辈们还没有后来的人们那样高质量的物质生活需要，更没有这么丰富的精神生活需要，还没有闲暇在更高的物质层面和精神层面上去体味这类事物"可珍贵、可尊重、可重视"的深刻含义。经过几千年的发展，人类的物质生活水平比起价值一词刚刚出现时的古代社会提高了无数倍，精神生活也从当初近乎荒原的状态升华到近乎无限的丰富多彩。今天，虽然"围墙、护栏、护堤"之类的历史事物似乎已经与人们对价值的感受无关紧要，但人们感受的基本面仍不外乎某事物在更高的物质层面和更丰富的精神层面上如何具有"可珍贵、可尊重、可重视"的判断意义。而且，围绕不同人群在如何判断客观事物对人类物质生活和精神生活的意义上采用的不同标准问题产生了一个带有本体论意义的哲学范畴——价值观。

从反映事物内在本质和根本特征的一般意义上讲，价值观或称基本价值观，是关于人类价值判断标准的观念，是关于客观事物是否值得"珍贵"、"尊重"和"重视"的根本看法和理解。在价值观概念不断演变、升华、明确的历史长河中，作为其基础和来源的外界客观事物的物质性、具体性使用价值的含义越来越淡化，而作为其本质规定性表征的外界客观事物的精神性、抽象性价值的含义越来越强化，并最终成为人们普遍接受的价值观概念的基本含义。这种漫长演变的结果使人们在认识和运用价值观概念时很容易忽视其本源含义，以至于过分强调价值观的主观性、精神性而忽略其客观性和物质性。针对这种倾向应该强调，在价值观问题上，心理学意义上关于外界事物的价值概念和经济学意义上关于物品和服务的价值概念既有共同的词源学依据，在其本质含义上也有共同的词义学依据。事实上，直至今天，英语和其他主要西方语言在表述心理学意义的价值概念和经济学意义的价值概念时在词形上没有任何区分，甚至在表述价值观概念时仍使用作为其初始来源的价值一词——value。这种现象从词形学意义上说明,研究主观性、精神性、抽象性的价值观问题不应离开对外界事物客观性、物质性、具体性价值的研究。

2.1.2 价值观的基本特征

关于价值观的研究已经受到了许多学科的关注[100],如哲学、伦理学、经济学、人类学、社会学、政治学、心理学、教育学、行为科学等,这些学科分别从不同视角对价值观的理论和实践问题提出了适合本学科研究需要的看法。目前,不同学科的学者在实际研究中,基于不同的价值观理论使用其各不相同的含义,这使得关于价值观的概念众说纷纭。价值观得到如此众多学科的关注,这本身就说明研究价值观问题具有十分普遍的重要意义。作者认为,价值观研究的意义远远超出它的学术性,其更重要的意义在于价值观的实践性,即价值观与人们在物质生活和精神生活中的价值判断取向和行为选择标准密切相关。

在专门研究人类在社会性活动中认知、情感、意志和行为规律的社会心理学界,价值观因其反映人们深层的心理特性,可以理解个体行为差异和文化因素的影响而得到了学者们更多的关注。在经历了长期的探索和争论之后,到 20 世纪 70 年代,国外社会心理学界在价值观的基本含义上逐步达成了共识,学者们在区分"值得的"(the desirable)和"想要的"(the desired)这两个基本含义的基础上,将价值观定义为"人为中心的、值得的"有关的东西[101,102]。美国社会心理学家 Rokeach 在研究众多价值观定义的基础上发展了价值观定义,认为"价值观是一种持久的信念,一种具体的行为方式或存在的终极状态,对个体或社会而言,这种行为方式或存在状态比与之相反的行为方式或存在状态更可取"[103]。他还进一步认为,价值观是一种抽象概念,它脱离了任何具体的事物或情境,代表了个体的行为方式及其对理想终极目标的信念。在 20 世纪围绕价值观含义的百家争鸣中,罗科奇提出的关于价值观的这一解释曾经得到过社会心理学界的广泛认同。然而,这种认识上的相对统一既不稳定也不持久。虽然产生过学者们广泛认同的价值观基本定义,但在后来各自的研究过程中,学者们并没有统一采用这一定义的明显倾向,围绕价值观定义的思考仍在继续,并呈现出十分活跃的分化性和多元性。

综合国内外学者对价值观含义多侧面、多角度的具体研究,着眼于价值观对人们行为方式的深刻影响,可以求同存异地归纳出价值观具有下列基本特性:

(1) 引导性。价值观是人们的一种观念或信仰,对个体具有很强的引导性,对个体的行为目标和行为方式具有很大的导向作用。引导性是价值观最基本的特征,它使价值观成为影响个体行为的内在动力。

(2) 持久性。观念和信念是稳定的心理现象,因而作为人们观念和信仰组成部分的价值观是稳定的,具有相当的持久性。价值观深深内化于个体的行为和意识中,虽非恒久不变,但在短时间内很难发生质的变化。由于其持久性对个体行为产生持续性影响，所以价值观对个体的长期行为具有相当大的预测力。

(3) 主观性与客观性。一方面，价值观是不同个体之间因人而异的独特的心理现象，是具有鲜明主观性的价值判断标准。另一方面，价值观经历了长期的社会化过程，随个体在客观环境中长期的经验积累而逐渐形成的，所以在个体之间又具有普遍的客观性。价值观的主观性使个体成为有独特价值观的个体，决定其在价值观意义上与众不同；价值观的客观性使个体成为融入群体中的个体，促使其理性地服从群体的行为规则和行为方式，从而使群体或组织得以对个体的行为方式施加影响。

(4) 体系性与层次性。价值观是一种观念体系，由其决定的个体的各种行为偏好符合序数原理，因而价值观对个体的外部环境表现出可观察的体系性，在体系内部具有相对的层次性。因此，个体之间价值观的差异实际上是其价值体系的差异。在存在差异的价值体系之间，既有不同的价值因素，也有相同或相近的价值因素。依价值观的体系性而形成的价值体系是个体行为的基础，个体对其偏好的行为方式或生活目的具有依其重要性排列的层次结构。价值观体系性与层次性的统一使个体在行为过程中能有所依循，不致经常出现不同价值之间彼此强烈冲突的困境。

价值观作为人类思想意识的一部分，是人的头脑从价值角度对客观物质世界的反映，是人们关于价值的感觉、思维等各种心理过程的总和。这种关于价值的特殊的意识符合意识现象的一般规律，它由存在决定，又反作用于存在。从其作为人类思想意识一部分的角度观察，价值观具有以下特征：

(1) 社会性。社会性是人类的一个本质特征。现实中的每一个人都属于因某种共同的物质条件而互相联系起来的人群，完全脱离社会环境的个人是不存在的，纯粹属于个人而同他人毫不相干的价值也是不存在的。由于这种普遍的社会联系，每个人的价值观都必然受到群体中和社会上其他人的影响，从而使个体的价值观带上群体和社会环境的复杂色彩。

(2) 历史性。人类历史是一个漫长的变化和发展过程，处在这个过程中的人类的价值观必然随着历史的发展变化而发生变迁。这种变迁也许并不为当时的人们明确地感知，但后人的历史回顾会发现其巨大和深刻。在当今日新月异动荡变化的时代，即使是 10 年、20 年短暂的历史时期，人们的价值观都可能发生翻天覆地的巨大变化。

(3) 文化性。如上所述，一方面，价值观是人类在社会历史发展过程中创造的精神财富的一部分，属于人类文化。另一方面，价值观又受周围群体、组织、和社会环境持续而广泛的影响，具有可塑性，个体的价值观可以因这种可塑性而受到教化和改造，群体的价值观也可以因这种可塑性而得到培育和整合。价值观的文化性使其成为激励的文化基础。在跨文化的人群中，个体的价值观会存在明显的文化差异[104]。

(4) 心理性。价值观的形成、改造和整合是一个不断反复延续的心理过程。在个体的一生中，价值观从其青少年时代的培养期，到其从事职业工作时的成熟和发展期，从个体早期较多地接受群体和社会的影响到后期较多地对外界和群体施加影响，都在不断地进行着关于价值观形成和改造的心理活动，反复经历着关于价值观的认知、情感、意志和行为过程。价值观的心理性使其成为激励的心理基础。

价值观的社会性、历史性、文化性和心理性是一个交互作用的整体，其中社会性和历史性更具根本性，它们从更根本的意义上影响价值观的形成，影响价值观的文化性和心理性；价值观的文化性和心理性更具直接性，它们更直接地影响价值观的形成，反映价值观的社会性和历史性，反映后者对价值观形成的深刻影响。

作为一种决定人们行为方式的信念和观念，价值观与人生观、世界观有不可分割的密切联系，三者构成一个完整的观念体系①。如前所述，价值观是关于人类价值判断标准的观念，与此十分类似，人生观是人们“对人生的看法，也就是对人类生存的价值和意义的看法”②。前一个概念讲人类的价值判断标准，后一个概念讲人类生存的价值和意义，二者都是专门适用于人类的概念，而且都与人类的价值判断有关，足见其关系之密切。当然，二者的准确含义和具体的适用范围还是有区别的。与人生观从生存角度强调人类生存本身的价值和意义不同，价值观则较多地从人类的社会生活环境出发，从生活角度审视人类对外界事物的价值判断标准。实际上，由于人们一般在一生中体力智力最旺盛的几十年里都在工作，在这期间工作就是人生的主要内容，由于工作在大多数人看来既是为自己和家庭谋生的主要手段，又是为他人和社会服务的主要方式，因而人们对价值观的讨论离不开对人生观的考虑。换句话说，人们的人生观对其价值观的形成具有决定意义。而世界观，也称宇宙观，则是“人们对世界的总的根本的看法”③。在三者构成的观念体系中，世界观居于统领地位，价值观和人生观都受世界观统领，由世界观决定。因此，从总体上看，三者之间存在依次决定的相互关系，即世界观决定人生观，人生观进一步决定价值观，如图 2.2(a)所示。如果在这个问题上采纳脚注①中包容论的观点，则三者之间也可以表述为图 2.2(b)所示的相互关系。

世界观由人们在社会生活中逐渐形成并可以主动或被动地接受改造。由于人们在社会生活中所处的阶层和地位不同，对外界事物所持的立场不同，因而人们对同一个世界有完全不同的总的根本的看法，即完全不同的世界观。一个人坚持唯物主义的立场，就会逐渐形成唯物主义的世界观；坚持唯心主义的立场，就会逐渐

① 甚至有学者认为，三者之间是包容关系，世界观包括人生观，人生观包括价值观[105]。

② 据商务印书馆《现代汉语词典》。

③ 同脚注②。

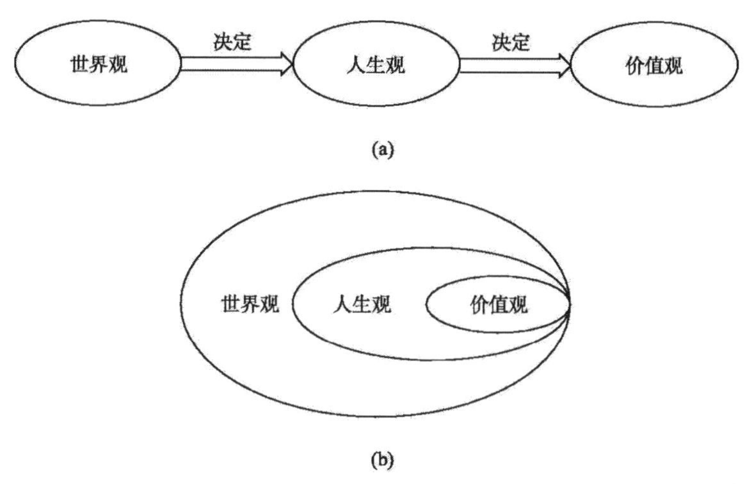

图 2.2 世界观-人生观-价值观

形成唯心主义的世界观;立场动摇于唯物主义与唯心主义之间,就会形成二者混杂的不纯洁的世界观。与此相类似,一个人坚持辩证的思想方法,就会逐渐形成辩证法的世界观;坚持形而上学的思想方法,就会逐渐形成形而上学的世界观;立场动摇于辩证法和形而上学之间,就会形成二者混杂的不纯洁的世界观。由于客观环境的限制和主观努力的不足,现实社会中绝大多数人所拥有的正是这种混杂的不纯洁的世界观,已经养成坚定而纯洁的辩证唯物主义世界观的人实在还太少,而无论从决定论还是从包容论的意义上看,没有正确的世界观就不会有正确的人生观和价值观,就很难在公益服务中付出足够的努力,取得令人满意和令自己满意的工作成绩。因此,要实现对员工的有效激励,不仅要重视在员工中培养正确的价值观和工作价值观,还必须同时重视员工世界观和人生观的培养、改造和整合。这种培养、改造和整合行为本身就是组织对员工实施激励的重要内容。

2.2 工作价值观的核心内涵

工作价值观是整个基本价值观体系中与职业和工作相关的组成部分。因此,工作价值观天然地具有价值观的一切基本属性。价值观是影响个体一般行为的内在动力,而工作价值观则在个体的职业生涯中影响其择业行为、工作动机、责任心和忠诚度,并最终决定员工在组织中工作的努力程度。

工作价值观是从事各类工作活动的主体对其岗位工作的价值和意义的认识。从广义上看,工作价值观涉及个体从职业伦理道德到工作偏好取向的一系列概念,其具体内容包括工作偏好(work preferences)、工作需求以及职业伦理道德体系等。

工作价值观是西方学术界新兴的研究热点，国内外许多学者对工作价值观的内涵进行了研究。与对价值观的研究相比更甚的是，人们对工作价值观的理解和界定各有差异，至今没有形成一个公认的定义。目前，国外学者比较有代表性的观点包括：Super[48]认为，工作价值观是个体所追求的与工作有关的目标的表达，表达工作者个体的内在需要及其从事活动时所追求的工作特质；Elizur[106]认为，工作价值观是个体关于工作行为以及他从工作环境中获得的某种结果的价值判断，是一种直接影响行为的内在思想体系；Robbins[107]将工作价值观视为个体看待工作的标准、偏好和认知；Schwartz 等[108~110]认为工作价值观是人们通过工作寻求的目标和报酬，是个体的基本价值观在职业工作中的表现。

国内学者关于工作价值观内涵的研究近几年逐渐升温并取得了若干进展，比较有代表性的有以下一些观点：

(1) 强调工作价值观的社会性。例如，宁维卫[111]是我国最早开展价值观研究工作的学者之一，他认为工作价值观是人们衡量社会上各种职业的优势、意义、重要性的内心尺度。这种观点属于个性心理倾向的范畴。

(2) 强调人的内部需要，即强调工作价值观的来源，属于基本价值观和人生观的一部分。例如，黄希庭等[112]认为，工作价值观是人们对社会职业的需求所表现出来的评价。这种观点把工作价值观看作人生观在职业问题上的反映，是人生观的一个方面。

(3) 强调择业态度，这类观点可称之为择业观。例如，凌文辁和方俐洛[113]认为，价值观在职业选择上的体现就是工作价值观，它是人们对待工作的信念和态度，是人们在工作中表现出来的价值取向。金盛华[114]认为，工作价值观是个体评价和选择职业的标准。

分析上述种种观点，本书提出如下见解：

(1) 目前不同学者对工作价值观的定义可归纳为两种基本倾向，一种是倾向于从满足需求的角度来界定工作价值观。这类定义简单明了，但对满足需求的片面强调使其局限于工作的报酬价值，而没有完整地表达出工作价值观的全部内涵。另一种则倾向于从信念、态度、偏好等心理特征的角度来描述，关注工作价值观的心理学意义，倾向于将其视为引导行为的标准。后者比较完整地描述了工作价值观的科学内涵。

(2) 在把握工作价值观的内涵时应该遵循全面准确的原则，过于宽泛将有失准确，使这一概念变得不明所指；过于偏狭又会有失全面，限制这一概念的运用范围。考虑到学术界对一般意义上的价值观概念已达成原则共识，而工作的含义对每一个工作者都不言自明，不妨比照上述关于基本价值观的定义，就把工作价值观的核心内涵简单地表述为“关于工作的价值观”或“关于工作价值和意义的观念”。

这样，既不影响对工作价值观概念的深入讨论，也不影响这一概念的实际运用。

(3) 在理解和运用工作价值观概念时应兼顾工作主体的个体性与群体性。诚然，工作价值观的最终持有者是工作者个体，但个体存在于群体，存在于社会。在实际的工作活动中，个体不能脱离群体和社会而独立存在。即使是鲁滨孙式的所谓个体工作者，其工作需求的产生，工作内容的确定，工作方式的选择，工作报酬的取得，工作价值的实现等，也都必然与其周围的工作群体或社会群体存在着千丝万缕的联系。诚然，在一般情况下，群体中的不同个体持有不同的工作价值观，但这并不影响我们讨论工作价值观的群体性，因为群体中不同个体所持工作价值观在存在个体差异的同时更有许多共性的内容。事实上，和基本价值观的情形一样，作为一个思想体系的工作价值观即使在单一个体身上也不是单调而唯一的，它一般总是由形形色色的不同观念组成的混合体。个体工作价值观的复合性和群体工作价值观的多样性是组织改造和整合群体工作价值观的内在依据，是工作价值观成为组织中员工激励的文化和心理基础的内在依据。

(4) 在研究工作价值观的核心内涵时应该清晰地区分其内涵与外延的界限。由于工作价值观概念抽象而含义丰富，由于其对工作者产生全过程和全方位的深刻影响，工作价值观的内涵和外延很容易混淆。总的来说，工作价值观这一概念所反映的事物本质属性的总和即其基本内涵是一种关于工作价值的抽象观念，而与其内涵一道受到学术界广泛研究的相关内容，诸如工作需要、工作态度、工作追求、报酬期望、择业偏好等，则是这一观念在不同侧面不同环节的具体表现，它们同受工作价值观决定，同属于工作价值观这一概念所确指的对象的范围及其外延。工作价值观外延的具体性使其随着历史发展而不断变化其外在的表现形式，使人们的工作价值观带有鲜明的时代特征。

2.3　工作价值观的基本外延

关于工作价值观外延及其体系结构的研究是工作价值观研究中最活跃的领域。工作价值观的外延是工作价值观这一概念所确指对象的范围，是工作价值观内涵的外在表现形式。工作价值观是一个含义很广的多维概念，因而其外延必然是一个多维度的体系结构。由于现实中工作内容、工作方式、工作环境、工作体验等方面的多样性，人们对工作价值的理解必然是千差万别，试图用一个统一的抽象理论框架来廓清工作价值观的所有具体的实践问题是不可能的，因而对其外延的研究应在牢牢把握其基本面的同时突出实际应用场合的具体特点。

对工作价值观外延及其结构的研究，国外学者的研究方法一般是先根据自己的理论假设构建工作价值观的结构框架，进而通过实证研究加以验证。也有的学者在前人研究的基础上提出自己的理论，这使得他们的研究具有一定的连续性。

其中一些学者的理论,被其他学者从不同角度加以验证,因而体现出较好的稳定性和实用性。国外在这一领域已形成了一批比较成熟的研究成果[115],其中有代表性的研究成果包括 Super[48]在这方面进行的开创性的研究工作,他第一次比较完整地阐述了工作价值观的结构理论,将工作价值观结构化为 3 个群组、15 个项目。第一个群组是内在报酬价值,包括利他主义、创造性、智性的激发、独立性、美的追求、成就感和管理权力等 7 个项目。第二个群组是外部报酬价值,包括生活方式、安全感、声望和经济报酬等 4 个项目。第三个群组是外部附带价值,包括环境、同事、与上司的关系和变异性等 4 个项目。Super 根据自己的工作价值观结构理论编制了包括以上 15 个因子的工作价值观量表(work values inventory,WVI)。

Miller[116]将 Super 的 15 个价值观项目依据其性质加以分析和比较,进一步将其划分成内隐性和外显性两类。内隐性项目包括利他主义、创造性、智性的激发、美的追求、成就感和管理权力等 6 个;外显性项目包括独立性、生活方式、安全感、声望、经济报酬、环境、同事、与上司关系和变异性等 9 个。

Elizur[51]对工作价值观作结构分析时,采用了不做维度划分的 21 个项目,分别为责任、工作安全感、福利和社会条件、受到赞赏、尊严、在组织中的影响力、工作成就、同事关系、升迁、对工作的影响力、有意义的工作、与上司的关系、工作职位、公司形象、工作发挥所长、有兴趣的工作、独立性、薪资、方便的工作时间、工作环境以及对社会的贡献。

20 世纪末,Surkiss 提出,工作价值观包括内在价值、外在价值、社会价值和威望价值等 4 个维度;Ros 将基本价值观引入了工作价值观研究领域,从基本价值观和工作价值观整合的角度对工作价值观进行了研究,证实了 Surkiss 提出的 4 个维度和与 Schwartz 提出的基本价值观的 4 个维度相对应,并认为 Elizur 细分的 21 个项目也可以归纳为这 4 个维度。三位学者合著的文献[117]反映了他们的这一认识过程。

国外其他学者的研究成果,例如 Wollack、Goodale 等[118]开发的工作价值问卷表(SWV)包括三个维度,即内在价值观(包括尊荣感、工作投入和活动偏好)、外在价值观(包括社会地位和对报酬的态度)和综合性价值观(向上努力)。Rokeach[103]提出价值观有工具性价值观(instrument values)和终极性价值观(terminal values)之分,两者相互体现和依存。

国内学者在这一领域的研究活动在总体上落后于西方,在地区分布上则是台湾地区领先于内地。国内的有关研究活动呈现两个阶段,初期一般依赖于国外的理论基础和维度划分。一些学者直接引进国外工作价值观量表。例如,陈英豪等[119]翻译了 Super 的工作价值观量表(WVI),进行国内的修订。夏林青等将 Super 的 15 个项目分为自我表达取向、外在报酬取向、人群取向、社会认可取向、利他取向和变异取向等 6 大因素,而陈英豪等则将这 15 个项目分为自我表达、可得报酬和任务环境等3大类别。余朝权[120]采用了国内修订的Wollack等的工作价值调查问卷(SWV)作为研究工具，而曹国雄[42]则采用Elizur确定的工作价值观项目进行施测与研究。

此后，国内有一些学者开始新的探索，希望突破直接翻译引进国外工作价值观量表的情形。例如，台湾地区的吴铁雄等[121]重新编制了适用于大学青年学生的工作价值观量表，包含自我成长、自我实现、尊严取向、社会互动、组织安全与经济安定、安定与免于焦虑、休闲健康与交通等7个因素。该量表是在参考和统合了许多国外研究，比较了中外价值观理论的架构，并经过了开放式问卷量表预测、正式施测等步骤后开发的一套量表，但是其分类结构和国外研究相比并无太大实质性差别，本土性特征不明显，在相当程度上反映了西方个人主义精神。

几乎与此同时，宁维卫[111]对Super的WVI进行修订，通过对青年人群的分析，形成了颇具特色的工作价值观结构，包括进取心、生活方式、工作安全、声望和经济价值等5个因子。目前来看，宁维卫对Super的WVI进行的修订，被广泛认为将工作价值观量表进行了本土化设计，较充分地考虑了本土特征，已成为国内研究者使用频率较高的一个工具。

此后，马剑宏等[122,123]对中国员工样本进行因素分析，提出工作价值观主要由3个基本因子构成，即工作行为评价因素，组织集体观念因素和个人要求因素。凌文辁和方俐洛[113]采用自行编制的职业兴趣量表对408名大学生的工作价值观测量后进行因素分析，得出3个因子：声望地位因素、保健因素和发展因素。王垒[124]整理了对员工工作动机产生作用的诸因素，将其归结为10个因素：工作条件和环境、工作特性、组织特性、员工价值实现和发展、物质条件、领导特性、团队特性、员工生活、规章制度和员工心理感受，并在此基础上构建了员工激励因素调查问卷。金盛华、李雪[125]借鉴了Rokeach的划分方法，把大学生工作价值观划分为目的性和工具性两类。

国内外学者关于工作价值观的外延及其结构的主要研究成果如表2.1所示。

表2.1 工作价值观外延结构主要研究成果

成果及特点	维度	项目及说明
Super(1970) 3个维度，15个项目 编制了工作价值观量表 (work values inventory，WVI)	内在报酬价值	利他主义、创造性、智性的激发、独立性、美的追求、成就感和管理权力
	外部报酬价值	生活方式、安全感、声望和经济报酬
	外部附带价值	环境、同事、与上司关系和变异性
Miller(1974) 2个维度，15个项目	内隐性价值	利他主义、创造性、智性的激发、美的追求、成就感和管理权力。重新划分Super的15个项目
	外显性价值	独立性、生活方式、安全感、声望、经济报酬、环境、同事、与上司关系和变异性

续表

成果及特点	维度	项目及说明
Elizur(1984) 21 个项目	不分维度	责任、工作安全感、福利和社会条件、受到赞赏、尊严、在组织中的影响力、工作成就、同事关系、升迁、对工作的影响力、有意义的工作、与上司关系、工作职位、公司形象、工作发挥所长、有兴趣的工作、独立性、薪资、方便的工作时间、工作环境以及对社会的贡献
Surkiss(1999) 4 个维度,21 个项目	内在价值	把 Elizur 的 21 个项目归纳为 4 个维度
	外在价值	
	社会价值	
	威望价值	
Wollack、Goodale 等(1971) 3 个维度、6 个项目	内在价值	尊荣感、工作投入和活动偏好
	外在价值	社会地位和对报酬的态度
	综合性价值	向上努力
Rokeach(1973) 2 个维度	工具性价值	维度下不分项目
	终极性价值	
夏林青等(1984) 6 个维度,15 个项目	自我表达取向	将 Super 的 15 个项目归纳为 6 个维度
	外在报酬取向	
	人群取向	
	社会认可取向	
	利他取向	
	变异取向	
陈英豪等(1987) 3 个维度	自我表达	将 Super 的 15 个项目归纳为 3 个维度
	可得报酬	
	任务环境	
吴铁雄等(1996) 7 个维度 编制了适用于大学生的工作价值观量表	自我成长	维度下不分项目
	自我实现	
	尊严取向	
	社会互动	
	组织与经济安定	
	免于焦虑	
	休闲健康与交通	

续表

成果及特点	维度	项目及说明
宁维卫(1996) 5 个维度,15 个项目 修订 Super 的 WVI	进取心 生活方式 工作安全 声望 经济价值	将 Super 的 15 个项目梳理为 5 个维度
马剑宏等(1998) 3 个维度	工作行为评价因素 组织集体观念因素 个人要求因素	对中国员工样本进行因素分析,归纳出 3 个维度。维度下不分项目
凌文辁(1999) 3 个维度	声望地位因素 保健因素 发展因素	分析对 408 名大学生的调查结果,归纳出 3 个维度。维度下不分项目
王垒(2001) 10 个项目	不分维度	工作条件和环境、工作特性、组织特性、员工价值实现和发展、物质条件、领导特性、团队特性、员工生活、规章制度、员工心理感受
金盛华、李雪等(2005) 2 个维度	目的性价值 工具性价值	借鉴 Rokeach 的方法,把大学生工作价值观归纳为 2 个维度

纵观国内外专家学者对工作价值观外延及其结构的研究可以看出,在工作价值观的维度划分和项目确定这两个层次上,存在许多分歧的同时更有许多相通之处。如上所述,在比较抽象和宏观的维度划分层次上,Super 把工作价值观划分为内部报酬价值、外部报酬价值和外部附带价值的三维度论,Miller 在此基础上提出内隐性和外显性价值的 2 分类法,Surkiss 在 Schwartz 基本价值观 4 分类基础上把工作价值观分为内在价值、外在价值、社会价值和威望价值等 4 个维度,Wollack、Goodale 等把工作价值观划分为内在价值观、外在价值观和综合性价值观 3 个维度,Rokeach 提出价值观有工具性价值观和终极性价值观之分,夏林青和陈英豪等分别把 Super 提出的 15 个项目分为自我表达、外在报酬、人群关系、社会认可、利他和变异等 6 大价值取向因素和自我表达、可得报酬和任务环境等 3 大类别,吴铁雄等针对大学生选定的自我成长、自我实现、尊严取向、社会互动、组织安全与经济安定、安定与免于焦虑、休闲健康与交通等 7 个因素,宁维卫修订 Super 工作价值观量表形成的进取心、生活方式、工作安全、声望和经济价值等 5 个因子,马剑宏提出工作行为评价、组织集体观念和个人要求等 3 个基本因子,凌文辁得出声望地位、保健和发展等 3 个基本因子,金盛华、李雪等借鉴 Rokeach 的划分方法把工作价值观划分为目的性和工具性两类。在众多学者纷纭复杂的分歧表象的背

后,实际上存在很多内在相通之处。例如,稍加对比就可以发现,Super 的内部报酬价值与 Miller 的内隐性价值、Surkiss 等的内在价值、Rokeach 的终极性价值之间在其基本内容上大致相通,类似地,他们分别提出的外部报酬价值、外显性价值、外在价值、工具性价值之间也不乏相通之处。更深入的对比分析会发现,在比较具体和微观的项目确定层次上,这种内在相通表现得更加直接,更加明显。

纵观国内外对工作价值观外延及其结构的研究还可以看出,有些分类和维度划分实际上存在重叠和交叉,有些项目既可以看作是内在的也可以看作是外在的,有些项目在一些应用场合划入此类比较合适,在另一些场合划入另一类也未尝不可,这是由分类角度差异和应用场合差异决定的必然结果。由于这种差异性,工作价值观的一些项目可以同时表现于不同的维度,在不同维度可以有不完全相同的内容;一些看似不直接相关的项目之间实际上存在内在联系,其中一些项目的强化可以有效地弥补另外一些项目的不足,这样的例子在工作价值观的实际应用中比比皆是。一些学者,如 Elizur 和王垒等,在研究工作价值观结构时只着眼项目层次而不做维度划分,说明他们已经认识到了维度划分在工作价值观外延结构研究中的局限性。总的来看,把工作价值观的外延划分为若干维度可以在一定程度上有助于廓清研究思路,突出研究重点,但过分强调维度划分的绝对意义则有形而上学之嫌。

与国外研究水平相比,目前国内对工作价值观外延及其结构的研究尚无稳定的理论基础,研究方法差异较大,研究结果不够一致,相互之间难以验证。这一方面反映出我国学术界在工作价值观外延问题的研究上同国外同行的差距,另一方面也在很大程度上反映出文化差异对工作价值观及其研究的深刻影响。

文化性是工作价值观的一个本质属性,由文化的多样性决定,工作价值观必然是一种多样性的心理现象,而多样性就是差异性。由于千百年来国家和民族不断兴衰更替,各国的历史传承迥异,国民对工作价值的理解有很大差别,在此基础上自然形成了在不同的国家和民族之间呈现巨大差异,带有鲜明民族特点的形形色色的工作价值观。英国人的矜持,法国人的浪漫,美国人的务实,日本人的过劳等,其民族特色都在国民的工作价值观上留下了厚重的印记。我国在几千年悠久历史中占支配地位的主流文化是汉民族的家文化,占支配地位的价值观以个人和家族的名利为核心价值,其内向、封闭和超稳定的突出特点使之历经改朝换代而始终保持了强大的文化张力,对今天国民的工作价值观依然具有普遍的深刻影响。然而,新中国的成立毕竟是开天辟地的重大事件,改革开放毕竟是顺应民意的历史潮流,它们展现的崭新的时空天地使国民原有的工作价值观在东西方文化的激荡中发生了巨变,使“80 后”、“90 后”的新生代国民在其工作价值观形成之初就浸入了广泛而深刻的西方文化影响。在这样既有千年厚重积淀又有强力外来渗透,既错综复杂又变动不居的文化背景下,沿着西方学术界的思路继续形而上地深入探讨我国国民工作价值观的基本外延固然有其重要的学术价值，而更重要的是在国内外现有已经相当全面、相当严谨的理论框架下开展深入的实证研究，更迫切需要的是把国内外已经在多方面取得的研究成果应用于相关的管理实践。人们在对工作价值观外延的研究上下这么大工夫，主要目的在于通过明晰其结构而强化对工作者的价值激励效果。由这种目的性决定，这必然是一项实践性很强的研究工作，只有在实践中研究工作价值观外延并将国内外既有的研究成果自觉地运用于对员工的价值激励实践，才能把这项研究不断引向深入，取得有实际意义的成果。

除了文化差异以外，工作价值观也和基本价值观一样受到社会、历史和心理因素的决定性影响而表现出相应的属性。人的社会性使人们的工作价值观受到群体内外、组织内外、区域内外甚至国家内外的广泛影响，使个体的工作价值观表现为不同价值内容的复合体，使社会上流行的工作价值观成为无数这种复合体相互叠加、相互摩擦、相互影响的复杂系统。价值观的历史性迫使处于历史长河中的人们不时地顺应历史潮流而主动或被动地改造自己的工作价值观，使个体的工作价值观在一生中不断变动。价值观的心理性使人们往往出于明哲保身的目的而把自己内心真实的工作价值观加以种种掩饰，以免在激烈的工作竞争中陷入被动。工作价值观外延体系的这种复杂性、变动性和内隐性使人们对其结构的认识不可能是一个可以轻易穷尽而一劳永逸的过程，而只能是一个不断深入、不断逼近的认识过程，一个联系实际工作环境开展多侧面具体研究的过程。在知识文明迅速到来的今天，知识员工的工作价值观是一个具有典型意义的研究侧面。

2.4 经济社会变革对知识员工工作价值观的影响

当今世界正进入以知识文明为特征的新型人类文明时代，这个时代是科学技术日新月异的时代，是经济社会结构发生重大变革的时代，是各种思想观念相互激荡的时代。知识员工是知识文明时代催生的新兴社会阶层。研究知识文明时代知识员工的工作价值观，需要研究这个时代科学技术和经济社会发展的时代特征，研究这些特征对社会意识和人们的思想观念产生的广泛而深刻的影响，并在此基础上研究知识文明时代知识员工工作价值观的裂变和整合。

2.4.1 知识文明时代

2011 年 1 月，温家宝总理在中国科协第八次全国代表大会上的报告指出，当今世界正处于新科技革命的前夜，新技术革命和产业革命初现端倪，这将深刻影响人类的生产方式、生活方式、思维方式，从根本上改变 21 世纪人类社会发展面貌，催生以知识文明为特征的新型人类文明[126]。在我国迎接以知识文明为特征的新型人类文明的进程中，需要以全球化的视野从生产力与生产关系、经济基础与上层建筑矛盾运动的规律性上认识知识文明的本质特征和历史必然性，认识知识文明所由产生的知识经济基础，认识推动知识经济与知识文明发展的知识员工，认识知识文明对知识员工工作价值观的深刻影响。

知识文明是人类社会继原始文明、农业文明和工业文明之后出现的新型人类文明。在人类社会发展的历史长河中，经历了漫长的原始文明、5000多年的农业文明和300多年的工业文明，如今进入以知识文明为特征的后工业化文明时代。在农业文明时代，人类对自然进行主动探索，通过各种经济活动发展生产力，探索增加劳动成果的途径，处于狭隘、封闭的自然经济状态。在工业文明时代，人类致力于征服自然，运用科学技术控制、改造和开发自然，在形成巨大生产力的同时也造成了深刻的环境危机。目前人类正在进入的后工业化文明是地球人类文明的第4个阶段，有学者把这个阶段称为生态文明，意在强调这个阶段的文明已不再是纯粹的人类发展系统，而是一个人类与自然协调发展、共同进化的社会系统，一个继承先前人类各文明阶段一切积极因素的可持续发展系统。这个文明是建筑在知识、教育和科技高度发达基础上的文明，是以知识文明为特征的新型人类文明。路甬祥同志概括了这个文明的基本特征，指出在知识文明这个崭新的人类文明形态中，创新是发展的主要驱动力，知识资源是引领发展的主要因素，个性化创造和全球规模化组织有机结合是主要的生产方式，和谐社会是社会发展追求的主要目标[127]。

知识文明形成和发展的经济基础是20世纪后期以来在全世界范围内迅速发展的知识经济。一般认为，文明是人类在社会历史发展过程中创造的物质财富和精神财富的总和，特指科学、教育、文学、艺术等精神财富。在精神财富的意义上说，知识文明是人类发展、进化到后工业化时代在认识世界和改造世界的过程中逐步形成的思想观念与不断进化的人类本性的具体体现，是这一时代人类审美观念和文化现象在传承和发展过程中产生的生活方式和思维方式的总称，它是人类社会的一种本质属性，是人类社会思想上层建筑的重要内容。在物质财富的意义上说，在此之前的农业经济和工业经济时代，由于受当时生产力发展水平的限制，受当时生产关系和社会价值观念的限制，人们对知识价值的感受始终未能摆脱消极和狭隘。只有到了现今的知识经济时代，知识才在全社会的意义上取得了参与和促进生产力发展的资源地位。知识经济时代的到来使知识价值在社会价值体系中的地位空前提高，使知识在生产力发展中取得了可以独立存在的生产资料形态，使知识生产在社会生产中占有越来越重要的地位。在知识经济时代，知识作为一种永不枯竭、可重复共享、可无限增值的新型资源，成为引领发展的主要因素，作为一种非物质生产资料同农业文明时代的土地和工业文明时代的资本等物质生产资料一样，成为人类社会生产活动的基本生产资料。知识创新成为发展的核心要素，以知识为基本生产资料的知识生产和知识创新水平成为决定国家经济实力和可持续发展能力的关键因素。知识产品大量涌流和大量消费,既是知识经济带给人类的物质和精神享受,又反过来进一步加速知识经济时代的到来。

推动知识文明发展的中坚力量是在这一过程中新兴的知识阶层。知识阶层的崛起是自20世纪中叶以来我们这个世界出现的一个十分重要的现象,它的出现源于世界各国生产力的新发展、生产关系的新变化和国际关系的新格局,既是世界经济社会发展的必然结果,也极大地改变了世界经济社会发展的进程,正在对知识员工的工作价值观产生着深刻而广泛的影响。

关于新兴社会阶层的研究近年来已受到学术界关注。这些研究有的从我国实行改革开放和市场经济体制以来人们的职业变化出发,认为律师和公务员等属于新兴社会阶层;有的从与主流社会人群的差别出发,认为一些非中共人士等属于新兴社会阶层;有的从收入水平和经济地位出发,认为一些非公有制经济精英和外企高管属于新兴社会阶层;也有的从社会地位和群体划分出发,认为新兴社会阶层包括大部分白领人士,或认为私营企业主、个体工商户、农民工乃至下岗失业人员属于新兴社会阶层[128,129]从目前的研究方向和成果的差异性可见,虽然新兴社会阶层的提法已经常见于主流媒体和正式文件,但在我国摒弃了阶级斗争意义上的阶级概念之后的社会背景下,在人们对阶层概念的内在规定性尚无统一认识的理论环境中,新兴社会阶层还是一个见仁见智、处于形成过程中的概念。本书从知识员工概念在半个多世纪的长时期内已经被各国学术界普遍接受的事实出发,从知识员工在国家经济社会发展中所处的第一资源地位出发,提出知识员工是知识文明时代正在崛起的新兴社会阶层这一理论创新命题,旨在强调知识员工激励问题的重要意义,推动关于知识员工经济社会地位的理论研究,推动社会对以知识员工为主体的国家第一资源的激励和开发。

在影响知识员工工作价值观的诸多因素中,正在到来的知识文明时代的影响最直接、最深刻、最全面。知识文明时代的鲜明特征是知识作为非物质生产资料已经同农业文明时代的土地和工业文明时代的资本等物质生产资料一样成为人类生产活动的基本生产资料,而且当代各国经济实力竞争的大趋势已经证明,以知识为基本生产资料的知识生产的实际水平越来越成为决定国家经济实力和可持续发展能力的支配力量。由于这种经济社会背景的孕育和催生,掌握和承载现代知识并专门从事现代知识生产的知识员工群体正在迅速崛起。虽然目前国内外学术界对这个群体研究较多的仍是身处各类组织中的知识员工,但研究者们的视野实际上已经远远超出组织的局限,知识员工概念的内涵和外延已经与人才一词大致趋同,知识员工已成为国家第一资源即人才资源的主要成分,成为一个十分活跃的新兴社会阶层。

知识文明时代的到来使知识取得了占支配地位的生产资料形态,使知识在生产力发展中的地位空前提高,使以知识生产为职业的知识员工在生产关系中的地位空前提高，使知识的价值在社会价值体系中的地位空前提高。在此前以生产力发展水平划分的农业文明时代和工业文明时代，在此前以生产关系形式划分的各种社会形态中，由于受当时生产力发展水平的限制，受当时生产关系和社会价值观念的限制，历代知识人对知识价值的感受始终未能摆脱其消极和狭隘。只有到了现今的知识文明时代，知识人拥有的知识才能在全社会的意义上具有参与和促进生产力发展的意义，才能使他们在生产关系中取得比其他劳动者更具优势的主人公地位，才能使知识对他们个人的价值有了全社会的普遍意义。

今天，无论是作为一种客观存在还是作为一种主观感受，知识的价值都得到了空前的确认，这使人们的价值观念正在迅速发生着以知识为中心的极为深刻的变化。知识不再是少数人的专利，而越来越成为对人类社会发展起决定作用的共同财富和重要资源。拥有较多知识并专门从事知识生产的知识员工得到社会的更多尊重，正越来越成为社会伦理的一部分，成为人们从价值观出发的自觉认识。知识产品的大量涌流和大量消费，既是知识文明时代带给人类的精神和文化享受，又反过来进一步加速这个崭新时代的到来。只有在知识文明时代的孕育下，知识在数量和作用上的激增带来的全球性质变，才使知识在人类历史上第一次有可能作为社会生产活动中越来越占据支配地位的生产资料而独立存在，才使知识第一次有可能在基本生产资料的意义上同作为其主要占有者和使用者的知识员工直接结合而成为崭新形式的生产力，才使以专门从事知识生产为职业的知识员工第一次有可能成为人类知识资源的主要承载者和传播者。这种生产资料存在形式的根本变化，生产资料占有方式的根本变化，生产资料同劳动者结合方式的根本变化，是当代生产力发展的基本方向，它使知识员工正在从传统的组织成员的社会地位上崛起，成长为推动后工业化时代生产力发展的新兴社会阶层。这个新兴社会阶层在改变世界面貌、改变各国力量对比的同时也在迅速改变着自己的社会地位和存在方式。今天，组织的管理者已经不能再像过去传统上那样仅仅把知识员工看作是本组织的员工，因为这样的看法已经显得十分狭隘。今天的知识员工已经不再是传统意义上的组织员工，而是名副其实的“knowledge worker”①，是在全球化知识文明时代的知识工作者；这个意义上的 worker 是马克思、恩格斯当年充满豪情呼唤的“worker”②，是工人阶级中推动知识生产力发展、代表知识生产方式的新兴社会阶层。在知识文明时代，知识对知识员工个人的价值具有了社会普遍意义，知识阶层在生产关系中居于比其他劳动者更具知识资源优势的地位，人们的价值观念在迅速发生着以知识为中心的深刻变化。知识阶层越来越受到全社会的更多尊重，这已成为社会伦理的重要内容。这种变化是一种生产关系范畴的深

① 彼得·德鲁克首创的术语。

② “Workers of all countries，unite！”——引自马克思、恩格斯《共产党宣言》。

刻变革，是知识文明条件下生产力发展的必然结果，具有世界性的普遍意义，它对知识员工的工作价值观，对社会其他阶层的价值观正在产生越来越大的根本性影响。这些影响既直接体现在知识和知识员工的资源价值与社会地位上，也体现在知识文明发展过程中同时发生着的其他世界性的重要经济社会现象，包括科学技术迅猛发展，市场经济体制被普遍接受，全球化进程加快，以及改革开放的时代潮流。这些经济社会现象与知识文明互相促进、共同发展，既反映了知识阶层创造历史的积极贡献，也推动着知识阶层的成长壮大，正不断地对知识员工的工作价值观产生深刻影响。

2.4.2 科学技术发展

关于当代科学技术发展的时代特征，学术界的见解归纳起来主要表现在 6 个方面。一是各国之间在科技领域的竞争加剧，合作扩大。二是发展速度明显加快。以科技人力资源投入为例，20 世纪中叶以来，美国科研队伍的人数每 10 年翻一番，欧洲发达国家这一人数每 15 年翻一番[130]。我国自 20 世纪末高校扩大招生以来，科技人力资源增长明显加快，到 2005 年，全国科技人力资源已达 4200 余万人，而且正以每年约 500 万人的速度继续增长[131]。三是创新要求显著提高。我国从 20 世纪 90 年代起在世界科技创新的浪潮中走在了前列。我国经济连续多年保持高速增长，同我国对科技创新的高度重视有很大关系。四是科技成果转化速度明显加快。科学技术成果从发现科学规律到实现技术发明，特别是从技术发明到投入实际应用的周期越来越短。例如，今天仍在继续广泛改变我们生活方式的大规模集成电路技术，其集成度和处理速度持续按每 18 个月提高一倍的速度发展[132]。五是一体化进程加快。在科技活动链条中，政府、产业、科研机构和教育机构之间的联系空前密切。在整个科学技术体系中，自然科学、社会科学与思维科学趋于一体化，科学发现与技术发明趋于一体化。在科学技术的各个学科和门类之间，传统的界限正在广泛消失。六是知识量激增。当今时代知识量激增，被视为“知识爆炸”，知识在数量和作用上的激增作为当代人类社会发展的基本资源基础，使人类正在迅速进入知识文明时代[133,134]。

从根本性质上说，当代科学技术迅猛发展本身就是知识文明时代的重要内容。科学技术的迅猛发展为知识员工的职业生涯发展提供了无限宽广的空间，为知识员工队伍的壮大提供了经济社会基础，因而从根本上推动了知识员工新兴社会阶层的形成。

科学技术的迅猛发展对知识员工工作价值观的影响主要表现为对他们工作责任感、成就自豪感、挑战性和进取心等方面的影响。知识员工是国家人才队伍中的基本力量，在国家现代化建设进程中肩负着无可替代的历史责任。当代科学技术的迅猛发展使他们倍感责任重大，倍感自己对国家经济社会发展的重要价值，使他们更加认识到自己的工作与建设创新型国家息息相关，与强国富民息息相关。科学技术迅猛发展提高了科技对国民经济发展的贡献率，使科技成为推动经济社会发展的第一生产力，同时也提高了科技工作者的社会价值和社会地位，提高了科研工作对全社会的职业吸引力，提高了科技工作者的职业自豪感，提高了以科技工作者为主体的知识员工在社会生产关系中的地位。他们更加坚定地为国争光，更加自觉地迎接困难、迎接挑战，更加自觉地锐意进取，努力在科研这类具有特殊意义的知识工作中做出更大成绩。

2.4.3 市场经济体制

当今世界，市场经济体制已经在全世界范围内得到广泛认同。不同社会制度的国家，无论是原来实行混合经济体制的资本主义国家还是原来实行计划经济体制的社会主义国家，不同发展水平的国家，无论是引领世界经济发展的发达国家还是正探索经济发展道路的发展中国家，都普遍把市场经济体制作为国家经济社会发展的基本体制。各国以市场经济体制为取向的巨大变革使得世界上在市场经济条件下生活的人口在 20 世纪末骤增至世界总人口的 90% 以上[135]。这表明，经过 200 多年的变革，市场经济体制已经发展成为当今世界占支配地位的经济体制。

竞争和效率是市场经济的两大基本特征。市场经济体制的强大生命力源于它以无形之手提高经济活动效率的巨大作用，而这只无形之手实际上就是其内在的竞争机制。市场经济对竞争和效率的内在要求迫切需要提高知识资源、知识员工和知识生产在国家经济社会发展中的地位，这就必然有力地推动了知识员工新兴社会阶层的形成。

市场经济对知识员工工作价值观的影响是根本性的。市场经济在中国、在世界的高歌猛进使他们认识到走中国特色社会主义的市场经济之路是历史发展的必然规律，把自己的知识财富和工作业绩纳入市场经济价值体系是适应市场经济条件下生产力发展和生产关系调整的必然选择。市场经济的发展提高了知识和知识员工的地位，一方面使他们更加认识到自己所从事的知识工作的经济价值和社会价值，另一方面也使他们与组织的关系增加了市场经济的交易色彩，在工作报酬和其他经济和非经济利益问题上表现得更加理性，他们不再回避谈论工资、奖金、职务评定和晋升之类的个人待遇问题，这些都有利于组织的管理者在了解知识员工实际需求的基础上完善激励机制。

2.4.4 全球化进程

几千年来，全球一体化曾是多少政治家和文人、理想主义者和霸权主义者的共同情怀，但只是到了市场经济体制在全世界占据支配地位的今天，经济发展才以无数次战争武力所不及的巨大力量推动全球化成为越来越确定的现实。全球化是一个多维度的概念，它包括经济、政治、文化、科技等多方面的内容，其中首要的是经济全球化。以信息科技革命、贸易自由化和生产外包为标志的经济全球化为世界带来了生产力的惊人发展、贫困的大规模减少和财富的巨额增加，给人类带来了巨大的机会和利益。全球化缩短了国与国之间的经济差距，使全球供应链发生了趋于扁平的革命性变化，因而从积极的方面看，世界是平的[136]。然而，自20世纪末以来一次次地区性和全球性的金融战争和其他形式的经济危机警示我们，世界并不那么平。特别是最近这场已经给各国经济造成巨大损失的国际金融危机再次真真切切地警示我们，在少数金融巨鳄的翻云覆雨就可以给世界经济发展进程带来巨大破坏的虚拟经济时代，人们往往看不到经济发展的地平线，看不到地平线以下在发生着什么，人们还不得不承认，地球是圆的[137]。

全球化加速了各国之间的交流，加剧了不同文化、不同价值观的碰撞和激荡，它对知识员工的影响是复杂的。一方面，全球化空前地开阔了他们的眼界，使他们见识了发达国家在科技、经济等领域的先进水平，得到了更多与国外同行交流合作的机会，使我国的科技事业与世界前进的步伐连在一起。另一方面，全球化也使他们的工作价值观出现了空前活跃的局面。西强我弱的文化冲击使传统价值观中的一些神话破灭了，一些曾经看来是坚不可摧的信念动摇了，从不同国度涌来的光怪陆离的经济社会现象使他们从过去的无可选择变为现在的不知如何选择。在强大的经济、社会和文化冲击面前，他们的工作价值观在接受着严峻考验，经历着裂变、扭曲、升华和整合等复杂的变化过程。在这个过程中，有人走向坚定和成熟，有人变得世故和功利，更多的人在随波逐流。面对这种复杂形势，否认事实或粉饰太平都是苍白无力的，迫切需要的是加强对他们工作价值观的引导和整合，引导他们树立和巩固正确的世界观、人生观、价值观。

2.4.5 改革开放大潮

改革是为了解放和发展生产力，开放为改革创造良好的基础和条件。30多年来的改革开放给我国带来了翻天覆地的变化。我国已经超越日本成为世界上仅次于美国的第二大经济体，若干单项经济指标已经跃居世界第一，若干行业已经具备冲击世界强国的能力，科学技术的成果和发展潜力令世人瞩目。我国在国际社会上的地位大幅度提高，在联合国和其他国际组织中的话语权越来越大，成为广大发展中国家最可信赖的忠实朋友。我国在改革之初提出的各项经济社会发展战略目标正在逐步实现，曾经屡遭列强欺凌的中国人民从来没有像今天这样扬眉吐气。

在知识员工密集、第一生产力所在的科技领域，体制改革在整体上也取得了很大成绩。1985年3月，就在国家正式启动经济体制改革的第二年，中央就做出了关于科学技术体制改革的决定。在这个决定的指引下，我国百万科技人员走出实验室和科研楼，走进企业和产业，以工人阶级一部分和先进的科技第一生产力代表的崭新姿态投入国家经济建设主战场。20 多年来，我国的科技管理体制、科技队伍的规模和结构、科技人员的整体素质、国家的整体科技实力等有了极大的提高和改善，科技生产力得到了极大的解放，一大批科技型企业在推动国家科技进步和经济发展中发挥了令人惊叹的巨大作用。作为科教兴国、建设创新型国家的骨干力量，科技人员对国家经济社会发展的贡献从来没有像现在这样显著，科技人员的社会地位从来没有像现在这样受到尊重，科技人员的工作积极性从来没有像现在这样高涨。

在组织层面，改革是为了提高组织的运行效率。现实情况是，聚集了大批国家高端人才的公益科研机构是国家科技管理体制改革最后也是最难攻克的壁垒。同其他许多领域的改革一样，公益科研机构改革的进展情况表明，改革越是深入到原有计划经济体制的核心，遇到的困难就越加深刻。改革作为顺应历史前进方向的社会大潮是毋庸置疑的，作为我国社会主义制度的自我完善，改革必然要调整原有的生产关系结构和利益格局，因而不可避免地要遇到来自各种既得利益者的自觉或不自觉的阻力。对长期作为计划经济体制下国家科技体系核心部分的公益科研机构进行改革，由于这些机构有从计划经济体制传承下来的行政级别，这些机构的管理者有背靠政府的天然优势，这些机构的资产有国家几十年投资形成的深厚积淀，这些机构的员工有吃惯"大锅饭"、"皇粮"的传统习惯，等等，由于这些资源禀赋条件的得天独厚和机构内外传统观念的根深蒂固，这些机构中的改革更容易走过场，更难以取得实质性进展。由于改革的核心价值体系尚缺乏有效的制度支撑，在刚性利益与柔性价值的权衡中，公益科研机构中一些掌握实权的主要管理者在领导本单位的改革中往往会因囿于既得利益或因谋求新的利益而在事实上成为改革的干扰力量，他们往往会以种种冠冕堂皇的借口谋求自己首先成为改革的受惠者。由这些人主导的改革，要么是借改革之名行个人利益扩大化之实，结果造成分配上越来越大的不公平；要么是使改革流于形式，一个个无法操作的改革措施接连出台又一个个不了了之，其结果是既降低了科技公共服务效率，又降低了员工对改革的社会信任。这种有名无实的所谓改革与改革的目标取向背道而驰，积累了员工的利益矛盾，延误了改革的最佳时机，挤压了改革的有效空间。时至今日，我们必须清醒地看到，由于对改革必然会遇到的困难和阻力估计得不够充分，对改革进程中的生产关系调整必然会遇到的矛盾和摩擦认识得不够深刻，使我国公益科研机构中这场旷日持久的改革依然任重道远，这与我国建设创新型国家的步伐很不协调。

在我国对外开放的进程中，在科技交流与合作的同时，文化交流和思想观念的交流也十分活跃。西方国家的蓝色文明与我国典型的东方文明相互交融，西方个人主义的思想观念和我国传统的集体主义思想观念相互激荡，加上改革进程中必然发生的思想观念更新和转变,使我国知识员工的价值观念空前活跃和多元化。要在改革开放中不断提高公益科研机构的公共服务效率,需要对这些多元化的价值观念进行有效的引导和整合。从管理学和组织行为学的角度看问题,这种整合就是激励。

如果说全球化是促进我国知识员工新兴社会阶层的形成,使得我国知识员工工作价值观空前活跃的国外因素,那么改革开放就是其国内因素。改革使知识员工的社会地位空前提高,使他们成为工人阶级队伍中一个具有知识资源优势的独特的组成部分,成为科技生产力的主要开拓者,成为推动先进生产力发展的新兴社会阶层;为他们搭建了展示知识才华的大舞台,使他们的人格得到更加全面的发展;科教兴国、人才强国,科技是第一生产力,人才是第一资源,尊重劳动、尊重知识、尊重人才、尊重创造,等等,这些已上升为国家意志的思想观念使他们从来没有像现在这样看到自己的人生价值和工作价值。开放则使他们真正做到了胸怀祖国、放眼世界,使他们的人生价值和工作价值从来没有像今天这样充分地得到实现。这些都为建立和完善知识员工激励系统创造了良好的经济社会环境,为知识员工新兴社会阶层的加快形成和健康成长提供了难得的历史机遇。

2.5 公益科研机构员工工作价值观的维度结构

在本书撰写期间,作者根据研究任务要求对 8 所公益科研机构进行了现场调研。调研的对象单位中 3 个是地处北京的中央级科研院所,5 个是地处江苏的省属科研院所。调研目标是对公益科研机构员工工作价值观结构和激励策略问题进行深入研究,调研内容包括人才队伍情况、改革发展情况、激励系统建设情况、员工工作价值观状况、组织文化建设状况以及员工对激励系统建设的意见等基本情况,重点是探讨工作价值观在这些公益科研机构员工激励中的作用和取得的实际效果。调研过程得到了被访单位领导和有关部门的支持,取得了比较满意的结果。本节选取其中关于员工工作价值观的调研数据作为样本,构建我国公益科研机构员工工作价值观维度结构模型。模型构建流程如图 2.3 所示。

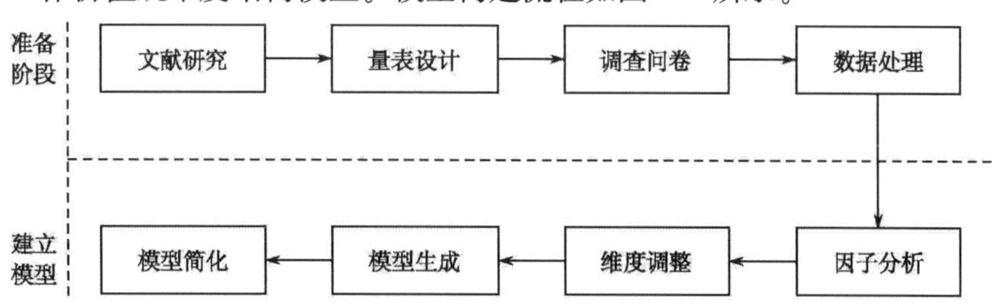

图 2.3 公益科研机构员工工作价值观维度结构模型构建流程

2.5.1 调查问卷设计

为确保调研效果和数据质量，调研过程综合采用文献研究法、访谈法和问卷调查法进行。首先广泛借鉴国内外在工作价值观和科研团队绩效方面的研究成果[41～43,73～75,138]，探讨我国公益科研机构的外部环境和内部环境（包括组织结构、制度规范、组织文化等组织特点），分析影响我国公益科研机构运行效率的相关因素，分析我国公益科研机构员工的基本特征，梳理出我国公益科研机构员工工作价值观共性因素和结构维度的大致轮廓。

在此基础上设计工作价值观调查问卷。为了保证调研数据系统、全面，问卷设计经历了调研、访谈、初试和调整、验证等环节，结合上述内容对各对象单位的上级主管部门、机构内部高层管理人员、不同层次的知识员工、服务人员等30余人进行了访谈和问卷试测，根据访谈情况和试测结果对问卷内容进行了4次反馈调整，最终确定了公益科研机构运行效率和工作价值观相关因素量表，即包含涉及组织外部经济社会环境、组织内部工作环境、物质性工作报酬、精神性工作报酬、知识进取、职务晋升、工作特性、人际关系、公平竞争、民主管理以及生活环境等相关因素共53个项目的调查问卷。调查问卷见附录，基本内容如表2.2所示。

表2.2 公益科研机构员工工作价值观相关因素

编号	项目	编号	项目
C_1	国家发展战略意识	C_{17}	倡导公平竞争、机会均等
C_2	国家科技发展水平	C_{18}	倡导中庸的组织氛围
C_3	国家经济体制和总量	C_{19}	工作与生活的平衡协调
C_4	机构定位与法律保障	C_{20}	重视人才的氛围与制度保障
C_5	配套的政策与落实	C_{21}	集权、层次分明的组织结构
C_6	基础条件和经费保障	C_{22}	分权、扁平的组织结构
C_7	良好的发展前景	C_{23}	员工广泛参与的决策机制
C_8	在国家建设中的地位	C_{24}	符合组织目标的项目立项
C_9	发展规划与目标	C_{25}	有效的科研项目管理
C_{10}	声望较高的学科带头人	C_{26}	合理的科研成果评价机制
C_{11}	满意的工作设施	C_{27}	鼓励以团队形式开展研究
C_{12}	倡导遵循常规和继承	C_{28}	合理的成果共享与转化机制
C_{13}	鼓励重视义理、淡泊名利	C_{29}	完善的员工培训制度
C_{14}	鼓励追求个人利益	C_{30}	绩效考评引导员工关注研究领域关键性、战略性
C_{15}	鼓励学术自由		
C_{16}	容许失败的宽松环境	C_{31}	绩效考评引导关注综合收益

续表

编号	项目	编号	项目
C_{32}	提高科研效果的考评体系	C_{43}	工作符合自己的兴趣
C_{33}	富有竞争力的薪酬体系	C_{44}	工作能激发创造力
C_{34}	完善合理的干部选拔任用机制	C_{45}	工作具有挑战性
C_{35}	完善合理的职称评定机制	C_{46}	工作能提高素质、拓展能力
C_{36}	合理有序的人才流动机制	C_{47}	工作的自主性
C_{37}	领导与员工关系融洽	C_{48}	工作中能获得成就感
C_{38}	员工间团结合作的关系氛围	C_{49}	工作中能获得足够的尊重
C_{39}	合理的岗位设置	C_{50}	有满意的工资与福利
C_{40}	清楚了解岗位责任与职责	C_{51}	工作具有稳定性
C_{41}	工作符合职业生涯规划	C_{52}	能够放松身心
C_{42}	工作中有美的感受	C_{53}	工作单位交通便利

通过对里克特 4 点、5 点、6 点、7 点等不同点数评价方法的优劣比较，考虑本问卷的项目特点，确定了问卷采用里克特 5 点评价，以数字 1～5 代表从“非常不重要”到“非常重要”5 个等级。

2.5.2 数据统计分析

为了保证对象单位员工回答问卷的有效性，本书在问卷中设计了 3 对配对题目，其表达的含义是完全相反的，即 C_{13} 鼓励重视义理淡泊名利和 C_{14} 鼓励追求个人利益，C_{17} 倡导公平竞争机会均等和 C_{18} 倡导中庸的组织氛围，C_{21} 层次分明的集权组织结构和 C_{22} 扁平的分权组织结构，以此来鉴别无效问卷。如果被试者对含义完全相反的题目作了同样的选择，则认为他没有正确或认真填写问卷，其所答问卷将予以剔除。

调查采取集中发放与回收问卷的方式，共发放问卷 362 份，回收问卷 308 份，有效问卷 292 份。在 292 份有效问卷中，男性员工占 54.55%，女性员工占 45.45%；博士占 11.19%，硕士占 30.70%，本科占 37.55%，专科占 20.47%；科研岗位占 60.56%，管理岗位占 30.12%，辅助人员占 9.32%。

鉴于公益科研机构员工工作价值观的影响因素众多，各因素之间具有复杂的相关性，变量显示的统计信息交叉重叠，增加了统计分析的复杂性，为使分析过程更加清晰，本书先利用因子分析方法，归纳出主要的综合性指标。基本做法是，首先确定从不同方向影响机构运行效率的诸项关键因素，从中选取有利于提高机构运行效率的正相关因素，再进一步从中选择属于工作价值观范畴的因素来提炼员工工作价值观因子。这样做既能够反映原来变量的主要信息，又能使各综合指标彼此相互独立，使变量分析简洁明了，避免了由于信息重复而引起分析问题的虚假性。具体的统计分析过程，采用 SPSS13.0 软件实现。

在因子分析计算过程中进行了样本的信度检验。样本的 KMO＝0.6；Bartlett's 形检验 χ^2 值 $df=1128$，$p=0.000<0.001$，达到非常显著的水平，表明获得的数据适合进行因子分析。参照各因素的共同度和因子负荷值，以特征值大于 1，累计贡献率大于 70% 为标准选择了 8 个因子。经旋转后的载荷因子的特征值及贡献率如表 2.3 所示。

表 2.3 工作价值观因子的特征值及贡献率

序号	因子名称	特征值	贡献率/%	累计贡献率/%
F_1	内部科研工作环境因子	7.339	14.98	14.98
F_2	外部经济社会环境因子	6.899	14.08	29.06
F_3	工作特性因子	6.436	13.13	42.19
F_4	人际关系因子	3.976	8.11	50.30
F_5	工作报酬因子	3.116	6.36	56.66
F_6	公平竞争因子	2.509	5.12	61.78
F_7	生活环境因子	2.266	4.62	66.40
F_8	民主管理因子	1.797	3.67	70.07

2.5.3 员工工作价值观维度结构分析

表 2.3 中提取的 8 个工作价值观因子均为包含若干具体指标的复合因子，它们是影响公益科研机构员工工作价值观的主要因素，对其做进一步分析，可以基本确定公益科研机构员工工作价值观的结构维度。

因子 F_1 为内部科研工作环境因子。如表 2.4 所示，该因子由 C_{25}、C_{29}、C_{27}、C_{26}、C_{20} 和 C_{24} 等 6 个指标组成，即包括有效的科研项目管理、完善的科研培训制度、鼓励以团队形式开展的研究、合理的科研成果评价机制、符合组织目标的科研立项以及重视人才的氛围和制度保障等指标。由这 6 个指标组成的内部工作环境因子 F_1 的特征值为 7.339，贡献率达到 14.98%，表明公益科研机构的员工对组织内部科研工作环境的关注程度很高。科研活动是公益科研机构员工的核心工作内容，科研项目的立项、实施、评价是否合理，关系到员工在个人进取、晋升和成长机会的获得上是否合理。能否获得科研项目并开展相关研究活动决定员工能否有机会丰富科研经历，积累科研经验，提升科研能力和专业技术职务。科研成果是公益科研机构员工知识劳动成就最直接的表现，科研成果的数量多寡和水平高低决定他们在本领域内声望和影响力的大小，决定他们专业技术职务晋升的快慢。所以，出于对个人成长和价值实现的期望,公益科研机构员工普遍十分重视自己能否有机会承担足够多、足够大的科研项目,重视通过这些项目获得进取、成长机会和职务晋升机会。可见,虽然这个因子可以直观地归类为内部科研工作环境,但从工作价值观的高度来看,是员工强烈的知识进取需求和职务晋升愿望使得员工表现出对这个因子所包含的各项指标的高度重视,因而在据此确定公益科研机构员工工作价值观结构时,应该考虑到内部科研工作环境和员工知识进取、职务晋升等 3 个维度。

表 2.4 内部科研工作环境价值观因子 F_1

序号	信息指标	特征值
C_{25}	有效的科研项目管理	0.817
C_{29}	完善的科研培训制度	0.782
C_{27}	鼓励以团队形式开展科研	0.754
C_{26}	合理的科研成果评价机制	0.701
C_{20}	重视人才的氛围与制度保障	0.530
C_{24}	符合组织目标的科研立项	0.525

因子 F_2 为外部经济社会环境因子。如表 2.5 所示,该因子由 C_8、C_2、C_4、C_6、C_5、C_3、C_7 和 C_9 等 8 个指标组成,即包括国家科技发展水平、机构定位与相关法律保障、基础条件和经费保障、配套的政策与落实、国家经济发展体制和总量、具有良好的发展前景、发展规划与目标以及在国家建设中的地位等经济社会环境指标。由这 8 个指标构成的经济社会环境因子 F_2 的特征值为 6.899,贡献率为 14.08%,表明员工对本机构在国家科技体系中的地位、本公益科研机构发展的外部环境和前景的高度重视。这个因子仍未离开员工的工作环境,但与内部科研工作环境因子 F_1 不同的是,F_2 强调的是机构外部的经济社会环境。公益科研机构的发展主要不是受市场需求的影响,而是受国家在相关领域的公共服务需求的影响,依赖国家政策支持并提供必要的基础设施和经费保障。国家的政治经济社会环境对公益科研机构的影响非常之大,没有国家良好的政治经济社会环境,没有国家较高的科技发展水平,没有国家健全的法律法规和良好设施条件的保障,公益科研机构要健康发展是不可能的,甚至连基本生存都难以维系。据此,因子 F_2 应归入工作环境维度。

表 2.5 外部经济社会环境价值观因子 F_2

序号	指标	特征值
C_2	国家科技发展水平	0.844
C_4	机构定位与相关法律保障	0.830
C_6	基础条件和经费保障	0.795

续表

序号	指标	特征值
C_5	配套的政策与落实	0.778
C_3	国家经济发展体制和总量	0.758
C_7	具有良好的发展前景	0.755
C_9	发展规划与目标	0.657
C_8	在国家建设中的地位	0.468

因子 F_3 为工作特性因子。如表 2.6 所示，该因子由 C_{45}、C_{47}、C_{44}、C_{41}、C_{49}、C_{43}、C_{51}、C_{40}、C_{48}和 C_{46}等 10 个指标组成，即包括工作具有挑战性、工作的自主性、工作能激发创造力、工作符合职业生涯规划、工作中能获得足够的尊重、工作符合自己的兴趣、工作具有稳定性、清楚了解岗位责任与职责、工作中能获得成就感、工作能提高素质、拓展能力。由这 10 个指标构成的工作特性因子 F_3 的特征值为 6.436，贡献率为 13.13%，表明公益科研机构员工把工作特性决定的个人成长和价值实现摆在了十分重要的位置，这是知识员工具有的明显特征，符合国内外学者对知识员工工作价值观研究得出的一致结论。这个因子描述的是工作特性，实则反映员工在工作中对知识进取和职务晋升等精神性报酬的需求，可以更简捷地归入知识进取和职务晋升维度。

表 2.6　工作特性价值观因子 F_3

序号	指标	特征值
C_{45}	工作具有挑战性	0.827
C_{47}	工作的自主性	0.794
C_{44}	工作能激发创造力	0.749
C_{41}	工作符合职业生涯规划	0.701
C_{49}	工作中能获得足够的尊重	0.657
C_{43}	工作符合自己的兴趣	0.634
C_{51}	工作具有稳定性	0.622
C_{40}	清楚了解岗位责任与职责	0.605
C_{48}	工作中能获得成就感	0.556
C_{46}	工作能提高素质、拓展能力	0.509

因子 F_4 为人际关系因子。如表 2.7 所示，该因子 C_{36}、C_{37}、C_{34}、C_{38}、C_{35}和 C_{39}等 6 个指标组成，即包括合理有序的人才流动机制、领导与员工关系融洽、完善合理的干部选拔任用机制、员工间团结合作的关系氛围、完善合理的职称评定机制和

合理的岗位设置。由这 7 个指标构成的人际关系因子 F_4 的特征值为 3.976,贡献率为 8.11%。笼统地说,这个因子可归类为工作环境,但由于它主要涉及员工流动、职称评定、干部任用、岗位设置以及员工与领导、同事的人际关系等特殊的工作环境,表明公益科研机构员工在其所处工作环境中对公平的职务晋升机制和良好的人际关系氛围有突出的要求。由此,在研究公益科研机构员工的工作价值观时,对职务晋升和人际关系这些特殊的工作环境应设置单独的维度,予以特别突出的重视。

表 2.7　人际关系价值观因子 F_4

序号	指标	特征值
C_{36}	合理有序的人才流动机制	0.721
C_{37}	领导与员工关系融洽	0.652
C_{34}	完善合理的干部选拔任用机制	0.612
C_{38}	员工间团结合作的关系氛围	0.569
C_{35}	完善合理的职称评定机制	0.568
C_{39}	合理的岗位设置	0.563

因子 F_5 为工作报酬因子。如表 2.8 所示,该因子由 C_{50}、C_{13}、C_{16} 和 C_{42} 等 4 个指标组成,即包括满意的工资和福利、鼓励重视义理、有容许失败的氛围、工作中有美的享受。由这 4 个指标构成的工作报酬因子 F_5 的特征值为 3.116,贡献率 6.36%,表明员工对工作的物质报酬和精神报酬的关注程度,可以直接归类为工作报酬维度。对比工作报酬因子 F_5 和工作特性因子 F_3 的组成和贡献率可以看出,在对工作报酬的要求上,公益科研机构员工的物质需求已退居次要位置,即使同义理、宽容和美感等重要的精神因素相比,他们也更在乎知识进取这样的精神性工作报酬。这一方面说明公益科研机构的员工高度重视他们的事业发展和个人成长,另一方面说明公益科研机构员工的薪资收入已能够比较好地满足他们的物质生活需要,物质财富的边际效用已有所降低,员工更加追求事业发展和人生价值的实现。

表 2.8　工作报酬价值观因子 F_5

序号	指标	特征值
C_{50}	有满意的工资与福利	0.712
C_{13}	鼓励重视义理、淡泊名利	0.518
C_{16}	具有容许失败的宽松环境	0.493
C_{42}	工作中有美的感受	0.456

因子 F_6 为公平竞争因子。如表 2.9 所示,该因子由 C_{31}、C_{33}、C_{30} 和 C_{32} 等 4 个

指标组成,即包括绩效考评引导关注综合收益、富有竞争力的薪酬体系、绩效考评引导员工关注研究领域关键性、战略性以及能提高科研能力的考评体系。这 4 个指标构成的因子 F_6 的特征值为 2.509,贡献率为 5.12% ,可归类为组织的工作环境和工作报酬维度。直观地看,因子 F_6 及其构成要素主要涉及组织内部的规章制度和管理模式,但这些环境条件对员工的物质报酬和精神报酬有直接影响,给员工的感受是竞争的秩序环境是否公平,涉及人际关系维度。

表 2.9 公平竞争价值观因子 F_6

序号	指标	特征值
C_{31}	绩效考评引导关注综合收益	0.784
C_{33}	富有竞争力的薪酬体系	0.514
C_{30}	绩效考评引导员工关注研究领域关键性、战略性	0.486
C_{32}	提高科研效果的考评体系	0.480

因子 F_7 为生活环境因子。如表 2.10 所示,该因子由 C_{19}、C_{53}、C_{11} 和 C_{52} 等 4 个指标组成,即包括工作与生活的平衡协调、工作单位交通便利、满意的工作设施、能够放松身心。这 4 个指标构成的因子 F_7 的特征值为 2.266,贡献率为 4.62% ,直接涉及员工的休闲、健康、交通等工作环境因素,可归类为工作环境维度,间接涉及员工的物质报酬和精神报酬维度。

表 2.10 生活环境价值观因子 F_7

序号	指标	特征值
C_{53}	工作单位交通便利	0.844
C_{11}	满意的工作设施	0.607
C_{52}	能够放松身心	0.570
C_{19}	工作与生活的平衡协调	0.317

因子 F_8 为民主管理因子。如表 2.11 所示,该因子由 C_{22}、C_{15} 和 C_{23} 等 3 个指标组成,即分权、扁平的组织结构,鼓励学术自由,员工广泛参与的决策机制。这 3 个指标构成的因子 F_8 的特征值为 1.797,贡献率为 3.67% ,主要涉及内部管理模式和民主氛围,可以归类为工作环境维度,包括人际关系维度。

表 2.11 民主管理价值观因子 F_8

序号	指标	特征值
C_{22}	分权、扁平的组织结构	0.730
C_{15}	鼓励学术自由	0.626
C_{23}	员工广泛参与的决策机制	0.469

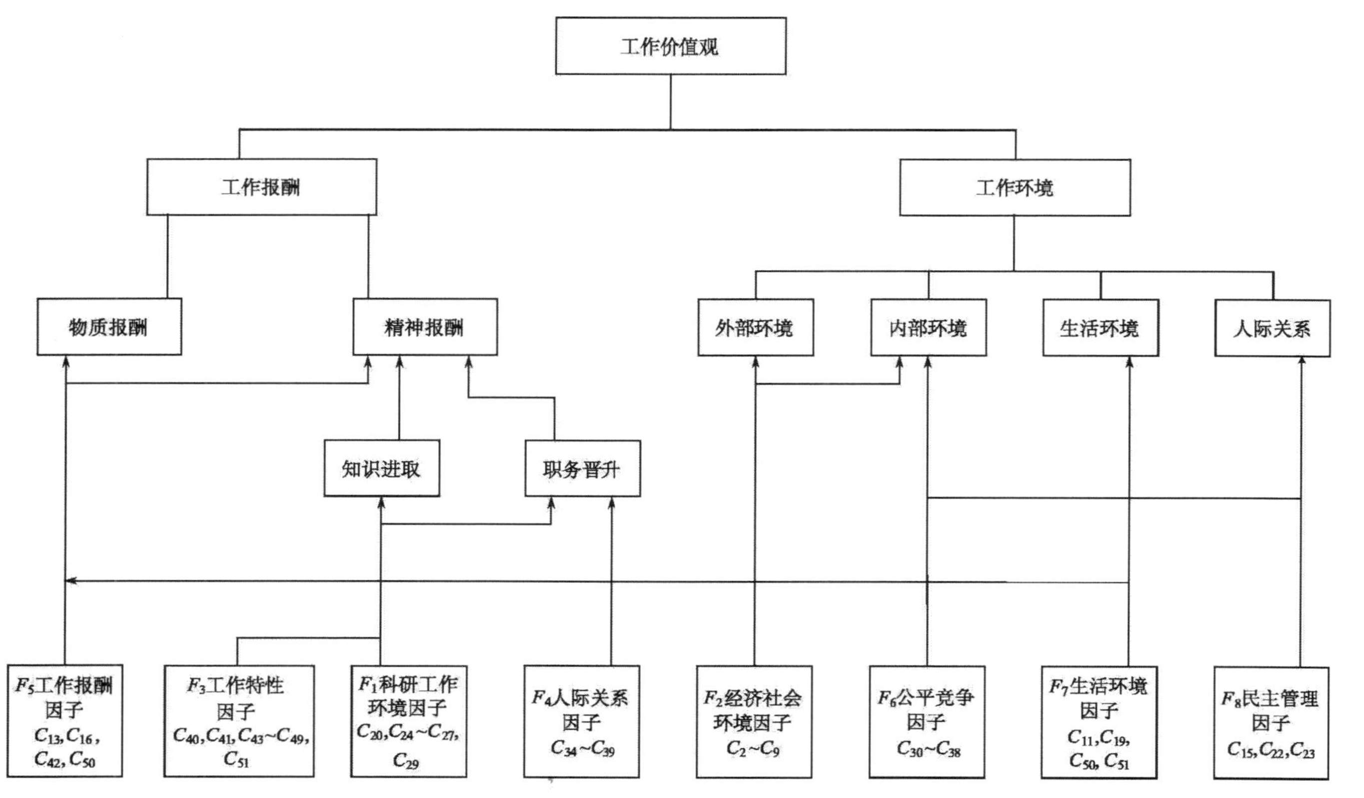

图 2.4 公益科研机构员工工作价值观维度结构模型

以上 8 个工作价值观因子的总贡献率为 70.07%，反映了公益科研机构员工在工作价值观方面关注的主要问题。其中，因子 F_1、F_2、F_3 的贡献率都在 13% 以上，总贡献率超过 42%，反映了公益科研机构员工在工作价值观上的突出特征，即员工工作价值观在结构上最主要的是工作报酬维度和工作环境维度，而在工作报酬中，知识进取等精神性工作报酬占据更突出的地位。因子 F_4 主要涉及职务职称晋升和人际关系两个维度。因子 F_5 更直接体现了员工价值观中的工作报酬因素，并再次体现了精神性工作报酬的突出地位。F_6、F_7、F_8 从不同侧面涉及各种工作环境因素，包括内部管理模式、绩效评价机制、员工的工作条件保障等。

基于以上分析，可以构建出公益科研机构员工工作价值观维度结构模型，如图 2.4 所示。

从以上分析可见，在最笼统的意义上，公益科研机构员工工作价值观的结构可以简单地划分为工作报酬和工作环境两个最基本的维度。考虑到在知识文明条件下，精神性工作报酬在公益科研机构员工工作报酬中的地位呈明显上升趋势，而知识进取和职务晋升两种基本的精神性工作报酬在作用范围、作用机制、作用效果上存在很大差别，因而有必要区别对待地加以特别重视。又考虑到员工对工作环境关注上存在层次性，他们在关注组织外部环境的同时更多地关注与自己切身利益直接相关的内部环境，包括组织结构、组织制度规范、组织文化等，他们的关注更多地集中在组织能否满足他们在个人成长和价值实现上的需要，而对这些精神需求的满足既是一种内在的精神性工作报酬，又需要有健康和谐的人际关系。对于这两点考虑，作者在调研中深有体会。从调查访谈对象的反应看，公益科研机构员工一般不会在物质报酬上过多计较，但却十分重视自己的知识能力和科研成果能否得到足够的尊重。他们往往能够自觉克服一两个小时乘车上下班的不利条件，甚至忍受长期两地分居的家庭困难，但却十分在意人际关系环境的健康和谐，十分在意自己在工作中能否受到公正公平的对待。

根据以上分析，结合国内外学者对知识员工工作价值观的研究基础，本书按照注重实效和简单明了的原则把我国公益科研机构员工工作价值观的结构简化为 5 个基本维度，即工作报酬维度、知识进取维度、职务晋升维度、工作环境维度和人际关系维度，以及它们分别领属的 45 个指标项目，如图 2.5 所示。

作者在研究过程中体会到，由于工作价值观各构成要素之间存在交叉、重叠并密切相关，对员工工作价值观进行严格的维度划分和归类并不容易。例如，从维度层次看，人际关系类的项目本来也可列入工作环境维度，但由于它们毕竟不同于被赫茨伯格列为保健因素的那些物质性工作环境，而且调研结果表明，人际关系目前对我国公益科研机构效率的影响十分突出，因此将其单列出来更符合实际情况。出于类似的考虑，知识进取和职务晋升两类本来可以归入精神性报酬的工作价值观要素也因受到员工的突出关注而被专门抽取出来作为独立的维度，以进一步突

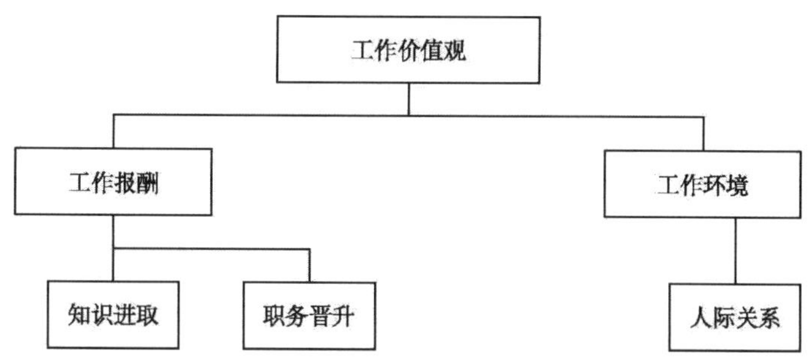

图 2.5 公益科研机构工作价值观维度结构简化模型

出公益科研机构员工工作价值观的职业特点。又如，从项目层次看，把科研项目运行机制划入工作环境维度未尝不可，但考虑科研项目运行对员工知识进取的决定性影响，在很多情况下将其归入知识进取维度似乎更加合理。国内外关于工作价值观外延结构的研究现状表明，在工作价值观维度的划分和归类上存在不同见解是正常现象，而机械地划分维度或者将某些项目简单地归入某一维度难免会顾此失彼。因此，在研究公益科研机构员工工作价值观结构时应该进行辩证分析和把握，并根据应用场合和研究目标予以适当调整。

以上关于员工工作价值观结构的分析奠定了进一步研究员工激励问题的基础，勾画出了对员工实施有效激励的决策视野。构成员工工作价值观的 5 个基本维度以及构成这些维度的各个要素从不同的角度反映了我国公益科研机构员工对待工作的基本价值取向，同时也就确定了组织在提高员工努力程度时应该重视的激励因素，确定了在组织中建立员工激励系统的主要着力点。以上分析结果和调研从公益科研机构员工得到的反馈的意见表明，抓住了员工工作价值观的这 5 个基本维度，就抓住了公益科研机构激励系统建设的大纲。

2.6 本章小结

价值观和在此基础上形成的工作价值观是员工激励的文化心理基础。围绕价值观和工作价值观问题展开的文化和心理现象涉及员工激励的各个方面，决定员工激励系统各种机制的作用效果，决定员工的士气和组织的运行效率。

从价值观深刻影响人们行为方式的角度看，价值观具有引导性、持久性、主观性与客观性相互融合、体系性与层次性有机统一等特征。从其作为人类思想意识内容的角度看，价值观具有社会性、历史性、文化性、心理性，与人生观、世界观构成不可分割的思想体系。

工作价值观是整个价值观体系中与职业工作相关的组成部分，是工作主体对其工作价值的认识。研究工作价值观的内涵既要重视满足员工需求的工作报酬价值,也要重视决定员工工作信念、态度、偏好的内在思想价值,重视研究员工工作价值观的复合性和群体性。对工作价值观结构的研究应该从研究这一概念外延的哲学高度出发,从历史脉络、文化差异和应用场合等方面进行动态的研究。在当代,人类社会进入知识文明时代、科学技术迅猛发展、市场经济占据支配地位、全球化进程加快、改革开放大潮涌动,特别是继农业文明和工业文明之后,基于全球生产力、生产关系和价值观深刻变革而到来的知识文明时代正在促使知识员工从组织成员的传统地位迅速崛起,成为一个有力地推动经济社会发展的新兴社会阶层,我国正在经历的这些重大的经济社会变革对公益科研机构知识员工的工作价值观具有深刻而长远的影响。知识文明孕育和催生了正在崛起的知识员工新兴社会阶层,这是本书提出的一个理论创新观点。

在借鉴国内外关于工作价值观和科研团队绩效的研究成果,探讨我国公益科研机构在组织结构、制度规范、组织文化等外部环境和内部环境特点的基础上,设计了我国公益科研机构员工工作价值观量表调查问卷,对公益科研机构员工进行了测试,运用调研数据构建了我国公益科研机构员工工作价值观维度结构模型。

3 公益科研机构员工激励系统的总体结构

出于对机遇和挑战的清醒认识，我国高度重视科教兴国和人才强国战略的重要性，高度重视人才作为第一资源的战略地位。建设人才强国，首先需要有宏大的人才资源规模，我国目前的科技人力资源规模已居世界前列，与科技实力居世界第一的美国已不相上下[139]。其次需要提高人才队伍的受教育程度，目前我国公共教育支出已占国家财政支出的最大份额，接近4%[140]；大学毕业生和研究生数量急剧增加，我国已成为世界上最大的博士生产国[141]，使我国科技人力资源受教育程度已不逊于西方发达国家。最重要的是，建设人才强国需要充分发挥人才队伍的积极性，使他们自觉主动地为国家建设目标而努力奋斗，切实做到人尽其才[142]。人才资源中的"资源"二字，正说明人才资源价值的潜在性，说明只有充分开发人才资源的潜在价值，才能充分发挥人才资源的作用。激励就是开发人才资源的基本手段。人才激励问题解决不好，我国就无法完成从人才大国到人才强国的跨越，甚至会造成人才资源和公共教育资源的巨大浪费。

建设人才强国需要更多的高端人才。目前我国在全球的竞争力排名还不够高，高端人才指数等与美国等发达国家有较大差距，与我国的大国地位很不相称。要实现国家科技竞争实力的突破，充分发挥作为国家科技事业正规军的公益科研机构的作用无疑是一条捷径，而员工激励系统建设是提高公益科研机构整体实力的关键所在。

公益科研机构员工是国家人才队伍的中坚力量，是国家高端人才密集的人群，是国家科技创新体系中的国家队、正规军，他们的工作努力程度决定组织的效率，影响创新型国家的建设进程。目前我国公益科研机构的科研效率还相当低，其中一个原因是员工努力程度不高，科技人才资源未能充分发挥作用。在这种状况下，针对我国公益科研机构员工的特点加强激励系统建设显得尤为迫切。

本章基于第2章构建的公益科研机构员工工作价值观维度结构模型，从系统论的高度进行员工激励系统的顶层设计，主要研究任务是：

(1) 在公益科研机构员工工作价值观维度结构模型的框架内研究员工工作价值观的时代性特点、偏好特点和员工的素质特点。

(2) 研究知识文明时代员工激励系统主体与客体关系的革命性变化。

(3) 适应知识文明时代和建设人才强国的需要，以全球化的视野研究员工激励对提高公益科研机构效率的决定性作用。

(4) 研究推动员工激励系统内部矛盾运动的各种作用力量以及这些力量的作用机制，按照顶层设计的要求构建公益科研机构员工激励系统总体结构模型。

本章研究思路如图 3.1 所示。

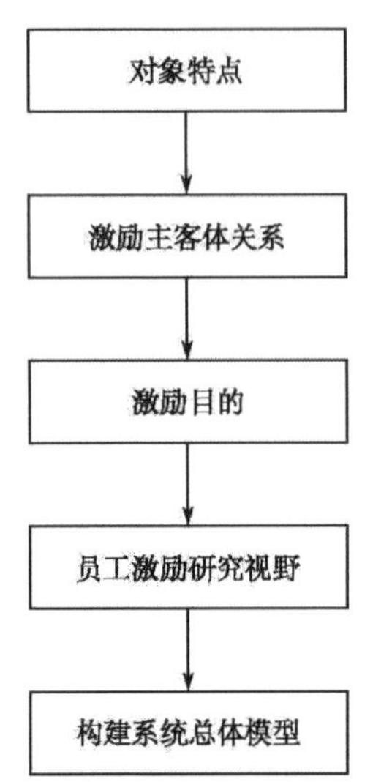

图 3.1 公益科研机构员工激励系统总体结构研究思路

3.1 系统的对象特点

3.1.1 工作价值观结构

基于在第 2 章中构建的公益科研机构员工工作价值观维度结构模型，借鉴国内外关于价值观和工作价值观的研究成果，可以对我国公益科研机构员工的工作价值观从以下 5 个基本维度进行描述：

(1) 工作报酬维度。工作报酬是工作价值中最一般的意义。应该承认，在现实的生产力和生产关系水平上，工作报酬的价值对我国公益科研机构员工来说依然具有第一位的意义。按照学术界的研究习惯，可以将工作报酬进一步细分为物质性和精神性报酬两个亚类，二者分别满足员工在物质和精神两方面的生活需要。从两类工作报酬的基本外延来看，物质性报酬大致对应第 2 章被 Super 列入外部报酬价值的生活方式和经济报酬，Miller 把 Super 的这两个项目列为外显性项目，Elizur 称之为薪资和福利，吴铁雄称之为经济安定，夏林青将其归入外在报酬取向，陈英豪将其归入可得报酬，宁维卫将其归入生活方式和经济价值因子，王垒将其归入影响工作动机的物质条件和员工生活。精神性工作报酬大致对应 Super 内在报酬价值中美的追求和成就感，Elizur 将其归于受到赞赏、尊严和对社会的贡献，夏林青和陈英豪将其归入自我表达，吴铁雄将其归入尊严，王垒将其归入员工心理感受。公益科研机构员工在工作中取得的进取，包括知识进取和职务升迁，是员工精神性工作报酬的重要表现形式。

(2) 知识进取维度。大致对应被 Super 称为创造性和智性激发的内在报酬价值，Elizur 称其为工作成就，吴铁雄称其为自我成长、自我实现，宁维卫称其为进取心，凌文辁称其为发展因素，王垒称其为员工价值实现和发展。

(3) 职务升迁维度。大致对应被 Super 列于内在报酬项下的管理权力，Elizur 称其为工作职位、升迁。

(4) 工作环境维度。大致对应 Super 外部报酬价值中的安全感，外部附带价值中的环境和变异性，Elizur 称其为工作安全感、社会条件、公司形象、方便的工作时间、工作环境，夏林青称其为变异取向，陈英豪称其为任务环境，吴铁雄称其为组织安全、安定与免于焦虑、休闲健康与交通，宁维卫称其为工作安全，凌文辁称其为保健因素，王垒称其为工作条件和环境、工作特性、组织特性、规章制度。在我国的文化和社会背景下，人际关系是一种具有特别研究意义的工作环境。

(5) 人际关系维度。大致对应被 Super 称为利他主义和独立性的内在报酬价值以及其外部附带价值中与同事和上司的关系，Elizur 称其为同事关系、上司关系、独立性，夏林青称其为人群取向、社会认可取向、利他取向，吴铁雄称其为社会互动，王垒称其为领导特性和团队特性。

以上对公益科研机构员工工作价值观结构的分析过程再次显示了维度划分方法的相对意义。本书把本来可以划入精神性工作报酬的知识进取和职务升迁抽出来单列为独立的维度，把本来可以划入工作环境维度的人际关系抽出来单列为独立的维度，主要是为了适应本书研究的需要，来突出 3 个单列维度的内容，而在其他研究中则未必需要这样做。换言之，把员工工作价值观仅分为工作报酬和工作环境两大维度甚至像有些学者那样不分维度地进行研究在很多场合也是可行的。事实上，如果不是为了进行跨文化或跨行业等的比较研究，那么在工作价值观的维度划分和项目设置以及在此基础上进行的量表设计上采取更辩证的态度，将既有利于使相关研究活动更贴近研究对象的实际情况，也会使学者之间减少许多纷争。

3.1.2　价值偏好特点

研究公益科研机构员工的工作价值观，应该重视他们的偏好特点：

(1) 公益科研机构员工是社会上一个很特殊的人群。他们在全社会人口中所占比例极小，按我国目前的情况，中央级公益科研机构的编制人数不过一两万人。他们主要的工作方式是按照严格分工开展专业性很强的公益科研活动，其工作环境、产品形式、投入产出特点、基本的工作感受和心理需求都同社会上其他人群有很大差别。因此，需要针对这个特殊人群深入研究其在工作价值观上区别于其他人群的偏好特点。

(2) 公益科研机构员工在对待工作报酬的偏好上明显地向精神性报酬倾斜。公益科研机构员工的价值观偏好取向明显带有知识分子的传统特点。在一般情况下，他们更看重别人的赞赏和尊重等心理感受，看重美学意义上的高尚情趣以及自我表达的权利和自由，看重工作成就、个人价值实现和对社会的贡献；他们的薪资和福利等经济报酬水平属于社会上的中产阶层，物质生活条件一般并不窘迫，习惯于衣食无虞的小康生活；他们历来轻于谈钱，羞于谈钱，即使碰上发财机会也坚持君子爱财取之有道。然而，改革开放以来我国经济社会的巨大变革，社会分配结构调整造成他们在全社会中的相对收入水平下降，社会上一些人靠不正当手段和不正当收入实现的暴富等，使他们长期坚守的偏重精神性报酬的工作价值观面临严峻挑战，他们中相当一些人会感到彷徨和困惑，工作价值观会发生动摇、扭曲和裂变。

(3) 公益科研机构员工在工作价值观上一个突出的偏好特点是有很强的知识进取偏好。知识进取是公益科研机构员工在一般意义上的进取心，包括个人成长、个人发展、个人实现等需求在科研活动中的具体体现，其外在表现是科研成果等工作成就的取得，而其内在基础是员工创造性和智性受到有效激发。究其性质，包括知识进取和职务升迁在内的进取都是特殊形式的精神性报酬或内在报酬，在研究公益科研机构员工的激励问题时，将其突出单列有利于深入研究这个特殊人群的激励特点。

(4) 职务升迁偏好与公益科研机构员工激励效果之间关系十分复杂。按照我国公益科研机构目前的实际情况，员工职务升迁有两个渠道，即技术职务的晋升和管理职务的升迁，这两种情况在一些公益科研机构中被形象地称为“两条线用人”。按其本来含义来说，两个渠道的升迁分别是组织对员工科研能力和管理能力进行综合性正式认定的具体方式，但在实际操作中，两种升迁与员工能力之间的关系都不是线性的，许多微妙而复杂的人为因素介入其中，使员工升迁道路充满博弈色彩。由于官本位文化在我国根深蒂固，管理职务升迁的情况更为复杂，它不仅是一般意义上的职位升迁，而且往往被人们加上管理权力争夺和较量的阴影。职务升迁与员工的物质性和精神性工作报酬，与员工的学术进取心和工作成就，特别是与员工的人际关系和工作环境密切相关，因而对员工激励效果的影响十分复杂，有必要对其进行更加深入的研究。

(5) 人际关系和工作环境偏好在公益科研机构员工工作价值观中占有举足轻重的地位。和其他知识员工一样，公益科研机构员工往往偏好于独立行事，主张善待他人，但往往不太能容忍他人有意无意的伤害，希望与同事和上司相安无事，经常以清高自居而又迫切需要他人的社会认可，比较在乎领导的评价，工作中很需要团队合作但不善于沟通和互动；他们一般对环境的物质条件和保健因素并不挑剔，但对社会环境条件十分在意，他们当然希望有方便的工作时间和交通条件，但更在意工作任务的变异性和挑战性，他们不会轻易违反规章制度但也并不惯于循规蹈矩，他们在乎所在组织的形象但更在乎自己的价值实现和人生发展，当人际关系和工作环境阻碍自己的发展时，他们往往会比其他人群更果断地选择跳槽。

(6) 对公益科研机构员工的工作价值观进行维度偏好分析的角度和策略需要因应用场合和员工特点而异。一些在国内外工作价值观研究中出现频率颇高的项目，将其维度划分和归类并不容易，例如声望，是归入精神性工作报酬还是学术进取抑或是人际关系维度；工作中的影响力，是归入精神性工作报酬还是职务升迁维度；有意义和有兴趣的工作及工作发挥所长，是归入精神性工作报酬还是工作环境维度，这些都是会有很多争议的问题，将其强行归入某一维度难免会顾此失彼，需要根据应用场合和员工特点而予以适当调整。

在现实生活中,公益科研机构员工的工作价值观是一个发展变化的动态系统。由于受所处时代和经济社会环境的复杂影响,公益科研机构员工工作价值观的外延结构将处于不断的裂变和整合状态,这决定其维度划分、项目确定和偏好分布必然是一个动态过程。要提高公益科研机构员工激励系统的运行效果,需要深入研究时代和经济社会背景对员工工作价值观偏好特点的动态影响。

3.1.3　人才素质特点

在组织中建立激励系统应该遵循的一个基本原则是因员工群体而异。在公益科研机构中,构成员工基本成分的知识员工是支撑国家科技知识生产、传播和应用的骨干载体,是国家核心战略科技资源的重要组成部分,他们的素质中既存在着知识员工的普遍共性,又具有公益科研机构这一特定环境及其员工使命决定的具体特征。

在今天正在到来的知识文明时代,知识员工的群体特征是一个热门话题,近年来有关知识员工管理与开发的文献中,对这个问题多有涉及。例如,伍晋明等认为[73],知识型员工在独立性、创新性、自赏性、流动性、工作复杂性和成就感等 6 个方面具有明显特点。韩大鹏认为[74],知识型员工在自主性、独立性、目标导向性、自我价值感和成就渴望感等 6 个方面具有明显特点。李中斌在综述国内外学者有关研究成果的基础上提出[143],知识型员工具有 5 个方面的特点,即具有相应的专业特长和较高的个人素质、具有很强的自主意识、工作过程难以监督控制、工作成果不易直接测量和评价,以及具有较高的流动性。虽然国内外学者的观点存在很多差异,但也有很多相同和相通之处,已经勾画出知识员工这个新兴社会阶层共同的素质特征。

公益科研机构员工属于知识员工中的精英部分,这个更为特殊的群体具有一般知识员工的上述全部共性特征。有些表现得更为典型,例如创新性,由于公益科研机构在国家科技创新体系中居于核心战略地位,对其员工的创新性要求必然比对一般知识员工要高得多。有些则不十分显著,例如流动性,由于公益科研机构员工属于国家级的战略人才资源,他们的过多流动会造成战略人才资源的过度流失,因此国家会制定必要的政策性规定,以必要的经济手段、行政手段甚至法律手段来减少这支人才队伍的流动而保持其相对稳定。在研究公益科研机构员工问题时,立足于他们的工作价值观基础,从提高激励效果出发,应该更加重视他们的下述素质特征:

(1) 战略资源地位。公益科研机构员工是国家人才资源的一部分,而且是其中居核心地位、起骨干作用的一部分。他们的使命是为国家经济社会发展生产和传播具有战略意义的科技知识,取得具有战略意义的科研成果,把这些成果应用于国家战略方向推动科技和产业发展,或者在特定领域或特定部门应用于国家的战略决策。他们的科研水平直接影响国家的科技实力和可持续发展能力，影响国家科技第一生产力的发展水平。这种特别重要的使命决定了他们在国家人才资源中处于特别重要的战略地位。公益科研机构的管理者对他们这种战略资源地位认识得越深刻，在组织中建立和完善激励系统的自觉性就越高。

（2）科技创新意识。在国家科技创新的浩荡大军中，公益科研机构员工是担负冲锋陷阵、攻坚克难任务的中坚力量。国家科技创新能力的形成和提高离不开这支队伍的科技创新意识，离不开他们以科技创新促进国家经济社会发展的自觉奉献。具有强烈的科技创新意识既是建设创新型国家的时代呼唤，是广大科技工作者活力迸发、创新有为的力量源泉，也是每一位公益科研机构员工应该自觉不断增强的基本素质。我国近年来在科技创新方面取得的举世瞩目的进展，国家科技实力的迅速提高，其中凝聚着许多公益科研机构员工忘我的创新努力。

（3）创造性劳动价值。现代科技知识生产需要处理多领域的海量信息，需要广泛运用相互交叉的多学科知识，是极其复杂的创造性劳动。公益科研机构员工在科研工作中取得的每一项重大科技成果，都凝聚了他们坚持不懈付出的大量艰辛的创造性劳动。这些知识型劳动成果一旦应用于国家的物质生产和社会管理实践，就会转化为巨大的社会生产力，转化为改造自然环境、改善人民生活、促进社会发展的强大物质力量。这种知识型、创造性劳动的社会价值，绝非一般的工具性、物质性简单劳动所能比拟。在公益科研机构中提倡尊重劳动、尊重知识、尊重人才、尊重创造，尊重的就是这种创造高社会价值的创造性劳动，尊重的就是创造这种高社会价值的创新型知识人才。

（4）自我价值意识。公益科研机构员工普遍具有良好的教育背景，系统的文化知识和科技知识积淀使他们提高了认识世界的能力，包括认识外部客观世界的能力和认识内心主观世界的能力。公益科研机构员工对外部客观世界的认识主要转化为其科研能力，而他们对内心主观世界的认识则主要转化为其自我价值意识。身为知识员工中的精英，公益科研机构员工具有很强的自我价值意识，他们深知自己作为工人阶级一部分，作为国家主人的社会阶层地位，深知自己在建设社会主义现代化进程中作为国家核心科技人才资源的战略地位和作为科技第一生产力开拓者的历史责任，这是激励系统在他们身上取得良好效果的内在依据。

（5）人际关系与工作环境意识。学者们在研究知识员工的群体特征时首先普遍注意到他们在人际关系方面具有的自主性、独立性和自赏性等特征。这些人格特征是这个社会群体的传统特点，它们并非今天才有，知识人、文化人都是如此，古今中外概莫能外。这种自主性、独立性和自赏性源于他们对自己拥有较多知识的自豪，源于他们对自己具有较强认知能力的自信，源于他们对自己已有或应有较高社会地位的自觉。在研究公益科研机构员工的人际关系意识时，除了要注意到这些特点的传统性、广泛性以外,更应注意到正在到来的知识文明时代对他们这些传统人格特征的强化影响,从而更加理解和尊重他们的独立自主和自我欣赏。其次还应注意到,他们这种自主性、独立性、自赏性在组织内部人际关系和就业环境上往往会折射为很强的选择性,当自己得不到期望的足够程度的理解和尊重时,他们会比其他社会群体更多地选择离开原有的人群和工作环境。我国人才在国内外流动的大量事例证明,就业流动往往是知识员工人际关系意识受到强烈压抑时一种自发的行为反应。公益科研机构员工作为知识劳动者主要是凭借其拥有的专业知识从事知识生产的,他们在工作环境选择上具有双重特点。一方面,由于他们拥有的知识是专业知识,离开原有专业就很难再继续从事其他知识生产活动,因此他们不能轻易改变职业,具有高度的职业稳定性。另一方面,他们拥有的知识是存在于他们头脑中的知识,既无法像普通商品那样向他人出售,也无法像普通资产那样遗传给后人,因此他们若不满意现有工作环境而选择流动,就只能连同头脑中的知识流向同原来的公益科研机构有竞争关系的其他知识生产单位,包括国内和国外的其他单位,从而必然形成新的人才竞争。

(6)终身学习需要。建设创新型国家和建设学习型社会是一致的,没有全社会终身学习的浓厚氛围,就不可能建成创新型国家。在全社会都要坚持的终身学习中,知识员工应该站在前列,作为建设创新型国家中坚力量的公益科研机构员工必须是终身学习的积极实践者。公益科研机构员工之所以能担负起为建设创新型国家攻坚克难的重任,最根本的优势是他们接受了系统的高等教育,积累了扎实的知识基础和较强的知识生产能力。依靠这种知识资源优势,他们在激烈的就业竞争中进入了公益科研机构,并在科研职业生涯中取得了或大或小的成就,但是面对迅猛发展的现代科学技术,他们的知识资源优势只是一种相对的乃至短暂的优势。原有的知识很快就变得陈旧而需要更新,在知识激增中涌出的大量新知识使他们曾经一时的知识优势很快就会过时,使特别迫切的终身学习需要成为公益科研机构员工显著的职业特点。

(7)激励响应特点。同社会上其他人群相比,公益科研机构员工对激励措施的响应要复杂得多。这种复杂性主要表现为激励响应的敏感性,对物质激励和精神激励在响应强度上的不一致,以及对同一激励在心理响应强度和行为响应强度上的不一致。首先,强烈的自我价值意识使公益科研机构员工对来自社会和组织的激励十分敏感。当他们感受到来自社会和组织的尊重时,当他们的工作价值得到社会和组织的充分肯定时,健全的激励系统可以在他们身上取得显著效果,在科研工作中迸发出我国争光、为组织争光的巨大的拼搏精神。相反,长期得不到这种尊重和肯定,他们的工作激情会被渐渐磨灭,陷入茫然甚至走向颓废。其次,基于高层次的需求结构和工作价值观,公益科研机构员工对精神激励的响应强度一般要比对物质激励大得多。虽然不高但比较稳定的物质收入水平使他们对衣食温饱之类较低层次的保健性需求关注较少，而对受到尊重和自我价值实现之类较高层次的发展性需求关注较多，使其价值关注明显地向精神方面倾斜。由此决定，在设计公益科研机构员工激励系统时，应该对精神激励给予更多的重视。最后，知识阶层的文化传统和长期受教育形成的知书达理的良好个人修养使公益科研机构员工的激励响应趋于内向，往往心生波澜而不轻易喜怒于色。出于这种修养他们不会轻易地与人争名争利，但他们的公平意识并不因此而淡化。相反，如果激励系统显失公平，那就一定不会取得预期效果。

3.2　系统的主客体关系

从根本上究其实质，激励系统中的主体和客体以及二者之间的激励关系问题实际上是一个生产关系问题。受国内外经济社会发展的复杂影响，我国的生产关系经历了深刻变化，我国已经经历了30多年的改革开放就是不断适应这种变化的过程。在我国公益科研机构中，由于更多地受到正在迅速到来的知识文明时代的直接影响，生产关系的变化尤为深刻，这种深刻变化必然直接反映在组织中激励系统的主体和客体以及二者的相互关系上。我国公益科研机构的改革之所以久攻不克，一些公益科研机构的员工激励之所以虽经精心策划而终于收效甚微，一个根本原因就在于对科技生产力和生产关系的矛盾运动规律认识不足，在于对激励的主体和客体及其相互之间的激励关系认识不足。

3.2.1　传统激励关系中的主体与客体

在传统的激励理论中，激励被看作是组织的一种管理手段，激励是组织中管理者从外部对被管理者的激励，激励机制是管理者对组织实施管理的若干机制中的一种。以组织中的管理者为激励主体，以相对于管理者的被管理者为激励客体，以采取何种措施、如何实施这些措施以及如何评价这些措施在被管理者行为方式和工作业绩表现出的实施效果为内容，形成了传统激励理论的基本架构。

在传统的激励实践中，员工激励被看作组织中人事管理的一部分，管理者是施加激励的当然主体，员工是接受激励的被动客体，由组织中的高层管理者统一决策，由人事部门按照决策层批准的方案统一实施，对员工实行居高临下的单向管理性激励，管理者主观上的目的是激励员工为实现组织的经济或非经济目标，提高组织的运行效率而努力。在西方各国的公司企业、行政机构、科研单位等各类组织中，对员工的激励活动一直就是这样施为的，即使在具体实施上有过一些技巧性改变，但员工激励系统主体和客体的基本格局从来就没有改变，而且似乎也不能改变，无需改变。

应该承认，这样的传统激励模式在历史上曾经是有效的，它曾经提高了无数个经济组织和非经济组织的运行效率;即使在今天,这样的传统激励模式在很多场合下依然是相当有效的。但是在今天迅速到来的知识文明时代,这样的传统激励模式在很多场合正在失效。在以科技创新为己任的知识员工为基本员工队伍的公益科研机构,传统激励模式遇到的挑战更为强烈。出现这种挑战的根本原因在于,员工激励系统的主体和客体地位在发生显著变化,他们之间的关系在发生显著变化。

在泰勒提出其科学管理理论的20世纪初,以管理者为主体、以员工为客体的激励模式在资本主义企业管理中是十分有效的,因为在那个时代,资本主义企业的员工是无产者,他们除了自己的自由身份和劳动能力之外便一无所有,只能从劳动中获得必需的生活资料的贫穷状况迫使他们为了延续生命和养家糊口就不得不被动接受管理者这种盘剥式激励。在当时的资本主义企业,员工不接受这种激励模式就意味着失业,意味着在失去激励锁链的同时失去基本的生存条件。

在梅奥基于洛桑实验提出其行为主义激励理论的20世纪二三十年代,这样的传统激励模式在企业管理中依然是十分有效的,只是激励的内容有了变化。因为资本主义世界发展到当时积累的社会财富已经有条件使劳动者的物质收入水平有了明显提高,企业的管理者已经有条件从物质工作条件和业余文化生活方面为劳动者提供有所改善的工作环境。但也仅此而已,因为企业员工在社会生产关系中的地位没有改变,他们依然只能被动地接受激励,对他们来说接受激励和接受剥削仍然是一回事。他们虽然拥有了比以前丰富许多的生活资料,但占有生产资料仍然是他们可望不可即的梦想。在当时的资本主义企业,员工不接受这种激励仍然意味着失业,意味着在失去工作的同时沦落为无家可归者。

3.2.2 知识文明时代激励关系的深刻变革

与泰勒所处时代不同的是,今天公益科研机构员工已经有了相当丰富的个人生活资料,他们一般拥有属于自己的动产和不动产,只要个人认为必要就有能力参与一定规模的投资活动,他们不必再为个人生存和养家糊口而被迫接受剥削。

与梅奥所处的时代不同的是,今天公益科研机构员工不仅已经拥有了相当丰厚的物质收入和更加丰富的文化生活,更加舒适的工作环境,而且作为社会先进生产力的一部分,以个人占有的方式拥有了大量作为新型生产资料的现代科技知识,成为推动先进知识生产力发展的重要力量。

与泰勒、梅奥所处的时代与当代西方国家都不同的是,在经历了翻天覆地的经济社会变革之后,今天我国公益科研机构员工不仅拥有了小康水平的物质和文化生活资料,而且作为工人阶级的一部分,以国家主人公的社会地位享受着以公有制为主体的全民生产资料所有权。

与国内其他社会阶层也不同的是,我国公益科研机构员工凭借自己已经拥有的知识和获取更多新知识的能力而成为知识文明时代领跑者的一部分,成为受到全社会尊重的新兴社会阶层的一部分，他们在很大程度上可以按照自己的意志支配掌握在自己头脑中或自己能力上的知识型生产资料，可以按照个人的专业特长和兴趣爱好选择研究方向和工作内容，可以按照自己的意志选择自己在工作中的努力程度，包括工作的进度、时间和质量，可以根据国家规定合法地从事第二职业。当组织目标同其个人的价值取向相去甚远时，他们可以根据个人意志比较从容地离开原来的组织。

反思激励系统在国内一些公益科研机构中形同虚设的现实情况，应该看到西方多运用于企业的激励模式在运用于我国公益科研机构时的局限性，因而不能简单地从西方管理教科书中照抄照搬；应该看到我国公益科研机构在激励系统主体和客体及其相互关系上存在的不同和发生的深刻变化，进而在此基础上构建有我国公益科研机构特色和时代特色的激励系统。从国家生产力发展与国家经济改革、政治改革和社会改革的高度上看问题，我国公益科研机构中的激励关系正经历着两大变化。

从国家生产力发展的角度看，公益科研机构员工正越来越成为直接和现实的生产力。在迅速到来的知识文明时代，公益科研机构员工已经不仅仅作为生产力中最活跃的因素和劳动工具等生产资料结合，他们自身就已经实现劳动力和生产资料的结合并将在终身学习的工作中不断完善这种结合，成为能量强大而且能动性极强的现代科技知识载体，成为直接和现实的科技生产力。在公益科研机构激励系统中，对他们的激励就是在充分释放他们身上潜在的强大知识能量，就是在解放和发展他们的生产力。让这样充满内在活力、具有极强能动性的生产力群体仅仅作为客体而被动地接受管理者从外部施加的激励，显然是不合理的。

从国家经济改革、政治改革和社会改革的角度看，公益科研机构员工的社会地位在不断提高。在不断深化的改革进程中，我国的生产关系随着生产力的发展水平在不断进行着局部调整，一些不适应生产力发展的部分被逐步革除，一些促进生产力发展的新内容被逐步纳入生产关系的范畴而得到固化。在这种解放和发展生产力的变革过程中，作为国家基本政治原则之一的工人阶级的领导地位因为生产关系中纳入了促进生产力发展的新内容而得到加强。公益科研机构员工是工人阶级中以开拓科技生产力为己任的知识员工，随着国家改革的深入，他们作为国家主人公的地位将越来越得到提高和加强。在公益科研机构激励系统中，让这些社会政治地位越来越提高的员工仅仅作为客体而被动地接受管理者从外部施加的激励，显然是不合理的。

知识文明时代与改革开放进程中生产力和生产关系的深刻变化，公益科研机构中知识生产的固有特点，使公益科研机构激励系统的主体和客体关系呈现如下趋势：

(1) 知识经济地位推动公益科研机构员工趋于主体化。在知识文明时代，他们在社会生产力和生产关系中的地位空前提高，有效地管理自己的知识资源并参与管理组织的知识资源，提高自己的知识生产率并促进提高组织的知识生产率，已成为他们越来越自觉的社会意识，这意味着员工越来越成为组织中管理行为的主体。

(2)社会政治地位推动公益科研机构员工趋于主体化。随着公益科研机构员工在国家政治生活中地位的提高，他们在组织内的地位也必然相应提高。客观上，国家政治改革和社会改革在不断鼓励公益科研机构中员工参与组织的内部管理；主观上，公益科研机构员工参与组织内部管理的觉悟也在不断提高。在这种形势下，公益科研机构员工正越来越成为组织中管理活动的主体。

(3)民主进程推动公益科研机构管理者趋于客体化。近年来，国家对员工参与组织民主管理的政策规定越来越明确，要求在各类组织中严格实行决策民主、管理民主、选举民主、财务民主等广泛的民主制度，对组织的管理者特别是主要管理者实行严格的民主监督。公益科研机构员工的民主意识历来很强，在国家民主进程的推动下，要求公益科研机构管理者自觉接受员工全面监督，使其行为模式趋于客体化。

(4)组织特点和领导方式转变要求管理者客体化。公益科研机构毕竟不是政府，其员工不是公务员，不适用政府的行政式管理。公益科研机构的基本职责是开展科研活动，管理者在具体的科研活动中不是官而是科研人员，要求管理者站在科研第一线亲身参加科研活动，以科技带头人的姿态领导科研活动。换句话说，公益科研机构的管理者在科研工作中既是指挥员又是战斗员，既是科技带头人又是普通的科技工作者，是按科技工作规律接受管理的客体。

(5)学术民主传统要求公益科研机构员工主体化，管理者客体化。学术民主是国内外科技界特有的历史传统，知识文明越发展，科研团队越庞大，越要求员工发扬主体作用，要求管理者更加尊重员工的主体地位，以更加平等的姿态参加学术活动和科研活动。

(6)科技管理创新要求公益科研机构员工主体化，管理者客体化。项目组历来是科技管理的基本单元。我国公益科研机构传统的科技管理模式是在研究室之下设立若干项目组，由研究室领导管理下属的项目组。实践证明这样的管理模式效率低下。矩阵管理、项目管理等新型管理模式的出现，我国科技体制改革中提倡的项目组长负责制，为公益科研机构的科技管理创新拓宽了空间。一般情况下，科技项目组长是有科技带头能力的科研专家，管理者可以作为项目组的普通成员在项目组长的领导下参加科研活动，也可以在项目组之外为项目组的科研活动提供服务。这些管理创新反映了科技管理对员工主体化和管理者客体化的客观要求。国际上把财务、人事、行政等类管理者划入为研发人员提供服务的辅助人员[131]，也在更大的范围反映了这种客观要求。

总之,在改革开放的经济、政治和社会条件下,我国公益科研机构激励系统中传统的主体和客体在发生着相互融合的变化,传统的主体在客体化,传统的客体在主体化,他们的传统角色在趋于一体化,他们之间的传统界限在模糊化。角色的一体化和界限的模糊化使我国公益科研机构员工激励系统的作用对象形成两个既有明显差别又相互依赖、密不可分的层次,两个层次相互激励、相互约束,结成知识文明时代新型的生产关系。这种变化反映了时代的进步、管理的创新和知识员工的全面发展。在这样的条件下,公益科研机构的员工既是参与组织中激励方案制定、激励措施实施、激励效果检查全过程的主体,又是自觉接受组织激励的客体;公益科研机构的管理者既是按照组织和员工意志执行激励措施的主体,又应是自觉接受员工监督的客体;我国公益科研机构激励系统的目标模式应该是鼓励员工参与民主管理、促进员工全面发展的自主式、互动式激励系统。

3.3 对员工激励的系统思考

3.3.1 员工激励的实质和目的

公益科研机构员工激励的实质和根本目的是提高组织效率,是组织试图通过对员工行为施加的选择性鼓励来影响全体员工的全部工作行为。选择性鼓励这一命题有三层递进的含义。一是行为对象的选择性。在任何时点上,在员工已经完成的全部工作行为中,与组织目标一致的只是其中一部分。组织试图通过对这部分行为的鼓励来使之固化下来,使之成为员工的习得行为方式而与组织目标长期保持一致。二是员工对象的选择性。在一个组织中,并非所有员工的行为都在同样的程度和能力上与组织目标一致,有的员工限于能力只能做到心有余而力不足,有的员工限于觉悟而在行为方式上与组织目标大相径庭。组织试图通过较多地鼓励能力强、觉悟高的员工而固化他们的行为方式,较多地约束与组织目标背离的员工的行为方式,使员工群体的行为方式在更大程度上与组织目标保持一致。三是激励效果的现实性。通过激励来固化优秀员工的优良行为方式进而提高组织的效率,这是组织对员工实施激励的初衷,这种初衷能否实现,在多大程度上得到实现,并不决定于管理者的一相情愿。有的公益科研机构在其内部会议和文件中经常提及员工激励,但由于这些组织的管理者并没有真正从思想上认识到员工激励对提高组织效率进而对组织生存和发展的深刻影响,并没有在深入研究员工特点的基础上扎实推进各种激励措施,因此员工激励在他们那里只不过是装装门面而已,并不见实际效果。有的公益科研机构看似有健全的激励机制,有关制度应有尽有,但由于这些组织的管理者并没有深入研究员工激励的基本规律和面临的具体矛盾,因而空有良好愿望也不见实际效果。只有深入思考知识员工的一般特点和本组织员工的具体状况,深入思考员工激励系统中主体和客体之间的复杂关系,深入思考系统内部矛盾及其运动规律,深入思考员工激励系统各种内在的作用力和作用机制,并在此基础上实施更有针对性的激励措施,公益科研机构的员工激励系统才能真正建立起来并不断得到完善。

3.3.2 员工激励与组织效率

应该承认,目前我国公益科研机构的发展惰性还比较大,科研效率普遍还比较低。近年来我国积极推进公益科研机构改革,其主要目的在于在提高科技资源配置效率的同时,提高广大科技人员的积极性,提高公益科研机构的效率,进而从根本上提高我国的科技实力,充分发挥科技第一生产力在建设现代化强国中的支撑作用。一些公益科研机构之所以能在如此大的发展惰性下和如此低的效率水平上生存下来,主要原因有三个。一是其经费来源基本上靠国家财政,是吃"皇粮"的。虽然财政支持不足,但员工基本经济收入有稳定保证,既无失业之虞,也无小康生活之忧。二是其任务来源基本上靠政府下达,无论科研任务完成得如何,来年总会有些新项目下来,不必担心无事可做。三是其员工素质总体上比较高,即使因激励缺位而有人偷懒,有人搭便车,甚至有人妨碍别人的工作努力,但总会有许多员工出于职业道德等工作价值观因素而自觉努力,使组织的基本工作秩序和起码的工作效率得以维持。这种状况使一些公益科研机构表面上显得十分稳定,却难以承担起国家科技创新的重任。克服公益科研机构低效率状况的根本出路在于在这类机构中建立和完善行之有效的员工激励系统。

公益科研机构的低效率问题是一个十分复杂的经济管理问题,它既是一个经济问题,又是一个管理问题乃至心理问题、社会问题。分析公益科研机构的低效率问题,需要宽视角的综合思考。

效率问题一直是西方管理学关注的核心问题。在西方经济学界,由于效率与经济效益的关系十分密切,自 20 世纪 30 年代以来,经济学家开始从专注资源配置效率问题转向较多关注以前曾被传统经济理论忽视的组织内部低效率问题,从而认识到激励问题在经济上的重要性。特别是 20 世纪 70 年代以来,契约理论、委托-代理理论、企业理论等在激励领域的研究迅速发展,构成了西方微观经济学发展的主流,如何为经济主体设计适当的激励机制已成为当代西方经济学的一个核心。

西方经济学研究激励的角度与管理学不同,它不是从研究人的各种需求出发,而是从经济人的基本假设①出发,即以个人的利益或效用最大化为理论起点,运用严格的经济数学模型,十分精准地描述激励现象并预测激励效果。如今,在很多人

① 经济人假设是传统西方经济学思想体系中的前提假设,是其理论构架的逻辑支撑点和方法论原则,是西方经济学的硬核,其核心有三点:人是有理性的;利己是人的本性;个人利益最大化只有在同他人的交换中才能实现,交换是经济人在其本性驱使下自然而然地发生的。

眼里,西方经济学在很大程度上已成为研究激励问题的学科[144]。

一般认为,在公益机构内部不适用市场经济原则,但是知识文明时代的到来和市场经济的社会背景,使公益科研机构中的知识员工正在成为知识资源的最终占有者和使用者,使组织与其知识员工的工作关系带上了越来越多的市场经济色彩,使这类机构中的激励问题变得更加复杂。解释这种现象,研究这种背景下公益科研机构的效率问题,需要经济学与管理学之间的学科交融,借助经济学和管理学最新理论成果的跨学科解释能力。

在这方面,近几十年来在西方经济学发展中独树一帜的 X 效率理论为我们提供了一个有力的分析工具[145,146]。该理论挑战了新古典经济理论关于组织当然有效率的基本假设,研究的核心问题是组织内部的非配置低效率问题,而效率问题,特别是组织内部的非配置低效率问题,正是长期以来使我国众多公益科研机构管理者深感困惑的一个重要问题。因此,积极借鉴 X 效率理论的研究成果,对我们提高公益科研机构的效率具有重要的理论和实践意义。

(1) 员工是组织中最基本的决策和行为单位。任何经济组织都是由员工个体组成的,组织的决策和行为实际上是相互间存在种种经济社会关系的众多员工个人的决策和行为的总和性结果。研究公益科研机构不应把组织整体作为最终的研究对象,仅限于笼统地研究组织整体,而应该把广大知识员工个体作为最终研究对象,深入研究它们的所思所为。公益科研机构的激励系统既要重视组织的整体利益和大多数员工的共同利益,也要兼顾员工个体的具体利益。只有这样,才能实实在在地落实以人为本的发展理念,确立员工在组织中的主人公地位,从根本上提高员工在科技工作中的努力程度。

(2) 知识员工工作努力的强自觉性和弱约束性。由于信息不对称和不确定,以及信息搜寻和行为监督的高昂成本,任何组织的劳动合同都不可能充分完备。在公益科研机构中,由于知识管理和智力劳动的特点,劳动合同的这种不完备性尤为突出。即使在目前大力推行的聘任制条件下,也只能用聘任合同或岗位说明书等大致规定知识员工的工资福利基本标准和工作任务基本要求,而无法明确规定员工的努力程度,无法明确规定员工的工作数量和质量,员工个人对其在组织中工作的努力程度拥有相当大的自由决定权。知识员工的努力程度既同其个性有关,又同其所在组织内部的人际关系、激励系统以及组织所处的外部环境有关。由知识员工工作努力的这种强自觉性和弱约束性决定,健全的激励系统在公益科研机构中的作用比在其他类型的组织中更为重要。

(3) 公益科研机构委托-代理关系的复杂性。由其公益性及其与政府的特殊关系决定,公益科研机构一般采用层级式管理结构,因而运行中存在着复杂的委托-代理关系。公益科研机构的最高管理者在组织内部是总委托人,而对其上级主管部门而言却是总代理人。组织内部的中层管理者对高层管理者而言是代理人,而对其下属却是委托人。在高层管理者内部，在同一部门的中层管理者内部，存在着主要管理者与副职管理者之间的委托-代理关系，在不同部门的中层管理者之间，存在着各种非正式的委托-代理关系。作为最终代理人的普通员工却在相当大程度上拥有本组织工作效率的最终决定权。从选择理性①出发，处于不同层级上的委托人和代理人不可能以相同的方向和程度关心组织的行为标准和他们对组织所负的责任。也就是说，公益科研机构的各级管理者同他们员工的利益和工作目标不可能是完全一致的。要想在公益科研机构内建立有效的激励系统，必须认真分析并妥善处理这些复杂的委托-代理关系。

(4) 员工和组织行为的惯性特征。在惯性区域②的行为边界内，员工按习惯和常规行事，这时小强度的外部激励不会给个体行为带来显著影响。只有当外部激励超过一定阈值，即达到一定程度或持续一定时间时，激励才会产生显著影响，员工才会改变行为模式。惯性区域的存在，要求激励措施必须具有足够的力度和持续性才能实现预期效果。

在惯性区域的均衡状态下，员工可能出于舒适的感觉或出于对同事关系的左顾右盼而在惯性区域内保持或向下调整其努力程度，也可能出于对组织的忠诚，出于不被群体甩下的愿望等，而在来自组织的动力要素没有多大变化的情况下在惯性区域内保持或向上调整其努力程度。无论从时间上还是从程度上看，惯性区域都只能是一个相对概念。从时间上看，如果员工总是在某个惯性区域内决策和行为，那么他的努力程度，进而由员工群体努力程度决定的组织效率就会永远停留在一个较低的水平上。从程度上看，如果员工总停留在同一个惯性区域决策和行为，那么他的努力程度，进而由员工集体努力程度决定的组织效率就只能有量的变化而没有质的提高。这显然不符合实际情况。规律性的实际情况将是，随着组织的发展和激励的实施，随着社会生产力水平的提高，员工的决策和行为空间将发生向上的跃迁，从一个努力程度较低的惯性区域跨入更高的惯性区域。当然，如果组织的管理状况发生严重劣化，例如由于主要管理者无视科研规律的颐指气使而损害了大批员工的主人公地位，或者由于高层管理者的决策失误而使组织离开了经济社会发展的主攻方向，那么员工的决策和行为空间也有可能出现向下的跌落，从原来努力程度较高的惯性区域跌入较低的惯性区域。在这种情况下，组织的效率将不可避免地出现持续期较长的巨大跌落。

(5) 对管理者的素质要求。管理者素质在克服公益科研机构低效率方面具有

① 选择理性是X效率理论的理论基础之一，意指员工在组织的经济活动中既不是完全理性，也不是完全非理性，其理性具有选择性。

② 惯性区域理论是X效率理论的另一个理论基础，意指员工行为与组织激励之间呈非线性关系，较弱的激励不足以引起员工行为变化，这时员工的行为处于惯性区域；只有当激励超过一定阈值时，员工行为才会离开惯性区域而发生显著变化。

重要价值。由于科技市场的不完全性,公益科研机构的高层管理者需要有更高水平、更加专门化的现代企业家才能。企业家一方面作为管理者对克服其所处企业的低效率产生直接影响,另一方面作为竞争者对克服其所处行业内其他企业的低效率产生间接影响。这一观点对处于典型不完全市场条件下的我国公益科研机构十分适用。在这里,外部资源投入的机会明显不均等、不优化,内部知识资源不可交易,把员工头脑里的知识资源变为对组织产出成果有用的知识投入需要有效的激励。因此,公益科研机构的高层管理者要实现其管理功能需要拥有更高水平的管理素质,他们既需要有适应从事现代科技活动所必需的知识层次和知识结构,更需要有激励知识员工所必需的民主作风、人格魅力和组织才能。

(6)提高效率依赖于组织内部全体员工的共同努力。公益科研机构的科研工作是一个十分复杂的知识生产过程。在这个过程中,组织不是一部当然高效的将知识投入变为知识产出的知识转换器,而是一个凝聚员工共同努力的知识生产系统。在组织内部,各级管理者、研究伙伴、传统习惯和群体士气等各种因素都会对员工个体的努力程度产生影响,而由个体组成的员工群体的努力程度将决定组织中科研工作的效率。

在这里,员工的努力和组织的目标保持一致具有决定性的意义。员工努力和组织目标不一致的紊乱状态被称为努力熵,它是组织效率低下的根源。组织中努力熵的大小决定于员工对其工作努力的后果负责任的程度。员工对其工作努力的后果负责任的程度越大,组织中努力熵的值越小,反之则努力熵的值越大。反过来看,努力熵的概念很像我们所说的主人公态度,它从深层次决定组织运行的实际成本。在公益科研机构中,一旦员工的主人公地位受到严重损害,一旦员工觉得组织的发展与其个人关系不大,组织就陷入低效率的努力熵状态。因此,公益科研机构要从根本上提高效率,就要自觉地同努力熵进行坚持不懈的斗争。效率问题实际上是一个生产力问题。研究减小和消除组织中的努力熵,实际上是在研究组织如何充分调动人的因素,如何密切劳动者同其他生产要素的关系,如何协调劳动者在生产过程中同其他利益相关人的关系即生产关系,通过这些环节来促进生产率的提高和生产力的发展。组织的这些调动、密切和协调行为本身就是以员工为对象的激励。

3.4 系统的内在力量

系统的有效运行源于系统内部的矛盾及其运动。在公益科研机构员工激励系统中,系统内部矛盾运动表现为驱动力、调控力和互动力等3种力量的协同作用。

3.4.1 驱动力

驱动力是公益科研机构员工激励系统中最基本的内在力量,它源自系统的动力机制，按照组织的愿景和使命规定的目标方向，驱动员工向这一目标努力。

尊重劳动、尊重知识、尊重人才、尊重创造是在公益科研机构中构建员工激励系统动力机制的前提。没有对员工的满腔热忱，没有对他们在科研活动中辛勤劳动的高度尊重，对他们拥有的科技知识和科研能力的高度尊重，对他们作为国家第一资源的人才地位的高度尊重，对他们为取得科研成果而付出的创造性劳动和表现出的科技创新精神的高度尊重，要在公益科研机构中构建有效的员工激励系统动力机制，形成对员工行为的驱动力是不可能的。

人才资源是第一资源这个命题在公益科研机构员工激励上有两层含义。一是强调人才资源的重要性，说明没有什么别的资源比人才资源更重要。二是揭示人才资源的潜在性，说明只有激发出人才的创造活力，人才资源的价值才能得到实现。要充分发挥组织中员工的科技资源作用，需要建立完善的激励系统，以健全的动力机制具有的强大的驱动力调动他们的科研积极性。这个关乎员工激励效果的根本问题，在我国一些公益科研机构目前的管理实践中并没有真正解决好，一些管理者不尊重知识、不尊重人才的现象依然存在，在有的单位这类现象还比较严重。这说明在距实现我国人才强国目标已不足10年的今天，科技人才激励系统中最基本的动力机制建设还亟待加强，如何自觉地重视科技人才的第一资源地位，为充分发挥科技人才的积极性和创造性而建立和完善行之有效的动力机制，形成激励员工的强大驱动力，在我国公益科研机构还是一个亟待进一步提高认识的关键问题。

公益科研机构员工激励系统的驱动力应该满足如下基本要求：

(1) 覆盖激励因素。明确激励因素的范围和构成是实现系统驱动功能，取得良好驱动效果的前提。驱动力的作用点不准确或不全面，都会使系统的激励效果受到影响。上一章关于公益科研机构员工工作价值观的讨论为确定激励系统的激励因素奠定了基础。下一章将在这个基础上深入和拓展，研究如何使系统在员工工作价值观全部外延的范围内发挥驱动作用。

(2) 符合需求层次。管理学、心理学、组织行为学等学科在人的需求层次方面已有丰富的研究成果，既研究了各个需求层次的客观存在，也研究了这些层次的静态特点和动态交叉。这里需要深入研究的问题是公益科研机构员工这个特殊的社会群体，在需求层次分布上有哪些具体特点，针对这些特点应该如何确定驱动力作用的主要方向和次要方向。

(3) 兼顾员工特点。公益科研机构员工特点是一个内容丰富的概念，既有群体特点又有个体特点，既有需求特点又有激励响应特点。在一个员工人数以百人计的公益科研机构，需要兼顾员工的各种特点才能保证动力机制的综合效果。在系统整体设计上，应该强调员工的群体特点；在员工内部的亚群和团队中，应该较多关注员工的个体特点；在明确员工需求特点的基础上，应该更多关注不同员工群体对系统内部各种力量的响应特点。

(4)达到必要力度。惯性区域的存在,使员工对驱动力做出响应需要驱动力达到必要的阈值,低于这个阈值,员工行为将停留在惯性区域而不显现驱动效果。一些公益科研机构的激励机制之所以收效甚微,激励力度不足是一个重要原因。惯性效应的另一个表现是要求驱动力的持续性,只有在足够长的时间内保持必要的力度,驱动的效果才能得到维持。

(5)促进员工和谐。百人百性。公益科研机构员工的独立性和自主性使人际和谐在动力机制中显得特别重要。由于员工在需求、人格和响应上的个体差异,一些动力机制措施在一些员工身上产生良好的效果,在另一些员工身上就可能效果不明显甚至产生负面效果。只有在组织内部保持和谐的人际关系,才能使作用于不同着力点和不同方向的驱动力保持协同,形成足以实现系统效率目标的驱动合力。

从员工工作价值观结构的 5 个基本维度出发,公益科研机构员工激励系统的驱动力主要包括与之对应的 5 项内容,即工作报酬动力、知识进取动力、职务晋升动力、工作环境动力和人际关系动力。对于由这 5 项基本内容构成的员工激励系统动力机制的特点、运用及效果,第 4 章将进行专题研究。其中,人际关系是一个比较特殊的问题,它既是员工激励中的重要动力,又涉及员工激励中的调控作用和互动过程,对于后者,第 5 章、第 6 章将分别结合员工激励系统约束机制和博弈机制的研究进行讨论。

3.4.2 调控力

没有控制功能的系统是不完善的,约束机制就是运用调控力来实现公益科研机构员工激励系统控制功能的基本机制。

对公益科研机构员工在其工作价值观的各个维度和项目上实施引导和驱动,使他们在这些维度和项目上张扬个性、奋发努力,这对激励系统建设是必要的,舍此便不能保持组织有足够的前进动力。但这同时又是不充分的,完善的激励系统还需要有足够的调控力,因为没有必要的调控力,组织就会变成一列刹车失灵的火车,它可能偏出轨道,也可能倾覆。这正如列宁所说,真理再前进一步就是谬误。

工作价值观既是激励机制的基础同时又是约束机制的基础。公益科研机构员工来自五湖四海,他们是带着不同的工作价值观基础进入组织从事科技工作的。在作为同事进入共同的科研机构之前,他们已经有过不同的人生经历。按我国公益科研机构目前扩充员工队伍的实际做法,他们中的大部分是应届毕业的大学生或研究生,来自国家普通高校或承担研究生培养任务的科研机构,其中大部分对公益科研机构的工作性质只有比较模糊的一般认识,对自己使命的认识尚不明确。对于即将承担的公益科研工作,他们所具有的更多的是热情,是愿意为之奋斗的激情和冲动。然而也无可否认，这类新员工中有相当一部分是带着过分自我的人生观进入公益科研机构的，他们的工作价值观与组织的目标方向相去甚远。对这些员工，从其入职伊始就应该加强引导和约束，使他们的世界观、人生观和工作价值观得到整合，朝着组织的目标方向转变。即使是小部分来自相关企业、政府部门或其他科研机构的新员工，由于成长环境不同，人生经历不同，他们的工作价值观也不尽相同，不会完全符合公益科研机构的工作方式和工作目标，因而也需要进行必要的约束和整合。

就像驱动力的情况一样，调控力也有着力点、方向和力度问题。调控力应该普遍作用于工作价值观的各个维度和各个项目，因为任何一个维度或项目上的过度张扬都会影响其他维度和项目上的激励效果。调控力的目的在于保证激励效果，因而其方向视员工工作价值观多样性和差异性的具体情况而变，但一般与驱动力存在夹角，否则就无法形成有别于驱动力的控制功能。调控力度在员工群体上远小于驱动力，但在极端情况下，在个别特殊员工个体上有时需要大于对其施加的驱动力，以形成强力控制，保证系统对群体中大多数员工的激励效果。

一些文献把约束称为负向激励，并重点研究负向激励中的惩罚问题。这样做有一定道理，但是从调控力的角度看问题，这样做并不尽合理，因为负向激励也是激励，把惩罚称为激励不符合人们一般从正向理解激励的习惯。许多约束措施是预防性的，它们只是保持一定的限制性张力，防止组织不希望的某些行为出现而不强调其正向或负向的实施效果。更重要的是，调控力的方向是根据需要而改变的，它们一般与驱动力存在夹角，但只有在某些特殊情况下才会与后者方向相反而构成负向激励。如果同时作用于同一个体的调控力与驱动力方向相反，那么直接减小驱动力就是了，不必再浪费组织管理能量去施加调控力。一般而言，与驱动力方向相反的调控力只有在两种情况下才有必要，要么是同时作用于员工群体中的不同个体，要么是在有本质矛盾的不同时刻作用于同一员工个体，二者必居其一。

调控力与驱动力之间的关系是辩证的。其一，调控力是起辅助作用的力，它的存在、方向及大小决定于保证驱动力效果的需要。没有驱动力的需要，调控力无需独立存在；然而没有调控力的辅助作用，驱动力的作用效果便无法得到保证。其二，调控力与驱动力的划分是相对的。在群体意义上，调控力就是调控力，驱动力就是驱动力，二者之间泾渭分明。但在个体意义上，在工作价值观的一些具体项目上，二者的界限有时会模糊化，对一些个体的驱动就是对持有相反工作价值观的另一些员工的控制，相反，对个别工作价值观异常的员工的控制就是对大多数员工的有效驱动。

综上，员工激励系统中调控力和驱动力的关系可以描述如图 3.2 所示①。

① 图 3.2 的思路来源于侯光明著作[9]中的激励与约束作用图，本书引用时有实质性修改。

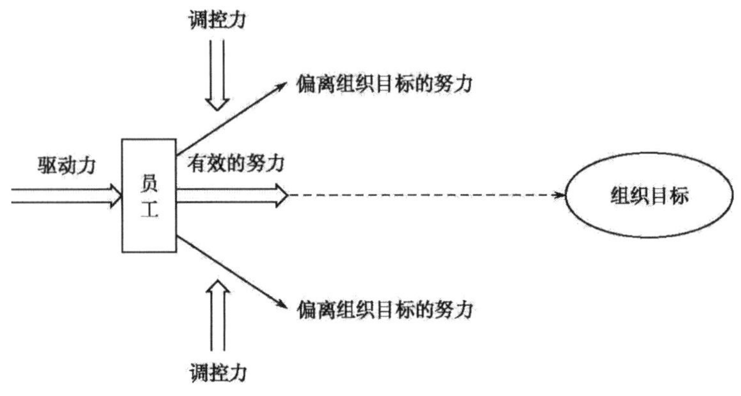

图 3.2　驱动力与调控力的关系

从目前公益科研机构员工激励的实践来看，员工激励系统的调控力主要应包括工作绩效调控、伦理道德调控及制度规范调控等 3 项内容。对由这 3 项基本内容构成的员工激励系统约束机制的特点、运用及效果，第 5 章将进行专题研究。关于动力机制与约束机制的互动关系和综合运用，第 6 章将结合博弈机制的研究进行讨论。

3.4.3　互动力

在公益科研机构员工激励系统中，管理者和员工双方都在经历着互动的博弈过程。激励信息，包括员工激励需求信息与系统激励效果信息，是双方进行谋断进而调整博弈策略的依据，是双方在互动过程中生成和调整互动力的源泉，这些信息既决定互动力的生长点，又决定互动力的方向和力度。确定系统中互动力的分布进而确定博弈效果的困难在于，关于员工激励需求与系统激励效果的信息是不完备的，既不是确定的，也不是对称的。

如前所述，在公益科研机构中，管理者和员工的关系是一种信息不对称的委托-代理关系。在个体激励需求上，管理者与员工的信息显然是不对称的。管理者要获得关于员工个体激励需求的真实信息，至少需要满足两个条件，一是每一位员工对各级管理者都无保留地高度信任，二是每一位员工都有足够的能力准确表达自己的激励需求。在一般情况下，这两个条件都无法得到满足。实际情况是，员工根据自己的谋断而有保留地透露自己的激励需求，管理者得到的员工需求信息既不十分真实，因为员工有意保留了许多真实情况；也不十分全面，因为员工只表达了自己认为必要的信息。类似地，管理者与员工在激励效果上的信息也是不对称的，只是出于博弈的考虑，员工在激励效果信息上会做出更多的保留，使信息不对称性程度更大，故从略。

在由管理者与员工构成的信息系统中，作为委托人的管理者从作为代理人的员工方面得到的激励需求信息是不确定信息。从理论上说，激励是针对员工个体需求施加的行为，但是在员工人群较大、管理层次较多的公益科研机构，个体需求信息只能分层获取。即使最初获得的个人需求信息是静态确定的，在经过分层传递之后也会因信息失真而变得不确定。传递层次越多，信息链越长，信息失真就越大，从而最后到达激励决策者的个人需求信息就越不确定。况且员工的个体需求信息不可能是静态的，总会随外界条件和对激励的响应而动态变化。这些动态变化的个体需求信息一次次经历传递失真，一次次与原有信息叠加，将导致本来就不确定的信息更加不确定。更有甚者，限于信息收集和处理能力，组织实际上无法对每一个员工个体实施激励，只能根据由个体信息汇总而成的群体信息对员工群体进行在相当大程度上整齐划一的激励，汇总过程的信息损失必然会加重信息的不确定性。类似地，管理者从员工工作行为中得到的激励效果信息也是不确定信息，由于效果信息的失真和损失在机理上与需求信息大致相同，只是判断激励效果的难度更大，故不再赘述。

管理者依据不确定的员工激励需求信息和系统激励效果信息进入与员工互动的博弈过程，其博弈行为必然带有相当大的盲目性。管理者与员工双方在员工需求信息和激励效果信息上的不对称性，使激励系统中主体和客体的角色定位发生转变，作为委托人的管理者由于信息不足而在博弈中处于被动地位，而作为代理人的员工由于信息优势而上升到主动地位，在互动的博弈过程中掌握更大的主动权。激励信息的不确定性和不对称性使博弈机制成为公益科研机构员工激励系统中最精彩，当然也是最难驾驭的机制，使得根据弈局变化而动态地调整变换互动力成为最见功夫的管理艺术。

3.5 系统的总体结构

本书研究的激励系统在国内外文献中一般被称为激励机制。学术界一般认为，激励机制作为组织管理中的重要机制，对员工行为施加各种正向激励，以提高员工的努力水平，并最终提高组织的运行效率。但在组织的管理实践中，对员工工作行为施加影响的有效措施并不限于正向激励，也包括有时被称为负向激励的惩罚措施，而把惩罚称为激励并不符合人们一般的理解习惯；许多激励措施的效果是依激励力度而变的，把它们一般地称为激励有时也会造成误解；许多措施是约束性的，它们只是限制组织不希望的某些行为出现而不在于强调其正向或负向的实施效果。在存在多种激励和约束措施的工作环境中，员工并不仅作为管理对象而被动接受激励和约束，他们往往主动影响管理者而使组织中的实际管理活动成为互动性、对策性的博弈行为。为了更全面、更准确地反映公益科研机构管理中的这些实际情况，提高研究成果的有效性，本书在激励系统这样一个更开阔的视野开展研究。

从纵向看，激励是一种从认知到情感、意志再到行为的复杂的心理过程。从横向看，激励是一种涉及驱动力、调控力和互动力的广泛的管理活动。这样的复杂过程和广泛活动靠单一单向的激励机制无法完成，需要全方位协调的激励系统。

目前相关文献在研究激励问题时讨论较多的是如何对员工行为施加正向驱动的物质奖励或精神鼓励，以提高员工的努力水平，并最终提高组织的工作效率。在组织的管理实践中，对员工行为施加影响的有效措施并不限于正向的驱动力，还有对员工不当行为和过度行为进行约束的调控力以及贯穿组织与员工相互影响过程的互动力。员工激励系统的这三种内在力量分别源自系统的动力机制、约束机制和博弈机制。为了更全面、更准确地反映公益科研机构管理中的实际情况，应该在包括上述三种内在力量、三种机制的激励系统这样一个更开阔的视野研究员工激励问题。深入研究公益科研机构员工激励问题需要在更加宽广的视野上进行。在目前关于员工激励的文献中，一般只研究促进员工发挥工作积极性的正向激励，对如何限制员工工作价值观中的一些不良倾向基本上没有涉及，对员工激励中广泛存在的博弈现象涉及更少。有的学者在研究中涉及了负向激励问题，但研究的重

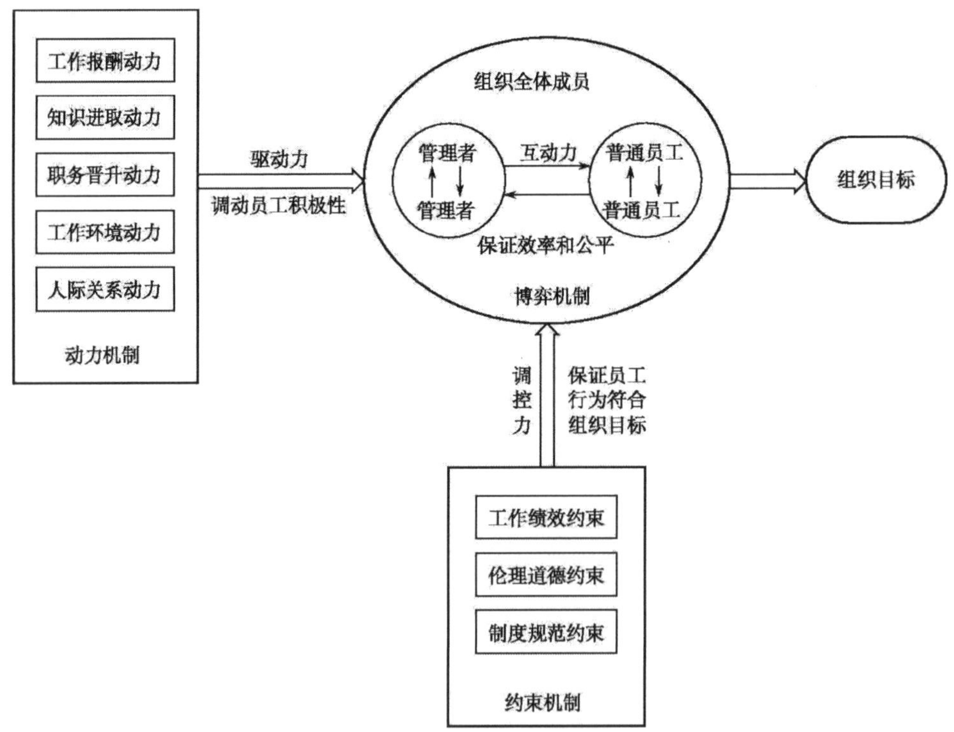

图 3.3　公益科研机构员工激励系统总体结构模型

点是对员工不良行为的惩罚，对如何在员工工作价值观的更高层面上自觉主动地限制其不良倾向缺乏深入而全面的研究。有的学者专门研究了员工激励中的博弈问题，但因其偏重于理论研究而与组织中实际的员工激励行为缺乏紧密的联系。为了更全面、更准确地反映我国公益科研机构中的实际情况，在研究这类组织中的员工激励时，应该在更开阔的视野中展开研究。这个视野就是本书所说的员工激励系统，它以公益科研机构的科研效率特别是低效率问题为基本关注对象，包括动力机制、约束机制和博弈机制等3个基本的作用机制，涵盖员工工作价值观的各个维度和全部项目，在系统的主体和客体之间相互作用。本书综合以上研究，构建了公益科研机构员工激励系统总体结构模型，如图3.3所示。

第7.2节结合调研结果对公益科研机构员工激励系统的总体结构进行了案例研究。

3.6 本章小结

公益科研机构员工是国家科技人才队伍的中坚力量，对他们的激励效果决定组织效率，影响创新型国家建设进程。研究公益科研机构员工激励问题需要在全系统的宽视野内进行，以低效率问题为基本关注，明确系统的主客体关系，涵盖员工工作价值观的各个维度和全部项目，弄清系统内部矛盾运动的作用力量，全面完善系统的激励机制、约束机制和博弈机制。

在建立员工激励系统中需要提高对一系列基本问题的认识，包括：员工是组织中最基本的决策和行为单位；知识员工工作努力的强自觉性和弱约束性；公益科研机构委托-代理关系的复杂性；员工和组织行为的惯性；机构管理者的素质要求；提高组织效率依赖于全体员工的共同努力。

工作报酬、知识进取、职务晋升、工作环境和人际关系是研究公益科研机构员工工作价值观的结构、特点和偏好的5个基本着力点。战略资源地位、科技创新意识、创造性劳动价值、自我价值意识、人际关系与工作环境意识、终身学习需要以及颇具特色的激励响应是知识文明时代对这个特殊群体的要求，也是他们自觉自为的人才素质特点。

知识文明的到来使公益科研机构激励系统的主客体关系发生深刻变化。员工的知识经济地位和社会政治地位使员工趋于主体化，民主进程加快、知识生产特点和管理方式转变使管理者趋于客体化，学术民主传统和科技管理创新使管理者趋于客体化，员工趋于主体化。双方在激励系统中的这种角色一体化和界限模糊化是知识生产力和生产关系发展的必然要求。在这样的条件下，公益科研机构的员工既是参与组织激励过程的主体，又是自觉接受组织激励的客体；管理者既是执行组织激励措施的主体，又应是自觉接受员工监督的客体；我国公益科研机构激励系统建设的目标模式应该是鼓励员工参与民主管理、促进员工全面发展的自主式、互动式激励系统。

员工激励是一种复杂的心理过程和广泛的管理活动，实现激励效果需要有全方位、多功能的激励系统。这样的系统包括驱动力、调控力和互动力等 3 种内在的作用力量，其中驱动力包括工作报酬动力、知识进取动力、职务晋升动力、工作环境动力和人际关系动力等 5 项基本内容，调控力包括工作绩效调控、伦理道德调控和制度规范调控等 3 项基本内容，3 种力量分别基于动力机制、约束机制和博弈机制发挥作用。

作为以上研究的集中体现，改进了公益科研机构员工激励系统的顶层设计，构建了系统总体结构模型。

4　公益科研机构员工激励系统的动力机制

在第3章构建的公益科研机构员工激励系统总体结构模型中，动力机制是系统中最基本的作用机制，所以本章首先研究公益科研机构员工激励系统的动力机制。由于工作价值观是员工激励的文化心理基础，所以顺理成章，研究公益科研机构员工激励系统的动力机制应该围绕员工工作价值观的5个基本维度展开。

本章的研究范围大致对应目前学术界研究激励机制的基本内容，主要研究任务是：

(1) 针对公益科研机构员工工作价值观的5个基本维度，从工作报酬动力、知识进取动力、职务晋升动力、工作环境动力和人际关系动力等5个方面论述员工激励系统动力机制的构成要素。

(2) 从分析动力机制诸要素的功能特点入手，探讨完善员工激励系统动力机制的基本思路。

(3) 系统分析动力机制的整体作用效果，运用GSE方法分析动力机制诸要素的灵敏度，研究系统协同优化的基本思路。

4.1　动力机制的构成要素

公益科研机构员工激励系统动力机制的构成要素如图4.1所示。

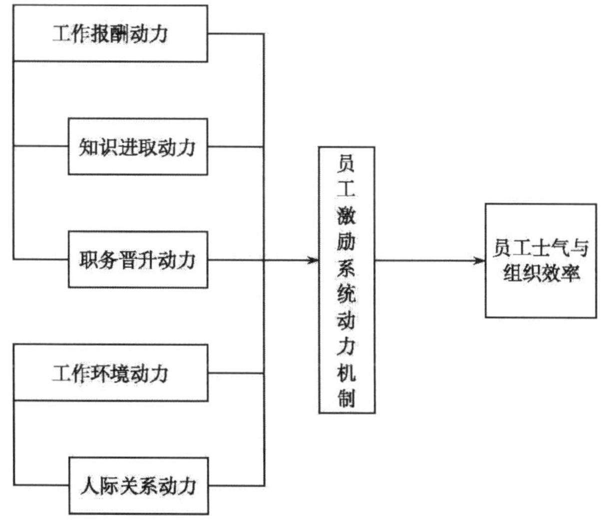

图4.1　动力机制构成要素

公益科研机构员工激励系统动力机制的功能建立在员工工作价值观的基础之上，因此，动力机制的结构与员工工作价值观的维度结构之间存在必然联系。同员工工作价值观的5个基本维度相对应，员工激励系统动力机制也包括5个基本要素，即工作报酬动力、知识进取动力、职务晋升动力、工作环境动力和人际关系动力。从以上对公益科研机构员工工作价值观维度结构层次关系的研究可以得出的一个直接结论是：工作报酬动力和工作环境动力是员工激励系统动力机制中两个最基本的构成要素。在上图所示的动力机制构成要素中，知识进取动力和职务晋升动力是员工工作报酬动力的有机组成部分，人际关系动力是工作环境动力的有机组成部分。在知识文明条件下，精神性工作报酬在公益科研机构员工工作报酬中的地位呈明显上升趋势，因而有必要对知识进取动力和职务晋升动力给予突出强调。在工作环境的复杂影响中，团队工作和知识劳动的特点使公益科研机构员工对人际关系的影响尤为敏感，使这类机构中的人际关系成为员工工作环境动力中一个值得特别重视的组成部分。

进一步分析，工作报酬动力与工作环境动力之间也存在着内在的有机联系。从工作报酬角度看，员工收入水平直接构成工作环境的重要内容，合理的丰厚报酬本身既是激励员工努力工作的强大动力，也是环境留人的强大吸引力。从工作环境角度看，公益科研机构员工在关注组织外部环境的同时，对自己置身其中的内部环境一般会给予更多关注，他们的关注一般会更多地集中在组织环境能否满足他们在个人成长和价值实现上的需要，而这些精神需求的满足既依赖于健康和谐的人际关系的力量，也形成内在的精神性工作报酬动力。

工作价值观各维度之间的交叉重叠必然使员工激励系统的构成要素之间存在相互的包容和渗透，使其成为一个有机的整体。研究公益科研机构员工激励系统动力机制，既要重视动力机制诸要素的个性和独立运用，更要重视诸要素的共性和合成运用，重视各要素之间的有机联系、相互影响及功能转换。只有这样，才能充分发挥动力机制的整体效果，进而发挥动力机制在整个员工激励系统中的全局性效果。

公益科研机构员工激励系统动力机制诸要素之间的包容关系如图4.2所示。

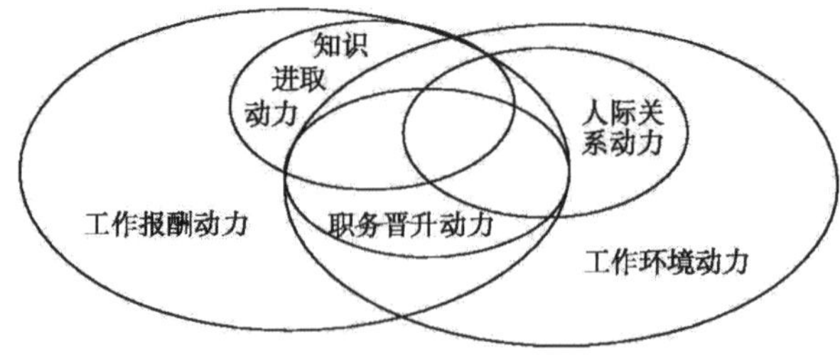

图4.2　动力机制诸要素的包容关系

4.2 工作报酬动力

4.2.1 工作报酬与职业吸引力

从工作价值观的角度看问题，工作报酬对公益科研机构员工的动力作用从他们选择进入公益科研机构工作，开始其科研职业生涯时就开始显现了。改革开放以来，国家对作为公益科研机构员工主要补充来源的高校毕业生已实行自主择业、双向选择的原则。从科研工作对员工初始素质的基本要求和员工实现个人价值的人生愿景来看，优秀的高校毕业生到担负国家重要科研任务的公益科研机构工作本来是双方都应十分满意的理想选择，但是目前的实际情况与这种理想情况相去甚远，献身国家科技事业对许多高校优秀毕业生并没有显示出应有的职业吸引力。造成这种状况的一个重要原因是公益科研机构员工的工作报酬特别是物质性报酬的激励动力不足。

由于近年来高校大幅度扩大招生规模使大学生、研究生毕业人数大量增加，他们的择业观念又不能完全适应经济社会结构的迅速变化，致使大学生、研究生就业难已成为引起全社会高度关注的一个严重问题。然而就是在这种形势下，公益科研机构也没有成为高校毕业生的热门选择。据中国科协研究，在我国接受过相应教育的科技人力资源中，可以称为科技工作者的只占 61% 左右，符合联合国教科文组织定义的科技活动人员仅占 8%，科学家工程师仅占 5.2%，研发人员全时当量仅占 2.6%，从事研发工作的科学家工程师比例更少[131]。这表明，在员工职业生涯的起点上，科技职业特别是公益科技职业吸引力不足是目前我国公益科研机构面临的一个严重问题。

同社会上大多数人相比，公益科研机构员工在进入其专门从事科研工作的职业生涯之前已经在积累科技知识的过程中付出了更多时间，其家庭和个人在教育投资上付出了更多资金，一般而言也的确学到了更多有实在用途的科学技术知识，拥有了更强的从事科研活动这种复杂脑力劳动的基础能力，因此总的来说他们在开始其职业生涯时已经拥有的基础知识和基础能力具有更大的客观价值，具有更大的从业优势。目前我国适用于公益科研机构的工资制度对他们这种资源禀赋意义上的优势已经有所考虑，在工资起点水平和工资级别差距上已有所体现。问题在于，同从事其他职业的人相比，他们的工资起点仍然过低；在高层次与较低层次的学历之间，工资级差过小。因此，在高房价、高物价等现实压力面前，众多高学历人才在选择职业时放弃本来可以更好地发挥其知识优势的科研职业而选择到工作报酬更高的外资企业和民营企业甚至选择到国外就业，这说明我国公益科研机构员工激励系统从一开始就存在工作报酬上的动力不足问题。考虑工作价值观体系中诸因素的互补性，这些人才宁可舍弃众多颇有吸引力的因素而不选择到公益科研机构就业，说明在这里工作报酬上的动力不足程度已令人担忧。再考虑近年来公益科研机构主要因工作报酬而持续存在的人才大量流失，考虑国家科技创新体系建设的艰巨性和持续性，公益科研机构中这种后继乏人的局面已对我国科教兴国、人才强国战略的实现构成严重的不利影响。

4.2.2 物质性报酬的刚性约束

在公益科研机构既有就业群体中，员工的工作报酬问题，包括物质性报酬和精神性报酬，就显得更加现实。工作报酬是对员工工作努力和工作成果的报酬，因此工作报酬激励在本质上是一种后效性激励，一般是在一个工作阶段或一项工作任务结束之后实施并在以后的时间里发生作用。对取得工作报酬的员工来说，激励是对其工作努力和工作成果的肯定和褒奖，鼓励其在今后的工作中付出更大的努力，取得更大的成果。对未取得此项工作报酬的其他员工来说，激励向他们彰显一种价值判断标准，使他们认识到要取得这样的工作报酬需要如何努力。

在员工激励问题上，物质性报酬大致对应我国传统文化中名利的利。我国传统文化对士君子者流的利有一种虚无主义倾向，例如“君子言义不言利”、“君子喻于义、小人喻于利”等，似乎言利就有失君子风度，成了小人。实际上，传统文化中的这种虚无主义本来就很不彻底，而且往往有虚伪之嫌。于是，一方面羞于谈钱而另一方面须臾离不开钱成了我国历代文人在经济利益问题上陷于尴尬和人格分裂的典型表现。在当代市场经济条件下，日益提高的物质生活水平和同时日益提高的物质消费支出使人们提高了对物质性工作报酬的关注和期望，作为学者研究对象的外部、外在或外显报酬的物质性工作报酬在直接决定着人们的生活方式、生活质量和经济安定，使人们的工作价值观显示出更多的经济理性。市场经济对人们工作价值观的理性影响促使知识人群在过去陷于分裂的人格趋于统一，使公益科研机构员工认识到自己应该享有组织剩余收益的索取权，使他们出于经济理性而经常在物质形式的工作报酬上同自己的过去比较，同社会上同等知识水平的其他人群比较，同自己为获得这些知识而付出的物质的和精神的努力比较。工作价值观的转变和基于这种转变而进行的理性比较使物质性报酬在公益科研机构员工激励中的作用大幅度提升，成为激励系统建设中不容忽视的重要因素。

知识文明时代的到来使知识在各类组织，特别是公益科研机构这样的知识型组织成为主要的资源要素，使以科技创新为目的、以知识生产为基本劳动方式的科研活动在组织的价值创造中具有特殊的作用，进而使计时工资制、计件工资制、按职付酬制、投资回报制等按资分配或按劳分配的传统分配方式显得越来越不合理，而以知识工作能力加工作努力为标准的工作报酬制度才能充分体现知识劳动创造的价值，有效地激励知识员工。关于知识员工的工作报酬形式，国内外有很多实际做法和建议方案，但是由机构的公益性质决定。文献中经常提及的知识股权或期权报酬方式在我国公益科研机构无法实施，因此工资和工资性的奖金是我国公益科研机构员工物质性工作报酬的基本形式。同在我国其他类型组织中的情形一样，我国公益科研机构中的员工奖金实际上是员工工资的一部分。由于在我国现行工资制度下，员工工资是刚性的，所以研究公益科研机构物质性工作报酬激励实际上主要是研究员工奖金的激励作用。

在员工的物质性工作报酬方面，我国公益科研机构普遍面临三个刚性约束。这三个约束不解决，物质性工作报酬的动力机制就难以在公益科研机构正常建立起来。

一是员工工资制度刚性。这种刚性是全面的，既表现在工资水平上，也表现在工资结构上。目前我国公益科研机构的员工工资由国家统一规定，在工资水平上基本上套用国家公务员的工资标准，在工资结构上有严格的等级和档次，从院士到技术员，从新员工入职到老员工退休，从初次定级到按工龄晋级，一律对号入座。这种整齐划一的刚性工资制度造成员工在工作中的竞争惰性，使员工工资基本上成为年功式的待遇而失去工作报酬的意义，从而失去其在激励系统中的动力作用。

二是科研经费成本刚性。由公益科研机构的性质和职责决定，目前这类机构科研经费来源的正规渠道是国家财政拨款，由国家主管部门直接下达或按国家科研项目计划通过参与竞争性的申请、评审和批准程序来获得。无论具体获取方式如何，公益科研机构获得的科研经费在数额和会计科目上都有严格的刚性要求，严格禁止用于员工工资、奖金等项支出，在项目执行过程中既不可以突破经费限额，也不可以改变支出科目。这意味着无论科研项目在数量和质量上完成如何，公益科研机构员工都无法从其知识劳动中直接获得合法的物质性工作报酬。

三是收支渠道结构刚性。在我国公益科研机构经费管理中，由国家财政拨款的经费被称为纵向经费收入。由于纵向经费来源不足且有刚性约束，目前我国公益科研机构普遍开展面向企业和社会的有偿服务，以经济合同形式承担他们委托的科研项目并由他们提供经费支持，这类科研项目被称为横向项目。横向项目收入使公益科研机构有条件克服纵向经费收入的成本结构刚性，在两类经费之间串换使用，把部分纵向经费挪用于支付横向项目成本，而把腾挪下来的横向经费收入用于员工奖金等项支出。这种纵向和横向两种收支渠道并存的局面被称为“一所两制”。由于它可以有效地缓解公益科研机构经费来源的不足，在 20 世纪最后 20 年里曾是受到鼓励的基本经费收支结构，但是在 21 世纪以来的改革中已受到限制，纵向经费收入的限制已如上述，即使是横向收入也有收支两条线的财政纪律规定，这使公益科研机构的收支渠道结构趋于刚性。

上述三个刚性约束的存在反映出公益科研机构管理体制改革的必要性。10

年前国家启动公益科研机构改革时的初衷主要有二：一是推动绝大多数科研机构走向市场，在转制为科技型企业后走市场化道路，直接融入国家经济建设主战场；二是集中国家财力支持少数公益科研机构，大幅度提高这些机构中人数不多的员工的工资和福利水平，对他们实施更有效的报酬激励，更好地发挥他们在国家科技创新体系建设中的骨干作用。由于人员编制和国家财政支持上困难，这场已绵延11年的改革至今未能按计划验收，而且尚无彻底解决问题的时间表，说明这场改革之深刻、艰巨已超出人们当初的预料。如今，国家发布中长期科学和技术发展规划纲要，提出建设创新型国家的战略任务已近6年，提出人才强国战略已近9年，在作为国家科技中坚力量的公益科研机构却仍在困扰于员工工作报酬问题，说明尽快完成这场改革已是十分紧迫的事情。

员工物质性工作报酬上存在的上述刚性约束问题既是我国公益科研机构科技体制改革未能按时完成的直接后果，也是这场改革久攻不克的重要原因。在完成这场改革之前的转型时期内，我国公益科研机构还无法彻底摆脱现状，只能在很大程度上继续保持改革之前同一机构内部公益部分与面向市场部分事实上混为一体的不合理状态，继续走以有偿服务支持公益服务的不顺畅道路，在经费管理和员工激励上继续实行一所两制的不健全机制。在这种权宜状态下，员工物质性工作报酬的来源似乎得到了解决，但是频繁的经费串换也使小金库、合同作弊、隐形收入、贪污受贿等一系列经济腐败现象有了可乘之机。实际上，目前在我国公益科研机构中围绕经费收支而进行合法和不合法的财务调账等行为已经是普遍现象。为了防止和治理腐败，国家三令五申，出台了收支两条线等一系列严格的政策规定，每年反复进行严格的财务审计和纪律检查活动。经费收支结构的柔性需要与党纪国法的刚性约束的矛盾使公益科研机构在员工工作报酬的资金来源上陷入两难困境，这种状况要求这类机构在建立和完善员工激励系统动力机制中必须高度重视两个原则问题，一是努力遏制转型过程中极易出现的各种腐败现象，二是努力把员工的工作重点引导到公益科技服务的主攻方向。

在上述三种刚性约束中，员工工资制度刚性实际上已被奖金形式的工资性报酬突破，科研经费成本刚性和收支渠道结构刚性实际上已被有偿服务和财务调账突破。政策规定上的严格刚性与违规现象的普遍存在反映出我国公益科研机构在员工物质性工作报酬问题上面临着如何使生产关系适应科技生产力发展的制度性矛盾。克服这种深层次矛盾，在国家层次上有两种制度性安排可供选择。一种是减小经费收支渠道刚性，鼓励公益科研机构走向市场，扩大有偿服务，增加横向项目收入，并相应放宽对这类机构的财务管理约束。实际上，我国在近10年科技体制改革中鼓励一批原有的公益科研机构转制为科技型企业，鼓励公益科研机构中有面向市场能力的部分从公益服务部分剥离，走的就是这样一条路径。问题在于，如果在现有公益科研机构继续实行这种鼓励，意味着他们在经济利益的驱动下往往会偏离公益科技服务方向而去追求机构的局部利益，这将严重削弱国家的公益科技服务实力，既有悖于科技体制改革的初衷，也因国家科技创新的骨干力量受到削弱而不利于实现建设创新型国家的战略目标，因而这种选择是不可取的。另一种选择是国家加大对公益科研机构的财政支持力度，具体做法又有两种。一是在减小工资制度刚性，保持公益科研机构现有员工工资水平和结构不变的基础上以一定浮动比例增大员工法定工资额度，将后者专用于对员工进行的报酬激励，浮动的比例在国家因机构而异，在机构内部则因人而异，浮动的总的原则是效率优先、兼顾公平。二是国家在加大科技项目经费投入的同时减小科研经费成本刚性，在经费支出结构中增加专用于对员工进行报酬激励的人力成本科目，增加的额度则依据科研项目的性质、规模而定，必要时可以根据项目完成情况进行调整。两种做法都可以奏效，但相比之下后者更能体现效率原则，更有利于动力机制的形成和激励系统的完善。

4.2.3 精神性报酬偏好

与物质性报酬相对，精神性报酬大致对应我国传统文化中名利的名。求取功名、提高名望是历代无数文人矢志不渝的追求。现代行为心理理论认为，人们在工作和生活中具有受到他人尊重，得到他人赏识，引起他人注意的强烈愿望，这种愿望是一个人最强大、最原始的动力之一。

在当代公益科研机构，传统的功名和名望已升华为员工的精神性报酬，它作为一种具有内在价值的工作报酬，表现为员工在工作中体会到的美感和成就感，表现为在工作中受到赞赏、享有尊严等心理感受，表现为员工通过工作努力为社会做出贡献并实现自己人生价值的精神愉悦，这些心理现象的核心是他们十分需要得到他人对自己工作努力和工作成果的足够尊重。

从工作价值观的主观层面上看，公益科研机构员工在对待工作报酬的态度上明显地向精神性报酬倾斜，他们的工作价值观明显带有知识分子传统的清高倾向。从上述物质性报酬刚性约束的客观条件来看，公益科研机构员工目前期望在工作中获得十分丰厚的物质性报酬也并不现实。在物质生活条件毕竟已较以前大为改善的今天，他们在工作中对精神性报酬的需要往往比以前更加看重。与物质性工作报酬相比，他们在工作中更看重别人对自己知识水平和科研能力的赞赏，看重别人对自己人才地位的尊重，看重美学意义上的高尚情趣，看重工作中取得的学术成就和对人类科学事业的贡献。满足员工的精神性工作报酬需要不存在上述种种刚性约束，甚至不需要组织动员多少物质资源，只需要在组织内部营造足够浓厚的尊重知识和人才的文化氛围，在员工努力工作和取得成果时对他们给予及时而真诚的赞赏和褒奖。然而，公益科研机构员工这些看重精神性报酬的工作价值观特点目前并没有受到一些管理者的足够重视，他们在给予员工精神性工作报酬时经常表现得十分吝啬。这些管理者忽视与员工在精神层面的信息沟通和感情交流，在录用新员工时求全责备，对员工的精神需求漠然置之，甚至面对人才流失仍不反思自己在员工激励方面的教训，凡此种种现象都说明在公益科研机构中落实员工的精神性工作报酬并不是一件易事。

公益科研机构员工的物质性工作报酬与精神性工作报酬不是相互独立的两件事，它们之间存在着深刻的内在联系。处在当代的经济社会环境下，应该明确承认在这个问题上物质性报酬是第一性的，精神性报酬是第二性的，前者决定后者，后者对前者有反作用。一方面，物质性工作报酬的作用并不像赫茨伯格双因素理论描述得那样绝对，只是作为一种保健因素存在而不产生激励作用；也不像马斯洛需求理论描述得那样轻淡，只是对应人们的生理需要，而对需求层次很高的知识员工不产生显著的激励作用。恰恰相反，我国公益科研机构职业吸引力不足和人才大量流失的现实状况都说明，在现今经济社会条件下，物质性报酬在知识员工工作动力机制中的第一性地位一刻也不容忽视。应该看到，改革开放以来我国经济社会的巨大变革，社会分配结构和利益结构调整造成他们在全社会中的相对收入水平有所下降，社会上一些人靠不正当手段和不正当收入实现暴富后取得的社会地位使知识员工长期坚守的偏重精神性报酬的工作价值观面临巨大挑战。实际上，除了满足保健需要和生理需要之外，物质性报酬的一个重要作用是作为衡量人们价值实现和事业成功程度的重要尺度，因而同时具有精神性报酬的心理效果。用这样的尺度来衡量，在我国有相当一部分人已经先富起来的今天，公益科研机构员工并不是富有者。出于对自身知识创新能力的价值判断，他们甚至还时常感到相对贫穷，时常感到社会分配不公的精神压力。笔者在调研中听到一些公益科研机构高级研究人员感叹“只要把教授、研究员的月工资提高 1 万元，不用宣传人们也会尊重人才”，“在高校和研究院所里最值钱的是知识，最不值钱的也是知识”，这些都说明物质性工作报酬的精神价值。另一方面，丰厚的精神性报酬可以使员工清晰地感到自己知识才华的展现和工作价值的实现，在员工心理上形成强烈的充实感和满足感，显著增强他们出色完成现有工作任务和承担更艰巨任务的兴趣和信心。在这种精神状态下，即使物质性报酬略显微薄，他们一般也不会失去心理上的平衡，仍会表现出高度的工作努力和对组织、对科研事业的高度忠诚。与此相反，精神性报酬的贫乏可以在员工心理上形成强烈的挫折感，严重挫伤他们的工作兴趣和信心。这种挫折感积累到一定强度，将使员工因失去心理平衡而失去对组织的忠诚，这时即使有物质上的丰厚待遇也再难以激发他们的工作热情。

在我国公益科研机构员工激励实践中，精神性报酬与知识进取和职务晋升密切相关。在很多情况下，可以把后者看作是前者的更高层次。以下两节将进一步讨论这些特殊形式的精神性报酬问题。

4.3 知识进取动力

4.3.1 知识进取激励的前效性

进取之心人皆有之,谋求进取是人的成就需要。在有限的工作寿命期间,每个人都努力谋求自己的发展,实现自己的工作价值,努力在工作中取得更大成就,在自我成长、自我实现上有所进取。在公益科研机构的科研工作中,员工的进取表现为知识劳动中创造性和智性的激发,是一种具有重要内在报酬价值的知识进取。

按照美国行为学者戴维·麦克里兰提出的成就需要理论,人的需要分为三种,即权力需要、友谊需要和成就需要,这大致分别对应本书所论的职务晋升、人际关系和知识进取。对公益科研机构员工来说,在这三种需要中成就需要最重要,因而这里首先讨论对他们的知识进取和成就需要。在今天已经得到很大提高的物质生活水平上,在公益科研机构员工对精神生活水平的显著偏好面前,工作对他们来说早已不仅是谋生手段,而且也是他们能力全面提高、人格全面发展的基本需要,公益科研机构员工需要通过自己在科研工作中的知识劳动成就来充分展示自己的知识水平和能力,证明自己的知识进取和人生价值的实现。强烈的知识进取需求是公益科研机构员工在工作价值观上一个突出特点,是员工激励动力的一个重要来源。

与一般工作报酬激励的后效性不同,知识进取激励在本质上是一种前效性激励,它在一个阶段或一个项目的知识劳动开始之前就已经开始实施并产生效果。这种前效性可以用美国心理学家弗洛姆提出的期望理论来解释。公益科研机构员工知识进取的激励效果产生于员工对知识进取的期望。作为公益科研机构重要激励因素的知识进取的激励效果大小,知识进取目标激发力量的大小,是由其期望概率和效价决定的,激发力量等于效价与期望概率的乘积,其中效价是员工对知识进取目标对其本人价值大小的主观判断,而期望概率则是员工对实现目标可能性的主观判断。

在公益科研机构中,科研成果是员工知识劳动成就最直接的表现,这些成果既标志着他们科研经历的丰富,科研经验的积累和科研能力的提高,也预示着他们在科研领域内声望和影响力的提高。在一般情况下,出于对知识进取的期望,出于对由知识进取带来的科技声望和影响力提高的期望,公益科研机构员工普遍十分重视自己能否有机会承担足够多、足够大的科研项目,重视通过这些项目获得的科研成果的数量多寡和水平高低。因此,以物质或精神手段鼓励员工多承担科研项目,多承担国家经济社会发展迫切需要而又具有高科技难度、大科研工作量的高水平科研项目,鼓励他们多出科研成果,出高水平的科研成果,在出成果的同时锻炼和培养有较强实力的科研队伍,是公益科研机构员工激励的关键着力点。在这里,信任员工,鼓励员工去承担科研项目的管理行为本身就是十分有效的激励。

成就需要理论把人分为两类,一类人愿意接受挑战,愿意从事艰苦工作,以便有所成就,这类人在人群中只占少数;另一类人则不那么愿意接受挑战,不那么愿意从事艰苦的工作,他们对取得成就的需要并不那么强烈,他们的行为比前一类人具有更大的惰性区域,这类人占人群的大多数。幸运的是,激励理论和现实情况都说明,与其他人群相比,知识员工具有更强烈的成就需要,更愿意接受挑战和从事艰苦工作。因此,运用成就需要理论对公益科研机构员工进行知识进取激励,应该坚持两个实施策略:一是应该突出重点,把激励的重点放到有强烈成就需求的前一类员工身上;二是应该鼓励竞争,致力于扩大前一类员工在组织员工中的比例,压缩后一类员工行为的惰性区域。

美国学者约瑟·阿特金森特提出的成就需要激励模式认为,个人在竞争中存在两种心理倾向,一种是追求成功的动机,另一种是避免失败的动机。前一种心理倾向是激励员工接受挑战、克服困难的动力,后一种倾向则是削弱员工斗志,使之知难而退的消极力量。在以探索未知的科学技术研究为己任的公益科研机构,勇于接受挑战而不怕失败是一种宝贵的心理素质,舍此便无法在科研学的崎岖山路上奋力攀登。因此,在公益科研机构中实施知识进取激励,要特别重视允许失败,支持探索,鼓励员工勇于克服困难,接受挑战的积极的心理倾向。

当然,允许失败不是鼓励盲目蛮干,而是要尊重事物矛盾运动的客观规律,正视员工的心理承受能力。心理容量是一个变量,因人因条件而异,受个体世界观水平、知识水平和心理健康水平决定。工作中心理压力过低就没有挑战性,而心理压力过高则会产生焦虑,这两种情况都不利于员工的知识进取。公益科研机构在实际工作中向员工安排科研任务时,必须在任务的难度和挑战性上坚持实事求是的原则。一方面,如果科研任务的难度和挑战性远低于员工的知识和能力水平,将会降低员工的科研兴趣,难以激发员工刻苦钻研的内在热情和潜在能力。但是另一方面,如果任务的难度和挑战性过大,则将会给员工造成挫折感而灰心丧气,到头来还是不利于激励员工克服困难接受挑战。

4.3.2 知识更新

知识和能力既是公益科研机构员工克服困难接受挑战的实力基础,也是他们知识进取的目标。在当今以知识激增为重要标志的知识文明时代,公益科研机构员工要想保持和提高自己的科研实力,要想面对新任务的挑战而不致失败,面对激烈的科技竞争而不被淘汰,最有力的护身法宝就是不断地进行知识更新。出于员工知识更新的迫切需要,公益科研机构员工激励系统建设的一个重要内容就是建立完善的员工培训体系,为员工进行知识更新创造有利条件,使员工有条件不断接受各种教育培训,把科研活动必需的各种知识与能力始终保持在较高的水准上。

员工培训体系的优势是教育培训的收益面宽，能够对员工进行较大规模的系统培训，但是同时应该看到，组织按部就班地进行的员工培训往往不够及时，针对性也不够强。在这种情况下，单靠组织进行的系统培训已不能满足公益科研机构员工更新科技知识、提高科研能力的全部需要，他们必须根据自己科研工作的实际需要，自觉自主地进行目的性更强的针对性知识更新。公益科研机构中那些攻坚克难的科研骨干往往很少有机会接受组织的系统培训，由于长年埋头于科研任务，他们很少有机会停下进行中的科研工作去接受培训。这些科研骨干更新知识的主要方式是针对科研任务的实际需要来获取国内外最新知识和信息，其效果一般会比专门接受系统培训要好得多。在已进入知识文明时代的今天，我国公益科研机构更加重视建设学习型组织，努力在组织中营造有利于员工自觉自主进行知识更新的学习气氛，才是满足员工知识进取需求的根本出路。

4.4 职务晋升动力

4.4.1 技术职务晋升

员工的职务升迁包括其工作职务由较低职位向较高职位的提升，以及由管理权力较小的职位向权力较大职位的调迁。从工作价值观的角度看，虽然职务升迁一般会伴随着当事人工资收入和职务消费等物质性报酬的提高，但就其本来的含义来说，职务升迁一般被认为是一种精神性工作报酬，并且一般会伴随着管理权力或其他影响力的增大。在员工激励实践中，职务升迁可以指其工作岗位变化，也可以指其技术职务或管理职务的变化。一些公益科研机构把员工技术职务晋升和管理职务晋升称为“两条线用人”，这样的提法有一定道理，但仍有误认为管理职务优于技术职务之嫌，不甚利于调动占员工绝大多数的专业技术人员的科研积极性。由于职务一般和一定权力或其他形式的影响力相联系，因此人们在工作中一般希望通过职务升迁来担任更高级别或更重要的职务，被授予更大的权力或影响力，从而使自己感到信任和尊重，满足成就需要理论中的权力需要，使自己的进取精神受到激励。

技术职务和管理职务的变化在员工激励系统中都具有重要作用。由机构的性质决定，管理人员在公益科研机构中只是占较小比例的辅助人员，因此在一般情况下对大多数员工来说，职务升迁只涉及技术职务的变化。技术职务只存在晋升而没有调迁问题，技术职务晋升和上节讨论的知识进取关系更为直接，前者既是后者的自然延续，在正常情况下也是后者的必然结果。

由于目前我国公益科研机构的工资刚性，技术职务晋升在员工激励中的动力作用显得更加突出。按照我国公益科研机构目前的实际情况，员工的技术职务晋升要经过相应的评审程序，当事人通过评审受到两个基本限制或者说有两个基本条件，一个是年限，另一个是能力。只要员工在规定年限内通过年度和任期考核，原则上满足申报上一级技术职务的规定条件，一般都能如愿晋升。由于这样的晋升具有明显的论资排辈性质，而且适用面过宽，因而对员工的激励效果并不明显，不利于鼓励有真才实学的拔尖人才脱颖而出。为了克服这种晋升机制的弊端，应该加大员工技术职务破格晋升的调控力度。考虑技术职务序列的规范性和科技人才的成长规律，破格晋升可以采用三种基本策略。对个别确有真才实学，在科研工作中确有突出贡献的拔尖人才，应敢于突破常规，不拘一格地予以晋升和重用。对少数能力较强、科研业绩突出的优秀人才，可在现任技术职务级别内提高其职务档次。对人数较多的较优秀科技人才则可考虑以浮动或试用期方式予以更加灵活的技术职务晋升。

4.4.2 管理职务晋升

除了在科研项目中的管理活动以外，公益科研机构中担任技术职务的员工一般并不管理其他员工，因此即使他们在学术上有很高声望，对其他员工有很大学术影响力，人们也不会把他们看成是“官”。按照我国的文化传统，“官”在公益科研机构中是指那些担任行政职务的管理者。由于官本位文化在我国根深蒂固，管理职务晋升的情况在这里显得更为复杂，它往往不仅是一般意义上的职位升迁，而且往往被人们加上管理权力竞争和较量的阴影。虽然按照国际惯例管理人员属于公益科研机构中的辅助人员，但实践证明，由于传统观念的深刻影响和这些管理人员手中握有管理权力的实际影响，管理人员职务升迁的示范效应往往会对整个组织的员工激励效果产生更带全局性因而也更加持久、更加深刻的影响。

我国公益科研机构多数始建于20世纪50年代中期以后，至今已在管理体制不断变革中经历了半个世纪的时代风雨，在这期间关于外行能不能领导内行的争论始终没有停止。50年代的反右派斗争使外行领导内行成为不能讨论的不合理定式，“文化大革命”的十年动乱使知识分子成为阶级斗争的打击对象，但一场场残酷的政治斗争都没能泯灭知识员工对科研机构管理者基本素质要求的探究，这实际上反映了生产力、生产关系的深刻变化和发展要求，反映了知识价值上升，知识员工地位上升为新兴社会阶层后的根本要求。在今天知识文明时代的公益科研机构，这些与管理职务晋升有关的问题比以往任何时候都更迫切需要研究和解决。

(1) 明确管理者的职责定位。改革开放之前，我国公益科研机构对管理者实行上级任命制。改革开放以来，任命制的范围越来越小，对大部分管理者实行聘任制，但仍有一些管理者特别是高层管理者实行的是任命制，并规定其相当的行政级别。这种状况使他们自己和其他人都觉得公益科研机构的管理者是高居于员工之上的“官”，是员工从事科研活动的当然领导。这是对公益科研机构管理者职责定位的一个认识误区。如上文不止一次所说，按照国际惯例，公益科研机构的管理者是为科研活动服务的辅助人员，他们的基本职责是运用行政管理的权力保证机构中科研活动的高效进行，努力实现管理活动与科研活动的有机统一，使宝贵的科技资源得到更有效的配置。对公益科研机构管理者实施职务升迁激励，首先要使他们明确自己在机构内的角色。

(2) 坚持任人唯贤。公益科研机构管理职务晋升激励的实质是在机构内建立以知识和能力为依据的动态分权体制，把德才兼备的优秀员工提升到负有更大管理责任的职位。管理职务晋升具有很强的示范效应，对组织文化建设、作风养成和集体价值观的形成影响很大，所以任人唯贤在这里显得特别重要。管理职务晋升主要应看当事人的知识和能力水平，工作努力程度和实际业绩，思想道德修养和人格成长水平，担任较高的管理职务的人应该是在完成任务中实绩突出的优秀者，具有强烈的知识进取精神，具有重大科研项目的领衔能力和资源调动能力。

在公益科研机构，科研功底和民主作风是管理者特别是主要管理者必备的两项最重要的基本素质，而两者相比之下，民主作风更为重要，因为科技功底稍弱还可以通过学习较快弥补，还可以靠调动下属员工的科研能力优势来弥补，而民主作风差却是思想道德修养中的一种顽疾，不经过刮骨疗毒的痛苦是很难自行纠正的。

(3) 鼓励具有知识和能力优势的内行专家成长为管理者。科研活动的知识性、专业性要求领导内行员工的管理者最好是相应专业的内行。知识文明时代的专业细分和交叉使公益科研机构的管理者要想成为在本机构各个专业上都内行的全才既不可能也不必要。从内行专家到管理者的过渡需要另下一番工夫学习管理知识和经验，那种固守“学而优则仕”传统观念，认为自己学了较多专业知识、具备较强的科研能力就理应当“官”，或者反过来认为管理没有学问，因而不乐于或不屑于成为管理者的想法都不利于公益科研机构中的知识员工成长为知识文明时代的管理者。只有这些认识问题先得到解决，对内行专家型员工实施管理职务晋升激励才会有实际效果。

(4) 鼓励外行管理者刻苦学习专业知识。由于各种原因，公益科研机构管理者中有一些外行领导者是必然的。问题在于这些已在管理岗位的外行不能长期以外行自居而以其昏昏使人昭昭，组织在运用职务升迁激励时要鼓励他们尽快完成知识化、专业化过程，通过提升和完善知识结构而迅速成长为内行。

(5) 健全职务晋升机制。科技创新使命要求机构必须保持高效率，在公益科研机构内尤其不能容忍庸才当道。管理者只能上不能下只能进不能出是我国公益科研机构积累已久的痼疾，所以这里强调健全机制主要是指管理职务晋升激励中的能上能下能进能出。只有在管理职务晋升中引入必要的竞争，才能保证职得其才，保证员工的士气和组织的效率。要做到这一点，提高员工对管理者评价的民主参与程度十分重要，与主要管理者独断专行地任用下级管理者相比，员工民主参与可以显著减少误用平庸懒人和投机钻营者的机会。

4.5 工作环境动力

由于工作环境的内容覆盖员工需求的各个层次，在国内外学者关于工作价值观的研究中，工作环境是被表述得最纷纭复杂的一个维度。在相关文献中，工作环境有时被笼统地表述为社会条件、工作条件、任务环境或组织形象等，有时被抽象地表述为工作特性、组织特性、规章制度、工作的变异性或变异取向，有时被突出地表述为工作安全、安定或组织安全，有时被特指地表述为方便的交通与工作时间、休闲健康与免于焦虑，此外，员工对工作的兴趣，员工在工作中发挥所长，这些似也可归入工作环境之列。

纵览学术界对工作环境的各种表述，从我国公益科研机构员工激励的动力机制出发，这里对工作环境动力机制做如下讨论：

(1) 工作环境的复合性。工作环境是一个复合概念，既包括安全、方便、舒适、福利丰厚、利于健康等物质因素，也包括宽松、愉悦、自主、人尽其才、利于创新等精神因素。恰当地兼顾具有激励效果的各个环境因素，可以充分发挥工作环境的激励动力作用。在公益科研机构常有人认为靠工作环境留人，足见工作环境对员工激励的重要性。

(2) 物质环境条件的第一性。福利条件是工作环境的首要物质因素。福利是惠及组织中全体员工的经济措施，它人人有份，普遍共享，有利于提高员工对工作的满意度，增进组织的和谐和凝聚力。在公益科研机构存在工资刚性约束的条件下，一些单位片面强调福利社会化而实际上把员工福利当作包袱甩掉并不可取，而办好职工食堂、安排通勤班车、落实带薪休假、组织参观旅游、活跃业余生活、做好医疗保健、资助子女入托等这些看似琐碎的福利措施可以有效地提高员工对组织的忠诚度。

(3) 劳动管理环境柔性化。在已进入知识文明时代的今天，知识员工的独立性、自主性人格特点，科研活动的知识劳动特点，要求公益科研机构的劳动组织、管理环境更加柔性化。传统的考勤打卡等计时、计件式劳动管理在这里已失去实际意义，并且很容易引起员工反感和抵触。相反，适度柔性的人性化管理可以使员工在宽松的环境中提高工作效率。

(4) 重视组织文化环境建设。人性化管理最不能容忍蛮不讲理，特别是管理者没文化。只有把组织文化建设落实到工作环境的各个方面，把知识文明时代特有的知识文化、团队文化等文化要素融入组织文化，把个人目标融入组织目标，形成共同的价值理念，才能在组织中形成强大的凝聚力，为科技创新活动提供不竭的精神动力。

(5) 建设民主化管理环境。按照委托-代理理论，在公益科研机构中作为委托人的管理者和作为代理人的员工之间可以通过确立一种适当划分决策权的准则来使权力的价值最大化，由此可以在由二者目标不一致引起的目标成本和由委托人缺乏信息引起的信息成本之间取得均衡，较好地解决对代理人的激励问题。科学和民主是互相促进的社会进程，科学技术发展天然地要求浓厚的民主气氛。随着科学技术的迅猛发展，知识文明的日益繁荣，公益科研机构中的民主管理变得越来越重要。在这种经济社会环境下，员工参与组织的管理对提高组织核心能力和竞争力具有决定意义。员工参与管理可以有效地提高他们的自尊心和士气，提高他们为共同目标努力的工作积极性和奉献精神。

在赫茨伯格的双因素理论中，工作环境属于保健因素。李中斌推敲了赫茨伯格的双因素理论，认为赫氏意下“满意”的对立面不是“不满意”而是“没有满意”，“不满意”的对立面不是“满意”而是“没有不满意”；保健因素是指包括工资、人际关系、工作环境和安全感在内的导致员工非常不满意的因素，满足这些因素能消除员工不满，但不能激发其工作积极性；激励因素是指包括成就感、工作本身和个人发展在内，导致员工非常满意的因素，满足这些因素能够激发员工的工作热情和积极性，从而提高工作效率[143]。从我国公益科研机构员工激励的实际情况来看，这种观点值得再做推敲，理由有三：一是这里界定的保健因素范围太宽，既包括工资这样所谓较低层次的物质需求，也包括人际关系这样较高层次的精神需求，在这样宽的心理幅度上研究“满意”、“不满意”、“没有满意”、“没有不满意”无法保证激励的针对性；二是“非常满意”和“非常不满意”的尺度颇具随意性，人们无法确定员工在什么时候进入“非常满意”或“非常不满意”的心理状态，因而在现实的员工激励中无法运用；三是这样的划分不符合实际情况，被划入不能激发员工积极性的工资和人际关系等因素不仅具有激励效果，而且在很多情况下会成为主要的动力源泉。

4.6 人际关系动力

人际关系本来就是工作环境的重要内容，只是由于它本身内容就十分丰富，而且对员工激励有特别的重要性，这里对人际关系动力问题作专门讨论。

人际关系满足人的友谊需要，是一个复杂的社会学问题。在公益科研机构员工激励中，它涉及员工人格结构上的独立性和从众性，涉及员工人生观上利己主义和利他主义的分野，涉及员工在组织内与同事、团队、下属、上司的各层次关系，涉及员工个体与群体之间的相互认可和社会互动。建立健康和谐的人际关系环境对增强员工的工作动力，提高组织的工作效率具有十分重要的意义。

在公益科研机构中建立健康和谐的人际关系环境，需要从以下 3 个方面着力。

4.6.1 对公益科研机构人际关系的再认识

为了履行科技创新的历史使命,公益科研机构迫切需要健康和谐的人际关系环境,但是目前一些公益科研机构中的人际关系并不十分和谐,在这里从员工到管理者都还需要提高对建立健康和谐的人际关系环境的认识。

(1)提高对组织中管理者与员工关系的认识。在当今知识文明时代,公益科研机构的管理者与员工之间是为共同目标而合作的伙伴关系。为了使合作达到精诚的境界,管理者与员工之间、员工与员工之间需要建立起充分的信任。这种相互信任是形成组织凝聚力的基础,是促进员工交流和共享知识的基本保证,是激励员工完成任务的精神动力。

(2)提高对群体关系重要性的认识。根据社会学和行为科学的研究,当员工个体处于群体中活动时,其行为方式和独处时有很大不同,群体成员之间存在着形形色色的博弈和互动关系,这些群体关系的状况对组织效率有决定意义。许多管理者也从实践中体会到,当组织中存在良好的群体关系时,可以产生 1 加 1 大于 2 的增强效果,反之则会产生 1 加 1 小于 2 甚至小于 1 的削弱效果。为了提高公益科研机构的效率,需要在组织中培育良好的群体关系。

(3)提高对科研工作中人际关系要求的认识。科研工作的基本特性要求公益科研机构员工具有很强的人际沟通能力与合作共事能力。当代科学技术发展的同时存在着专业精细划分和学科交叉渗透两大趋势,使爱迪生式的个人发明创造和陈景润式的用冥想攻克猜想在当代科技活动中都不再具有决定性意义,取而代之的是团队合作研究。随着知识和信息激增,科技工作者个人即使真有几分天才也只能以毕生的精力在比过去狭窄得多的科技领域内积累知识开展研究。公益科研机构员工要想在自己的科研工作中有所作为,就必须具有很强的人际沟通能力与合作共事能力,既舍得与团队内外的他人共享自己的知识积累,又有能力吸收他人在其他相关领域积累的知识。在这里,科研成功是目的,知识共享是关键,沟通合作是基础。

(4)激励知识员工的人格优势。和其他知识员工一样,公益科研机构员工普遍具有独立性、自主性强的人格特征,这对他们处理人际关系和做好科研工作有一定帮助,应该加以激励。一是较强的独立性、自主性使他们在处世风格上倾向于独立行事、安分守己、洁身自好、与世无争,主张善待他人,希望与同事和上司相安无事,不轻易伤害他人,不热衷于追名逐利,这些都有利于他们与同事和谐相处。二是较强的独立性、自主性使他们在科研工作中有坚定的事业追求,坚韧、执著、甘于寂寞、心无旁骛,不轻易放弃对既定研究目标的追求,这些有助于他们在科研工作中取得成功。

(5)提高知识员工的人际关系能力。过犹不及,公益科研机构中知识员工的独立性、自主性过强，使他们往往不善于与他人沟通和互动。他们的智商一般较高，但在处理比较复杂的人际关系时，他们的情商往往不够高。他们往往或过于封闭而孤芳自赏，以清高自居，或过于自我而不太能容忍他人有意无意的伤害。他们比较在乎他人的社会认可，在乎领导和同事的评价，当受到不公正对待时往往倍感委屈。他们懂得尊重他人，但不善于拉扯关系。他们对领导的知遇之恩愿以忘我的工作涌泉相报，但不屑于阿谀奉承。他们过于自信靠实干就可以自立于人群，当人际关系环境不适合自己的价值取向和职业生涯发展时，他们会比其他人群更果断地选择跳槽，这些都会影响他们在科研工作中取得成功。知识员工要想在公益科研机构中大有作为，需要正视自己的人格弱点及其对人际关系的复杂影响。管理者要充分激发知识员工的工作积极性，也需要充分认识他们这些人格弱点，帮助他们全面提高人际关系能力。

用马斯洛的需要层次理论看待公益科研机构的知识员工，他们更倾向于追求实现个人价值的高层次需要。而实现个人价值，需要有发挥个人才华的组织环境和行为环境，需要有良好的人际关系与和谐的组织文化。随着他们对自己人格特征和历史使命的认识不断提高，这些新时代的文化人将更自觉地把自己的追求和组织的目标融合在一起，适应团队工作方式，培养自己的参与精神和协作精神，在与团队内外同事互相学习、互相帮助的良好氛围下实现共同的抱负。

4.6.2 管理者的特殊作用

真正的和谐是既有民主又有集中，既有纪律又有自由，既有统一意志又有个人心情舒畅，团结奋进生动活泼的和谐。这样的和谐需要机构中的全体员工自觉培养大局意识和组织观念，而关键在于管理者特别是主要管理者要自觉地率先垂范，提高自己的人格魅力。

公益科研机构是知识员工高度集中的地方，在这里，管理者的权威主要不在于其职务、地位和权力，而富有魅力的管理风格，高超的管理艺术，正确的管理方式，才是管理者赢得员工信任、形成领导权威的可靠基础。有的管理者表面上一呼百应，但员工心里对他们并不服气，工作上对他们只是敷衍故事，这样的现象在我国公益科研机构一些主要管理者身上并不十分少见。公益科研机构的管理者只有明于知己，知人善任，自觉提高自身的思想道德修养，提高科技创新的决策能力和管理水平，尊重和满足知识员工的心理需要，善于集中员工智慧，才能在组织中建立健康和谐的人际关系，有效地激励员工的积极性，齐心协力实现组织目标。

在今天改革开放的年代，公益科研机构的管理者只有努力做到高瞻远瞩、心胸开阔、光明磊落、严于律己，才能在员工心目中享有很高的非职务权威和人格魅力，在管理工作中产生强劲的号召力；只有关心员工疾苦、礼贤下士、注重同员工沟通感情和信息，才能赢得人心，得到员工的拥戴；只有坚持锐意进取、开拓创新，带领员工不断超越，才能在建设创新型国家进程中有所作为；只有充分信任员工、尊重员工的知识和能力，不拘一格用人才，才能凝聚员工的智慧和力量，激发员工的工作热情，增强组织的发展动力。

在今天的知识文明时代，盛气凌人的强权型管理者在公益科研机构中越来越行不通。管理者只有善于理解员工、尊重员工、信任员工，在管理工作中高度重视思想民主和学术民主，才能在已成为知识资本所有者的知识员工心目中产生强大的人格魅力，赢得他们的尊敬，才能在健康和谐的人际关系中吸引人才、留住人才，与员工融为一体，共创组织未来。

4.6.3 营造健康和谐的人际关系氛围

人际关系是一种价值观念，一种组织文化，一种风气，一种氛围。在公益科研机构中建立健康和谐的人际关系，需要大力营造健康和谐的氛围。

健康和谐的人际关系氛围是员工互相服气的氛围。在这样的人际关系氛围里，文人相轻的陋习没有存在的余地，员工之间互相学习，取长补短。在这样的氛围里，员工往往会主动地寻找自己的榜样进行自我激励，以提高自己的知识和能力。即使组织为员工树立榜样也一定要让员工服气，否则不会有好的效果，因为员工会对榜样做客观评价并将自己和榜样做横向对比，只有让员工口服心服才有良好效果。这里既要尊重民意不把榜样强加给员工，也要客观公正地宣传榜样的先进事迹，避免出现墙里开花墙外香的畸形现象。

健康和谐的人际关系氛围是员工上下齐心的氛围。和谐的人际关系十分重要，但和谐不是万马齐喑而是万众一心。在健康和谐的人际关系氛围里，管理者和员工的利益是一致的，他们之间唇齿相依；他们的行为是一致的，共同指向组织的目标；他们的思想是一致的，相互之间充满信任。在这样的氛围里，管理者与员工同甘共苦，心齐气顺。

健康和谐的人际关系氛围是员工乐于奉献的氛围。在这样的人际关系氛围里，员工争相为组织发展做贡献而不计较个人和小团体的私利。在这样的氛围里，老实工作的人不吃亏，偷懒搭便车的人没有机会，投机钻营的人占不到便宜，能力强的人没有怨言，能力弱的人无话可说。

毋庸讳言，以上对健康和谐人际关系氛围的描述是理想化的，我国公益科研机构中人际关系的现实情况同这种理想情况相去甚远，解决好这个问题还需要长期艰苦的努力。正因为如此，人际关系问题在我国公益科研机构员工激励中显得特别重要。在改善现有状况的漫长过程中还会有很多不如意的情况出现，在这个问题上操之过急不符合客观规律。“能干事时肯拼命，不能干事多读书”[①]，在不利的

① 引自李源潮同志在中央组织工作会议上的讲话。

人际关系条件下,公益科研机构员工还得要有这样的耐心和毅力。

4.7 动力机制结构分析

4.7.1 动力机制的功能结构

一般而言,在公益科研机构员工激励实践中,以上 5 种动力要素是组合应用的。根据其组合方式不同,可以分为以下 3 种情况来考察员工激励系统动力机制的功能结构[9]。

4.7.1.1 5 种动力要素依次递进的激励模式

这一模式假定依次运用 5 种动力要素,各种要素的作用效果依次叠加。5 种动力要素依次递进的激励模式的功能结构如图 4.3 所示。

图 4.3 5 种要素串联组合的动力机制

设 U_B 是系统的输入,指公益科研机构员工的初始保留效用;Y 是系统的输出,即管理者依次采取 5 种激励动力措施后员工最终获得的期望效用;V_i 是系统分析的中间变量,在本模式中表示为各阶段员工的累积效用;各要素的动力效果 $\rho_i = R_i(x_i, \beta_i)$,其中 x_i 表示诸项动力要素,β_i 表示激励强度因子,则可用图 4.4 分析动力机制的激励效果。

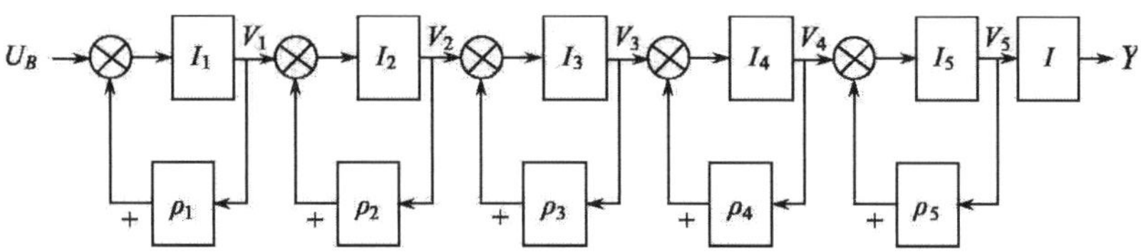

图 4.4 动力要素串联组合的激励效果

对于图 4.4,利用系统控制理论中的梅森(Mason)公式,整个系统的功能可用数学函数表示为

$$F = \frac{1}{(1-\rho_1)(1-\rho_2)(1-\rho_3)(1-\rho_4)(1-\rho_5)} \tag{4.1}$$

输出函数的表达式为

$$Y = \frac{1}{(1-\rho_1)(1-\rho_2)(1-\rho_3)(1-\rho_4)(1-\rho_5)} U_B \tag{4.2}$$

动力要素依次递进的激励模式是最简单，然而也是最不实际的激励模式。由于作为精神性工作报酬的知识进取动力及职务晋升动力与物质性工作报酬动力之间的相互作用，由于作为特殊工作环境的人际关系动力与一般工作环境动力之间的相互作用，更进一步，由于各种工作报酬动力与各种工作环境动力之间的相互作用，诸动力要素之间并不存在本模式必需的两个条件，即独立性关系和线性关系。在动力机制的实际运用中，管理者不具备这样依次运用 5 种动力要素的现实条件。诸动力要素之间的非线性关系使得它们在时序上不遵从交换律，因而当各动力要素的排列次序不同时，即使在理论上可以做上述假设，系统功能及实际的输出函数也必然会偏离式(4.1)和式(4.2)的描述，这需要寻求更符合实际的描述。

4.7.1.2 5 种动力要素并联组合的激励模式

同上述依次递进模式对立的是 5 种动力要素并联组合的激励模式，其功能结构如图 4.5 所示。

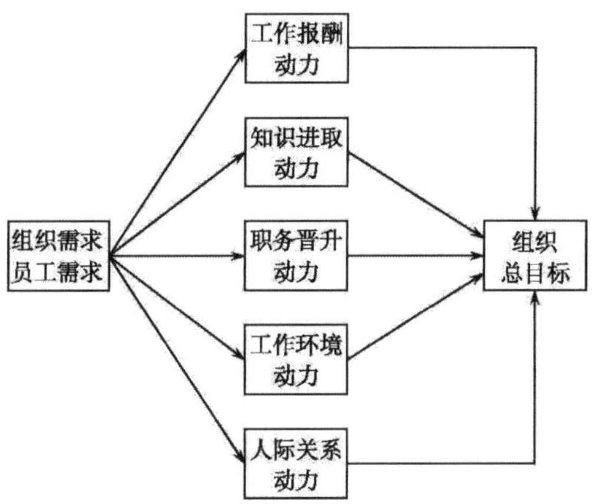

图 4.5　5 种要素并联组合的动力机制

假设同上。可用图 4.6 分析 5 种要素并联组合的动力机制的激励效果。

对于图 4.6，整个系统的功能可以表示为

$$F = \frac{1}{1-\rho_1-\rho_2-\rho_3-\rho_4-\rho_5} \tag{4.3}$$

输出函数的表达式为

$$Y = \frac{1}{1-\rho_1-\rho_2-\rho_3-\rho_4-\rho_5} U_B \tag{4.4}$$

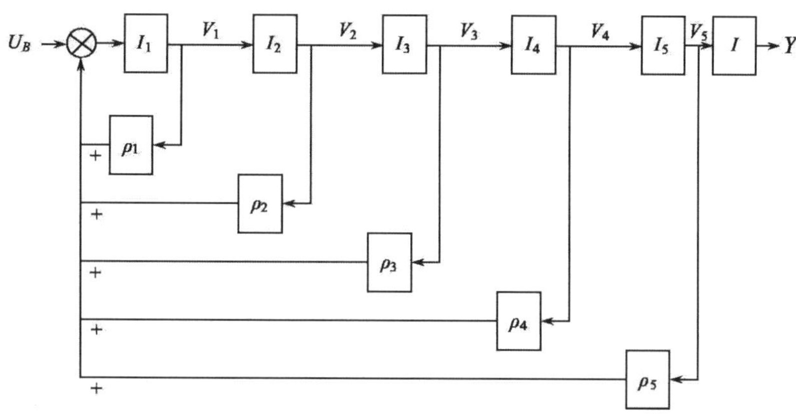

图 4.6　动力要素并联组合的激励效果

并联模式突出了诸动力要素的独立性,但仍假定诸要素之间存在线性关系,这与公益科研机构中的员工激励实践仍有很大距离。诸要素并联模式对动力要素独立性的片面强调使它很容易退化到放任状态。在这种状态下,管理者表面上似乎在同时运用各种激励手段,但实际上对各要素的激励效果以及它们之间的相互作用并不那么重视。其结果是,员工激励系统形同虚设,组织效率依然低下,这正是目前我国一些公益科研机构在员工激励上的现实情况。在那里,关于员工激励的文件内容很全面,但各项激励措施落实者寥寥,并没有形成激励员工的有效动力。为了使员工激励落到实处,应该避免系统陷入这种放任状态。

4.7.1.3　5 种动力要素串并联组合的激励模式

5 种动力要素串并联组合的激励模式如图 4.7 所示。

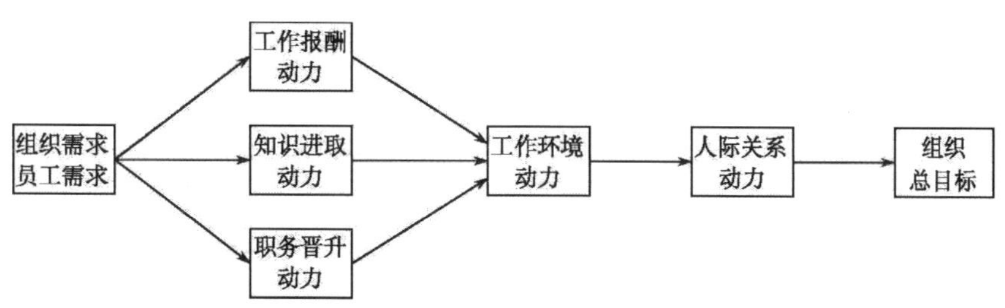

图 4.7　5 种要素串并联组合的动力机制

假设同上。可用图 4.8 分析 5 种要素串并联组合的动力机制的激励效果。

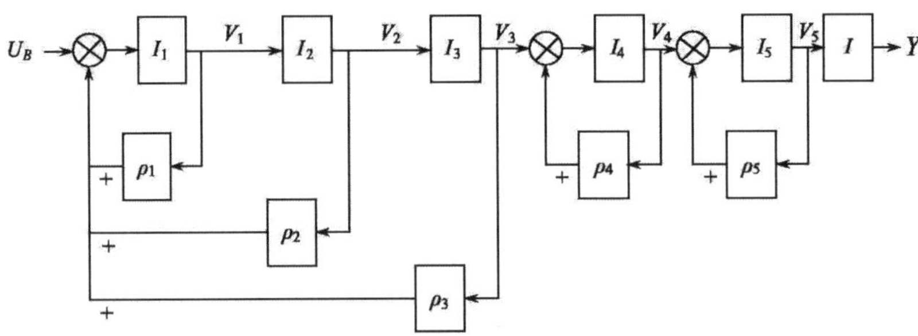

图 4.8　动力要素串并联组合的激励效果

对于图 4.8,整个系统的功能可以表示为

$$F=\frac{1}{(1-\rho_1-\rho_2-\rho_3)(1-\rho_4)(1-\rho_5)} \tag{4.5}$$

输出函数的表达式为

$$Y=\frac{1}{(1-\rho_1-\rho_2-\rho_3)(1-\rho_4)(1-\rho_5)}U_B \tag{4.6}$$

串并联模式既考虑了诸动力要素的独立性,又对诸要素作了区别对待,较好地反映了员工激励系统功能结构的设计要求。在公益科研机构员工激励实践中,处于 I_1、I_2、I_3 位置的一般应是知识进取动力、职务晋升动力和人际关系动力,处于 I_4 和 I_5 位置的一般应是工作报酬动力和工作环境动力。这样的动力结构布局既突出了知识文明条件下公益科研机构员工激励的实际需要,也体现了工作报酬和工作环境这两个传统动力要素的基础性作用,容易取得较好的激励效果。当然,在员工激励实践中,哪些要素摆在什么位置,哪个要素投入多大力度,还要视组织的实际需要而定,这是知识文明时代员工激励对公益科研机构管理者素质的基本要求。

4.7.2　要素灵敏度分析

要素灵敏度分析的目的是明确激励重点,提高激励效率,节约激励资源。在公益科研机构员工激励系统中,每一种动力要素都是动力机制的一个子系统,如工作报酬子系统、知识进取子系统、职务晋升子系统、工作环境子系统、人际关系子系统等。传统的激励因子设计一般假定这些子系统相互独立,在优化过程的梯度计算中不考虑或者很少考虑子系统之间的关联,但这样做常常得不到最优解。为了获得最优解,必须考虑子系统之间的耦合。通过耦合,可以预测出一个子系统的输出(或者是关键参数)对其他子系统输出的影响。本书采用 GSE 方法将复杂、耦合的大系统分解为几个子系统,以充分考虑子系统之间的耦合。

公益科研机构动力机制诸要素之间存在着复杂的耦合，这种耦合是事物之间内在联系在员工激励问题上的必然反映。在物质性工作报酬与精神性工作报酬之间，在同为精神性工作报酬的知识进取和职务晋升之间，在工作环境与作为其特殊内容的人际关系之间，都存在着复杂的非线性耦合关系。由于实际数据的缺乏和耦合机理的模糊性，详细分析诸要素之间复杂的耦合关系十分困难，而且考虑的要素越多，分析的困难越大。为了简化问题，降低多要素耦合给灵敏度分析带来的复杂性，这里以 3 个子系统的耦合为例进行说明。例如，以本书更加关注的知识进取、职务晋升和人际关系为例，分别假设其为子系统 SI_1、SI_2 和 SI_3，则描述激励系统 3 要素动力机制的耦合方程组可以表示如下：

$$\begin{cases} SI_1[(X, Y_2, Y_3), Y_1] = 0 \\ SI_2[(X, Y_1, Y_3), Y_2] = 0 \\ SI_3[(X, Y_1, Y_2), Y_3] = 0 \end{cases} \tag{4.7}$$

式中，X 为动力要素输入变量(即知识进取动力、职务晋升动力或人际关系动力)；系统的第 k 个动力要素用 x_k 表示，Y_i 表示第 $i(i=1,2,3)$ 个子系统的输出变量。由式(4.7)对各子系统的描述，可以求解出形如 Y_i 的解向量，即

$$Y = (Y_1, Y_2, Y_3)^{\mathrm{T}} \tag{4.8}$$

式中，i 为代表各子系统的下标号。

式(4.7)表示，各子系统之间存在着耦合关系，这是因为一个子系统的输入包含了其他子系统的输出。图 4.9 表示了式(4.7)所描述的各子系统之间的关系。这一描述符合公益科研机构员工激励的实际情况。在动力机制的实际运用中，知识进取子系统和职务晋升子系统之间的联系比较直观，现实中“学而优则仕”和“官大学问大”这两种倾向分别从不同的角度反映了两个子系统之间的相互影响；而人际关系与知识进取特别是职务晋升之间的联系虽然不那么直观，却更深刻地反映了员工激励中这个颇具中国特色的实际情况。本书多次强调人际关系在员工激励系统中的重要性，就是为了揭示人际关系要素对公益科研机构员工激励效果的深层次影响。

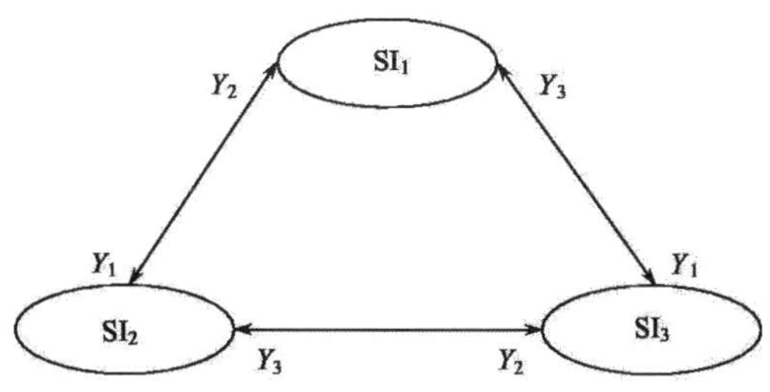

图 4.9　子系统之间的耦合关系

式(4.7)中各子系统的解为即为整个3要素系统的解,整个3要素系统可以表示为

$$F(Y, X) = 0 \tag{4.9}$$

由泛函分析中的隐函数定理,可以写出相对于系统第 k 个设计变量的灵敏度方程为

$$\left\{\frac{\mathrm{D}F}{\mathrm{D}X_k}\right\} = \left\{\frac{\partial F}{\partial X_k}\right\} + \left\{\frac{\partial F}{\partial Y}\right\}\left\{\frac{\partial Y}{\partial X_k}\right\} = 0 \tag{4.10}$$

式(4.10)描述了系统各设计变量,即动力机制诸要素影响系统激励效果的灵敏度。为了描述诸要素之间的相互影响,解向量 Y 的各个分向量可以表示为其他分向量的函数,即

$$Y_1 = f_1(X, Y_2, Y_3) \tag{4.11a}$$

$$Y_2 = f_2(X, Y_1, Y_3) \tag{4.11b}$$

$$Y_3 = f_3(X, Y_1, Y_2) \tag{4.11c}$$

以式(4.11a)为例,运用微分方程求导的链式规则,对系统的第 k 个动力要素求导,有

$$\mathrm{d}Y_1 = \frac{\partial Y_1}{\partial Y_2}\mathrm{d}Y_2 + \frac{\partial Y_1}{\partial Y_3}\mathrm{d}Y_3 + \frac{\partial Y_1}{\partial X_k}\mathrm{d}X_k \tag{4.12}$$

$$\frac{\mathrm{d}Y_1}{\mathrm{d}X_k} = \frac{\partial Y_1}{\partial Y_2}\frac{\mathrm{d}Y_2}{\mathrm{d}X_k} + \frac{\partial Y_1}{\partial Y_3}\frac{\mathrm{d}Y_3}{\mathrm{d}X_k} + \frac{\partial Y_1}{\partial X_k} \tag{4.13}$$

因为是基于诸动力要素的耦合系统,所以 Y_1 不仅仅与输入变量有关,还受其他各子系统的影响。式(4.13)说明,对一个输入变量的变动,输出 Y_1 的变动(全导数)是如下内容之和:其他各子系统的变动乘以它们各自对 Y_1 的影响(偏导数),以及该输入变量自己的变动所引起的 Y_1 的变动。

对其他两个方程做同样的处理,就可以得到被称为GSE耦合矩阵的方程,即

$$\begin{bmatrix} I & -\frac{\partial Y_1}{\partial Y_2} & -\frac{\partial Y_1}{\partial Y_3} \\ -\frac{\partial Y_2}{\partial Y_1} & I & -\frac{\partial Y_2}{\partial Y_3} \\ -\frac{\partial Y_3}{\partial Y_1} & -\frac{\partial Y_3}{\partial Y_2} & I \end{bmatrix} \cdot \begin{Bmatrix} \frac{\mathrm{d}Y_1}{\mathrm{d}X_k} \\ \frac{\mathrm{d}Y_2}{\mathrm{d}X_k} \\ \frac{\mathrm{d}Y_3}{\mathrm{d}X_k} \end{Bmatrix} = \begin{Bmatrix} \frac{\partial Y_1}{\partial X_k} \\ \frac{\partial Y_2}{\partial X_k} \\ \frac{\partial Y_3}{\partial X_k} \end{Bmatrix} \tag{4.14}$$

GSE耦合矩阵完整地描述了公益科研机构员工激励中诸动力要素对激励效果的复合影响,即包括诸要素自身及其相互耦合对激励效果的综合性影响。以职务晋升动力为例,GSE耦合矩阵既反映了职务晋升在激励系统中的直接动力作用,也反映了知识进取和人际关系通过职务晋升渠道对员工激励效果的间接影响,

这说明 GSE 方法对员工激励问题具有很强的解释力。在现实的公益科研机构中，一些员工刻苦勤奋的知识进取，一些员工广泛活跃的人际关系，其深层次都往往隐含着对职务晋升的强烈欲求，这种现象是动力机制诸要素相互耦合关系的真实写照。

在员工激励实践中，式(4.14)各组成部分具有不同的管理学意义。

式(4.14)等号右边的向量称为局部灵敏度导数(local sensitivity derivatives，LSD)，它描述单一动力要素的灵敏度，包含了在不考虑其他变化影响的条件下，各子系统的输出响应相对于输入变量的灵敏度偏导数信息。每一个输入变量都有各自的 LSD，这属于子系统灵敏度分析的内容，用单因素的灵敏度分析方法即可处理。

式(4.14)等号左边的系数矩阵称为全局灵敏度矩阵(global sensitivity matrix，GSM)，它描述系统中全部动力要素的灵敏度，包含了在不考虑其他变化影响的条件下，各子系统的输出响应对输入变量的灵敏度偏导数信息，表示了各子系统之间的耦合关系。可以通过对子系统的分析计算得到 GSM 的各项值。

式(4.14)等号左边的向量称为系统灵敏度向量(system sensitivity vector，SSV)，它描述系统中各动力要素对其他动力要素的相互影响，包含各动力子系统所有输出对任意动力子系统任意输入变量的灵敏度信息。由于这些导数考虑了各动力子系统之间的耦合，因而是全导数。动力子系统的分析计算给定了 LSD 和 GSM，这样就可以通过解线性方程式(4.14)得到 SSV。

不同的输入变量有不同的 LSD，必须针对每个的输入变量分别进行计算。由于 GSM 仅同各子系统与某个动力子系统间的相互作用有关，每迭代一次只需计算一次，这样就减少了多个动力子系统协同优化过程中系统分析的次数。

在员工激励动力要素灵敏度分析的实际运用中，GSE 方法的求解过程如下：

(1) 对给定的动力要素 X，求出激励效果响应(输出变量)Y；

(2) 对给定的 X 和所得的 Y，分别对各子系统求出偏导数；

(3) 求解式(4.8)的 GSE，得到系统灵敏度导数信息；

(4) 利用系统灵敏度导数信息，选择新的设计变量 X；

(5) 是否可以得到满意的系统相应，若否，则转回第 1 步。

本书选择上述方法进行激励系统动力机制的灵敏度分析，其主要优点表现在：

(1) GSE 是专门针对高度耦合的复杂系统提出的，可以利用一阶灵敏度的性质来分析相互耦合的子系统之间的关系；

(2) GSE 方法要求将系统分解为更小、更简单的子系统，然后就可以将各子系统作为“黑箱”看待，只需知道其输出和从其他“黑箱”传来的输入即可。在各个“黑箱”中仍可应用各自现有的分析工具来确定各自的输入和提供各自的输出；

(3) LSD 中的各个分项可以并行计算,这样就大大缩短了迭代的时间和整个优化过程。

4.7.3 动力机制诸要素的协同优化

4.7.3.1 动力机制诸要素协同优化问题求解流程

在一般情况下,对员工激励系统动力机制协同优化问题的求解,应该包括以下 3 个方面的基本内容:

(1) 动力要素子系统分析。这部分内容涉及若干具体内容,关于动力机制诸要素的特点及其在员工激励中的实际运用见上文第 4.2～4.6 节,关于对系统复杂性的分析见第 7.4.1 小节。

(2) 动力要素子系统灵敏度分析。灵敏度分析用来计算动力要素函数出现变化时系统输出的变化率。这类信息除了可以用于单一动力要素子系统的分析外,主要在于其可用于提高协同效率。关于动力要素子系统灵敏度分析的内容见上文第 4.7.2 小节。

(3) 动力要素子系统协同优化。单一动力要素子系统不存在协同问题,而多个动力要素子系统组成的系统整体需要进行协同优化,在保证各子系统间耦合因素尽量一致的前提下使系统整体得到最优解或满意解。动力要素子系统协同问题是本节以下部分的研究重点。

在公益科研机构员工激励系统中,针对单一动力要素进行优化,是一个子系统

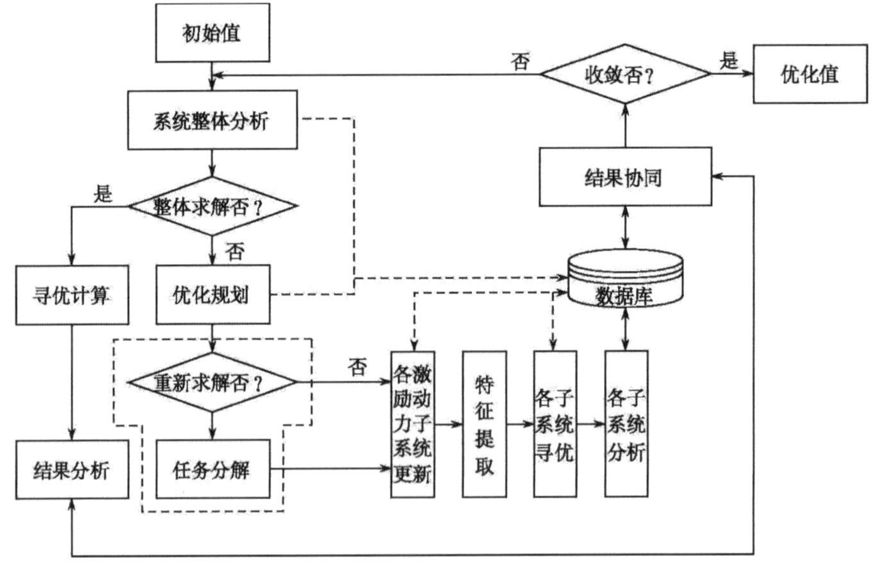

图 4.10 动力机制协同优化求解流程

优化问题;对各种动力要素的综合作用进行优化是一个全局最优问题,两者之间的输出结果是不一致的。综合应用多种动力要素实施激励,实质上是一个全系统的协同优化问题,其求解流程如图 4.10 所示。

由于各动力要素子系统之间存在着复杂的相互耦合,导致各子系统之间难以协同一致,在上文分析系统动力机制功能结构和动力要素灵敏度的基础上对系统输出结果进行协同优化的目的就是为了协调各子系统之间的不一致性。

4.7.3.2 协同优化求解策略

从员工激励系统动力机制整体角度进行系统变量协调时,原问题应是多目标决策问题,而不是目标叠加问题。一方面,所得结果应使系统变量一致且系统中各学科均应满足各自约束;另一方面,所有目标应尽可能达到最优。实际上,很多问题都很难得到真正的最优解,而许多算法或策略只是尽可能地逼近最优解。

为了协调系统变量,需要对系统中各学科层次进行必要的改进,使各个动力要素子系统之间尽量自治。本书利用 Kroo 等[147]提出的处理相关变量的方法来处理各学科层次的相关输入变量,并提出对各学科目标进行处理的措施。这一优化思路如图 4.11 所示。

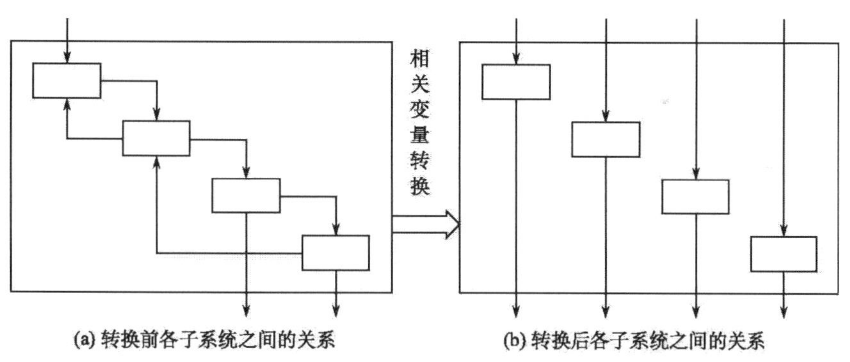

图 4.11 相关变量转换示意图

基于上述思路,员工激励系统动力机制协同优化问题求解的基本步骤如下:

(1) 求出动力要素子系统的理想解,构造出系统层优化的数学模型;

(2) 系统层求解,获得系统层辅助变量 Y 的初始协调解;

(3) 各学科引入相关变量的辅助变量 $\bar{y}''$及其一致性约束,并对独立变量 x_i、系统变量 x 和辅助变量 $\bar{y}''$进行求解;

(4) 得到各子系统计算的相关信息之后,系统层再进一步求解 Y;

(5) 系统层判断是否收敛,如收敛则结束,否则转入步骤(6);

(6) 得到 Y 的新协调解之后,各子系统将先前计算的各变量作为初始值,再进行计算,然后转入步骤(4);

(7) 重复步骤(3)~(6)直至收敛。

员工激励系统动力机制协同优化过程如图 4.12 所示。

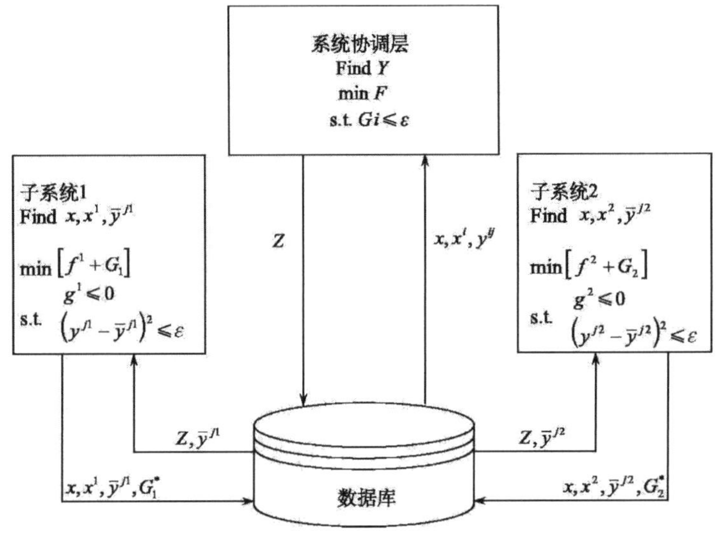

图 4.12　协同优化示意图

4.8　本章小结

本章围绕员工工作价值观的 5 个基本维度研究公益科研机构员工激励系统动力机制的构成要素及其运用,针对动力机制的各个要素提出了若干新见解,主要包括:员工物质性报酬动力不足影响公益科技职业的吸引力,使这支国家科技创新中坚力量后继乏人;工资制度、科研经费和收支结构 3 个方面的刚性制约阻碍科技生产力发展,使这类机构的体制改革久攻不下;知识进取动力的重点是惰性区域较小而乐于接受挑战的员工,建设学习型组织是满足员工知识进取需求的根本出路;职务晋升提高员工在组织中的影响力,要以更灵活的方式破格晋升拔尖人才;管理职务升迁具有较强的示范效应,应健全能上能下能进能出的晋升机制;工作环境涉及员工工作价值观的各个维度,研究其动力效果需要顾及工作环境的复合性、物质环境条件的第一性、劳动管理环境柔性化、建设民主管理环境和组织文化环境等诸多方面;人际关系具有重要的动力作用,要发挥知识员工在人际关系上的人格优势,提高其人际关系能力;重视管理者在组织内人际关系中的特殊作用,大力营造健康和谐的人际关系氛围。

运用系统控制理论分析了动力机制的整体作用效果，运用 GSE 方法研究了员工激励系统动力机制诸要素的灵敏度分析问题，研究了解决动力机制协同优化问题的基本思路。这些模型同第 7 章实例研究中构建的动力机制决策优化偏序模型和 ANFIS 模型一道，与第 5 章设计的约束机制模型和第 6 章构建的博弈机制决策模型构成一个系列，是本书为提高员工激励系统量化研究水平而进行的尝试。

5 公益科研机构员工激励系统的约束机制

市场经济、全球化和改革开放等经济社会条件使公益科研机构员工的工作价值观受到多种影响,呈现出错综复杂的新局面。在这些复杂的影响因素中,有的以积极效果为主,使员工在物质和精神上的个人目标与组织目标更紧密地联系在一起,弘扬这些积极的影响因素有利于组织目标的实现;也有另外一些因素的影响效果是消极的,它们会使员工在追求不适当的个人目标时或在以不适当方式追求一些个人目标时偏离组织目标。为了不致妨碍组织目标的实现,在构建公益科研机构员工激励系统的过程中,对这些消极因素及其带来的消极影响要予以适当的抑制和约束,对员工不适当的个人目标要予以适当的抑制,对它们追求个人目标的不适当方式要予以适当的约束。为了实现这种抑制和约束功能,保证动力系统的激励效果,需要在研究公益科研机构员工激励系统中的约束机制。

本章在第 4 章动力机制的基础上研究公益科研机构员工激励系统的约束机制,主要研究内容包括:

(1) 论述约束与激励的关系以及约束机制的几个基本问题,明确动力机制的构成要素。

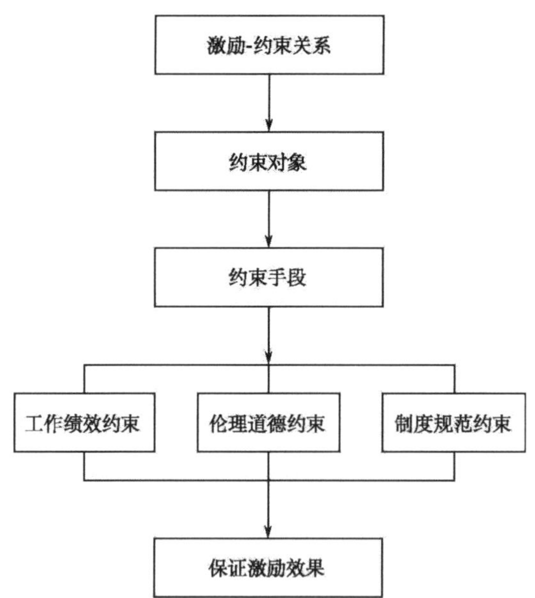

图 5.1 公益科研机构员工激励系统约束机制研究思路

(2) 从工作绩效、伦理道德和制度规范方面论述约束机制诸要素的特点及运用。

(3) 基于委托-代理理论构建激励-约束机制模型,量化研究约束机制的作用效果。

(4) 量化分析动力机制的博弈性、动态性和有效性。

本章的研究思路如图 5.1 所示。

5.1 约束机制与员工激励

5.1.1 约束与激励

员工激励中的约束机制问题已经受到学术界的关注,但有关研究还有待进一步深入。

在研究员工激励的较早文献中,多数学者未涉及约束问题。近年来一些文献涉及了约束问题,但研究得还不够系统,力度也不够大,往往只是比较笼统地谈到激励"与"约束,而约束问题远非一个"与"字了得。

侯光明在他的博士论文中较早地提出了约束是管理的重要职能的观点,这是很中肯的。关于激励与约束的关系,他做了一些探讨,但没有深入展开。他认为驱使人们积极工作的力量来自三个方面,即自身追求目标产生的动力,外部激励产生的动力和约束产生的压力[9]。这样一来,激励和约束作为与工作努力有关的两种力量是分开了,但二者之间的关系似还不够明确,况且那第三种力,即人们自身追求目标产生的动力,又是从哪里来的呢?恐怕还是离不开外部激励。

孙新波等认为约束是负向的激励,因此激励就是最好的约束[8]。这样断言很有道理,但对二者关系处理得过于简单化。如果约束仅仅是在激励前面加上一个负号,那么把约束直接称为负激励会更直截了当,增加一个新概念反倒容易模糊二者之间的内在联系。

这里结合我国公益科研机构的实际情况,对员工激励系统中的约束功能以及约束与激励的相互关系作如下思考:

(1) 约束是员工激励系统的重要功能。在公益科研机构员工激励系统中,约束机制的基本功能是调控。作为一种管理系统,激励系统不能是开环系统,因为开环系统的稳定性无法保证,而不稳定的激励系统没有实际意义,一个组织的激励系统只有在具有调控功能的闭环状态下才能正常运行。换句话说,没有约束功能的激励系统是功能不完备的系统。

(2) 激励系统中的约束具有特定含义。在公益科研机构员工激励系统中,约束不是消极的束缚,不是限制员工自由的管卡压。约束以人的有限理性为依据,它强调人的行为理性。如果说激励是在鼓励员工通过符合组织目标的努力而取得成功,那么约束是在告诫员工减少偏离组织目标的努力而避免失败。

(3) 约束与激励是两种不同的管理活动。前者的直接目的是调动人的工作积极性,提高工作效率,主要解决员工的工作热情、积极性、创造性不足的问题;后者的直接目的是保证员工的行为不偏离组织的目标方向,主要解决行为方向问题和人际关系问题,从而保护组织和员工的根本利益。二者不能互相取代。

(4) 约束和激励之间存在互补性。在组织对群体的激励行为中,对一些不符合组织目标的行为的约束同时就是对符合组织目标的相对行为的鼓励,对一些不利于实现组织目标的个体或团体行为的约束同时就是对坚持组织目标的个体和团体行为的鼓励。相反,对一些不符合组织目标的不良行为的姑息就会对坚持组织目标的人造成掣肘,对违背组织目标行事的人的纵容就是对维护组织目标的人的压抑。约束与激励的这种互补性使其成为激励的有效保障,成为保证激励措施取得预期效果的有效手段。

5.1.2 约束对象

公益科研机构激励系统的约束对象同其激励对象是一致的,即组织中的全体员工。之所以要对这些作为组织主人的员工的工作行为进行约束,是基于员工在文化、心理、思想方法和行为方式上的差异性。

(1) 员工人格结构的差异性。按照心理学的人格理论,由于先天遗传和后天成长环境的差异,公益科研机构员工的人格结构是多种多样的,有的人性情温顺、行事保守,有的人循规蹈矩、惯于趋众,有的人严于律己、待人谦恭,有的人性情暴躁、恃强凌弱,有的人放荡不羁、行事冒险,有的人不拘常规、标新立异。这些迥异的人格特征对员工行为造成十分复杂的影响,有的总体上对实现组织目标有利,有的总体上不利,还有的在一定程度上是有利的,超过限度则转为不利。因此,对员工不同的人格结构应该区别对待,对那些总体上有利于组织目标的予以较多激励,对总体上不利的予以较多约束,而对那些介于二者之间、影响时好时坏的人格特征则视实际情况予以适当约束。

(2) 员工工作价值观的差异性。如前所述,员工的工作价值观表现为形形色色的维度和项目。在这些纷纭复杂的维度和项目上,员工个体的工作价值观存在着巨大差异。由此决定,对组织的同一个工作目标或其下的每一个分目标,不同的员工会有不同的价值判断,并在工作行为上表现出各不相同的偏好。对员工的工作价值观分歧和行为矛盾需要以组织目标为原则予以区别对待。对那些与其不一致的工作价值观倾向和行为偏好应该予以必要的约束,以保证组织目标的实现。

(3) 员工思想方法的差异性。在知识文明时代,人的自主性趋于增大。在率先步入知识文明时代的公益科研机构中,知识员工比社会上其他人群更加强调自尊、自信、自立、自强。发散思维、求异思维等创新性思维方式在这个特殊人群中受到特别的鼓励，他们的思想活动十分活跃，成为他们在思想和行动上区别于社会其他人群的显著特征。总的来看，公益科研机构员工的思想活跃符合解放思想的时代潮流，符合推进组织科技创新的大方向，有利于实现组织的工作目标，但是当他们把这些创新性思维方式转移到看待和处理人际关系和社会问题时，受到挫折和打击的事例也屡见不鲜。为了保证他们的思想方法与实现组织目标的要求一致，也为了保护这些宝贵的人才资源，需要对他们一些过激的思想和行为予以必要的约束。

公益科研机构激励系统约束对象同激励对象的一致性意味着在组织内部没有不受约束的特殊员工。更明确地说，约束对象当然甚至更应该包括组织内的各级管理者，因为管理者不仅是组织中的员工，而且是对组织发展负有更大责任的员工。

公益科研机构中的管理者可分为两类，一类是以管理科研活动为主的技术管理者，另一类是以管理行政事务为主的行政管理者。前一类管理者本身就是科研队伍中的一员，而且就其岗位性质来看，他们理应就是科研活动的带头人。负有这样重要职责的管理者不仅是组织中的员工，而且理应是优秀员工。由于他们的职务优势，他们的发展机会明显多于其他员工，若在接受约束的时候不把他们列入员工，这于情于理都说不通。

行政管理者在我国公益科研机构中只是少数人，其任务是为科研活动的正常开展提供保障性服务，他们当然也是组织中员工的一部分。然而在我国现行体制下，他们往往被视同政府机构中的官员，而他们自己在管理工作中也往往忽略了自己的服务职责而染上不少官气，似乎他们不再是组织中的普通员工。这是一个明显的认识误区。事实上，对行政管理者约束的缺失是目前我国一些公益科研机构学术气氛不浓、科研效率低下的关键原因。

总之，管理者不是公益科研机构中游离于员工队伍之外的局外人，他们同样需要接受组织的约束。而且，由于他们在组织中的地位、权力和影响，对管理者应该实行更严格的约束，他们所处的管理层次越高，受到的约束就应该越严格。

在公益科研机构的管理者中，最高管理者的情况最为特殊。这些最高管理者俗称“一把手”，他们是组织中情况最为特殊的员工。在本组织的岗位序列里，他们对主管该组织的政府部门是第一位员工，其主要责任是管理和带领组织内全体员工完成政府部门下达的科研任务。对组织内的下属员工来说，他们是最高领导，其主要责任是团结和激励员工开发知识资源，提高组织科研实力。受文化传统和社会环境中不良因素的影响，他们中的一些人往往没有按照政府的委托和自己的承诺尽职尽责，他们所处的特殊地位又使他们往往出于主观和客观的原因而受不到应有的约束。由于他们履行职责的努力程度和工作效果对决定组织效率具有特别重要的作用，对他们履职行为的约束应该予以特别强调。至于他们中个别人因隐蔽违规行为①而酿成违反法律的严重腐败案件,已经超过了本书所论员工约束机制的范围,这里存而不论。

5.1.3 约束方式

一些学者对员工约束的理解近似于惩罚。按照这种理解,约束是利用惩罚手段的威慑作用由管理者对行为违背组织目标要求的员工进行惩罚,惩罚方式即约束方式包括罚款、扣奖金、换岗、处分、免职、批评、舆论谴责等,惩罚的力度被称为惩罚系数[8]。这种理解讲出了员工约束的基本面,但还有待进一步探讨。比如,罚款和扣奖金的依据,处分和免职的宽严尺度,批评和舆论谴责的原则标准,以及各种惩罚方式的力度掌握等,这些都需要更深入的研究。更重要的是,惩罚只是员工约束中的手段之一。在很多情况下,员工的行为只是偏离而没有违背组织的目标,对这些行为不可放纵但也不宜惩罚。因此,员工约束的适用范围,无论是手段种类、内容范围还是对象范围,都要比惩罚方式宽泛得多,仅靠惩罚手段尚不足以保证员工激励的有效性。

考虑到我国公益科研机构员工约束的必要性和可行性,员工激励系统中的约束机制应该整合运用 3 种基本方式,即工作绩效约束、伦理道德约束和规章制度约束。其中,工作效率约束以保证组织效率为直接目的,伦理道德约束以保障健康和谐的人际关系和工作环境为指归,规章制度约束以保障组织的正常工作秩序为原则。3 种约束方式的效果相互加强,为组织实现工作目标提供全面保障。

约束的作用机理可以用激励理论体系中的归因理论来解释。在员工激励系统中,约束在本质上是一种心理约束。员工在工作中出现某种不当行为之后如果受到及时的约束,必然会在其心理上经历一个有一定痛苦程度的归因过程,进而在其心理上形成一定程度的挫折感。在心理学中,员工的这种挫折感指他们在某种动机下的不当行为和所要达到的目标受到阻碍时,因无法克服而产生的紧张状态和情绪反应。正是这种归因过程和由此在心理上产生的挫折感,使员工不再愿意或不再敢于重复类似行为,使约束的效果得以产生。

虽然员工可能会因给组织造成损失的不当行为而受到惩罚,但员工激励中的约束主要不在于惩罚过程的实施,而在于因惩罚措施或其他约束措施的存在以及这些约束措施在必要时可能实施而形成的心理张力。即使对受到惩罚的当事员工,惩罚本身也不是目的,真正的目的在于使员工经过归因过程受到教育,使类似行为不再发生而产生预期的约束效果。

在公益科研机构员工约束实践中,因员工不当行为而给组织造成损失毕竟不

① 隐蔽违规行为在信息经济学中是指组织中的一些人为了追求个人效用而偏离组织的目标方向进行投机活动,从而给组织造成损失的行为。

是好事，当事员工因不当行为而遭到惩罚毕竟是很不愉快的事。从员工约束在激励系统中的地位和目的性出发，最好的约束效果是防患于未然，防止导致员工受惩罚的不当行为发生。为此，员工激励系统中的约束机制需要保持足够强大的力度。所谓足够，可以从 4 个方面衡量。一是足以惩前，使确有过错的员工受到应有惩罚。二是足以毖后，使当事员工和周围同事能接受足够教训，足以杜绝类似事件再次发生。三是足以举一反三，使有关联的其他约束措施能够在员工不受惩罚的情况下也受到员工的进一步重视。四是足以引而不发，使约束机制以及各项约束措施在员工心理上长期保持足够强大的心理张力。

5.2 工作绩效约束

5.2.1 员工绩效的约束作用

在员工激励系统中，员工绩效水平及其变动情况是一把双刃剑，它既是组织对员工实施驱动的依据也是实施约束的依据。实施驱动是为了保证组织效率不断提高，实施约束则是为了保证组织效率不致下降。考虑到目前我国公益科研机构效率普遍较低的实际情况，防止效率下降具有更加实际的意义。

作为提高公益科研机构效率的两种基本管理方式，激励和约束的基本依据都是员工的工作绩效。员工工作绩效的含义看似简单，顾名思义是指员工在工作过程之末取得的成绩和效果。但是组织管理的理论研究和实践经验证明，弄清绩效的内涵并不像人们当初认为的那样简单。恰如管理大师彼得 · 德鲁克指出的那样，任何组织都必须研究绩效是什么，这在以前似乎简单明了，现在却不复如是，制定管理策略需要研究绩效的新定义。员工的工作绩效问题之所以变得复杂起来，一是因为学者们在研究中认识到，从不同的角度研究员工工作绩效问题可以得出迥然不同的答案。从社会学的角度看，员工绩效是员工按其社会角色履行的社会职责；从经济学的角度看，员工绩效是员工为取得组织向其承诺的报酬而向组织履行的对等承诺；从管理学的角度看，员工绩效是组织为实现组织目标、完成组织绩效而期望和要求员工完成的工作结果。二是因为员工绩效是员工能力与动机的复合函数，员工的知识水平、工作能力、人格特征、工作价值观以及工作环境等诸多因素都会对其工作绩效产生复杂的影响。由于对这些复杂影响的认识不同，目前学术界关于员工绩效的认识存在两类基本观点，即结果说和行为说。前者主张通过评价员工的工作能力及其工作任务、责任、目标的完成结果来判断员工绩效的高低，后者强调程序和人际关系等因素的影响，认为与组织目标有关的员工行为本身就是绩效[8]。综合学术界的争鸣可以看到，无论将其看作社会责任、对等承诺还是组织期望，看作完成结果还是行为过程，员工的工作绩效水平都既是激励员工的基本依据又是约束员工的基本依据，甚至在强调对既有绩效结果的后效性的意义上可以进一步说，员工的工作绩效水平与其说是实施激励的基本依据，不如说是实施约束的基本依据。

5.2.2 绩效测度的绝对与相对

关于员工绩效外延的研究近年来也很活跃。孙新波等基于国内外学者对任务绩效、周边绩效、关系绩效等概念以及对绩效外延的全面研究，提出了绝对绩效与相对绩效，客观绩效与主观绩效两对概念[8]，对我们厘清目前在公益科研机构员工绩效考评问题上的困惑颇有帮助。

绝对绩效是对员工工作绩效绝对数量的测度结果，它简单、直观、效果直接，但只适用于计件、计时等工作的绝对数量易于测度的简单情况，对公益科研机构中复杂的知识生产基本上不适用。在这里的实际情况下，虽然至今仍常使用完成科研项目个数、科研经费到款金额等绝对绩效考评指标，但相对绩效概念使用得更为普遍。所谓相对，在横向是指个体员工绩效相对于其他员工、本组织相对于其他同类组织绩效的高低，在纵向是指个体员工绩效或组织的集体绩效相对于其过去绩效的升降。在这里，准确地测度和考评员工绩效是激励系统产生动力和约束效果的基本条件。然而在公益科研机构，不要说定量意义上的准确测度，即使在定性意义上正确衡量员工、团队和组织的绩效也不是一件容易的事。这种困难源于下述两个更深层次的困难：

一是个体员工能力水平和努力程度的测度困难。目前在公益科研机构中通常以学历、职称、岗位工作经历等指标表示员工工作能力的做法有很大局限性。且不说一般容易得到认同的学历高、职称高、工作经历长与工作能力强不存在必然联系，即使是工作能力的确很强的员工在承担自己原本不十分熟悉的科研任务时也必然会遇到尺短寸长的问题。至于测度员工的努力程度困难就更大。面对具体的科研任务，员工以多大强度调动已存在于其头脑中的知识，又以多大强度去努力学习完成科研任务需要掌握的新知识，对这些心理学意义上的行为目前没有，恐怕将来也很难找到有效的测度手段。

二是个体员工对团队工作贡献率的测度困难。由现代科学技术的发展特点决定，在公益科研机构的实际工作中，可以由单个员工独立完成的科研任务很少，科研活动在这里的常态是团队合作。在团队合作进行的科研活动中，虽然在形式上有项目组长、主要完成人、一般参与人的角色差别，而员工在项目中贡献大小的差别往往比这种角色上的形式差别还要大得多、深刻得多。在目前我国公益科研机构的科研活动实践中，名为项目组长的人徒有虚名而对项目做出主要贡献的人名次排在后面，一些人埋头实干不得其名而搭便车的人名列前茅等，由于心理学和社会学意义上的障碍，这样的事实即使有明确的测度指标也很难运用于实际的员工绩效考评。

5.2.3　绩效考评的主观与客观

客观绩效考评是以产量、产值等客观标准测度的员工绩效，其突出优点是具有较大程度的可证实性。但是由于其可证实性毕竟有限，测度指标的全面性和准确性都受到限制，加上其刺激员工短期行为的固有缺陷，因而同绝对绩效考评的情况相似，客观绩效在公益科研机构往往无法进行有实际意义的评价。相比之下，主观绩效运用起来要方便灵活得多。一般认为，如果考评人和员工能够保证足够的客观公正性，由组织选择若干考评人对员工进行主观绩效评价可以克服客观绩效评价的弊端，剔除众多不确定因素对员工工作行为和绩效评价结果的影响，从而对员工绩效做出比较全面的评价。

目前在我国公益科研机构员工绩效考评中使用较多的就是这样的主观考评方式。按照传统，这种方式分德、能、勤、绩等 4 个方面或在 4 个方面之下再各设若干细化的子项对员工进行考评，对负有领导责任的管理者还要增加廉洁自律方面的考评，考评过程分员工述职和考评人打分两个基本环节。从实际效果看，这种考评方式存在下列弊端：

一是员工普遍过高评价自己的工作绩效。在述职环节，员工普遍会有意夸大自己的业绩，有的夸大自己参与的工作项目，有的夸大自己在工作中的角色，特别是一些身居领导岗位的管理者往往把本部门甚至是自己分管的工作全都记到自己名下。由于在公益科研机构中员工知识劳动的产出一般是以团队形式共同完成的，考评人即使努力保持客观公正，也往往无法区分每一个员工各自的产出，这就必然会造成工作团队中有人搭便车。而搭便车行为虽然符合经济理性，却不利于提高组织效率。

二是一些考评人评价的客观性无法保证。有的考评人因对考评对象了解有限而造成评价的认知误差，有的考评人因对考评对象存有亲疏偏见而造成评价的感情误差。由于公益科研机构中十分复杂的人际感情关系，在两种误差中感情误差的影响更大。一些考评人出于私心行事而置组织目标和考评原则于不顾，在考评过程中或随意抬高合己意者的绩效，或随意压低不合己意者的绩效。特别是当考评过程中存在着若干考评人之间的串通和共谋时，必然会对组织中的人际关系环境、对整个组织中的士气造成十分恶劣的长期影响。

主观绩效考评的上述弊端源于其内在的信息不对称，源于由这种信息不对称必然导致的不可证实性和主观随意性，源于这种考评机制从本质上说是一种表决机制。由于测度标准的柔性，公益科研机构员工的绩效约束必然趋于软化。

要使主观绩效考评在员工激励系统中发挥应有的激励和约束作用，需要对其进行全面的改进。

(1) 从整体上提高员工绩效管理水平。员工绩效管理是由一系列相关环节构成的完整过程,除了绩效考评这一受到员工较多关注的环节之外,员工绩效的计划、实现和改进环节对提高员工绩效水平都有不可替代的重要作用。各相关环节的管理措施落实到位,绩效考评环节的效果才能得到保证。

(2)明确员工绩效考评的基本原则。员工激励和约束的根本目的都是为了提高组织效率。基于此,作为组织中激励和约束机制共同的关键环节,员工绩效考评的基本原则应是鼓励员工为了提高组织效率而把注意力集中于工作绩效本身而不是人际关系,员工过分顾忌人际关系必然会使绩效考评蜕变为人际关系考评。考虑公益科研机构中知识员工自主性、独立性强而不善于处理复杂人际关系的人格特点,这种蜕变会显著削弱员工在工作绩效上的努力程度,进而降低组织效率。

(3)民主改进考评指标。经过长期实践,公益科研机构员工对自己和他人所承担的科研任务的难度和工作量一般是心中有数的,这为制定更加客观、明确的员工绩效考评指标提供了比较准确的量化依据。组织在制定绩效考评指标时应鼓励员工广泛参与,认真听取他们的意见,以提高主观评价过程的客观性。

(4)全面改进考评方法。一是合理确定考评人的范围和权重。例如采用由Intel公司首创的360度绩效考评方法,广泛吸收被考评员工的上级、下级、服务对象、团队成员、合作伙伴以及了解情况的相关专家参加考评,特别是重视被考评员工本人的参与,根据考评期间的情况变化动态调整各方面参加考评的人数和他们的权重。虽然360度考评方法仍是主观考评,但考评主体的多元化、全方位使考评结果更符合实际情况。二是合理确定考评周期,将平时的月考评、季度考评与年终的总结性考评结合运用,这样既有利于及时记录员工实绩,也有利于员工在执行任务过程中不断改进绩效。三是结合运用客观性较强的其他绩效考评方法,例如关键事件法、目标管理法等,以兼得各种考评方法的内在优势而抑制其内在劣势。

应该强调,在运用绩效考评手段约束员工时要重视对考评人的约束。考评人在考评过程中本来只负有提高组织效率的责任而没有随心所欲行事的权力,但在目前我国公益科研机构员工考评的实际操作中,一些考评人由于有意或无意的原因并没有尽职尽责。他们或态度不认真而随意行事,或出于个人成见而无视被考评员工的实绩和组织的目标,甚至出于私心而左右考评结果,对这些不负责任甚至有违公德的考评人若不严加约束乃至取消其考评人资格,必然会严重挫伤员工士气而最终降低组织效率。

最后还应该强调,绩效考评的对象是全体员工,当然也应包括管理者。管理者,包括高层管理者,特别是作为组织中一把手的主要管理者,当然也应该受到绩效考评结果的约束,更应该对员工绩效考评结果和程序的公正性负责。不能设想一个对组织负责的称职的管理者在下属员工绩效低下的情况下会有个人的高绩效和组织的高效率。且不说公益科研机构的高层管理者本来就应该是组织中的科研带头人,仅就员工绩效问题而言,如果他们竟然容忍员工群体绩效长期低于同行水平和任务需要，姑息绩效考评中的不正之风及其对员工士气和组织效率带来的损失，那么即使他们空怀创造一流业绩的宏图大志，在当代知识员工的管理上也只能算是一个不称职的管理者。

5.3　伦理道德约束

5.3.1　伦理道德的约束力

伦理道德是人类文明的重要标志，是维系社会和谐与稳定发展的重要力量。伦理道德的力量是一种精神力量，对人的思想和行为进行心理约束是伦理道德的本质功能。在运用伦理道德规范约束员工行为方面，我国公益科研机构拥有得天独厚的优势，因为崇尚伦理道德，重视伦理道德在国家和社会治理中的地位和作用，是中华民族几千年一贯的文化传统，是中华民族传统文化的一个核心内容；因为注重伦理道德修养，恪守为人处世的君子风范，是我国知识人几千年一贯的文化传统，是我国知识人文化传统中的一项基本原则。在我国汗牛充栋的传统文化宝库中，论述伦理道德的典籍占有突出的地位。儒、道、法、墨、兵、易、禅、阴阳，百家各有千秋，但伦理道德之说不离其宗[148]。一部《论语》以“仁者爱人”为统领，精辟论证“夫仁者，已欲立而立人，已欲达而达人”①的做人道理，更有后人联系治国实践，留下“半部论语治天下”的美谈。从其对人们修、齐、治、平的圭臬作用来看，《论语》更像是《伦语》，世人将此去声之论读作阳平之伦，是否出于通假之虑也未可知。一部《礼记》讲“礼义也者，人之大端也”，“凡人之所以为人者，礼义也”，论述人与禽兽的根本区别在于人有礼义这样的文化准则；讲“礼之教化也微，其止邪也无形，使人日徙善远罪而不自知也”②，强调礼教在治国安民中的重要作用。这些至理名言今天都依然可以作为我国公益科研机构员工思想和行为约束的伦理道德标准。

人们通常把伦理与道德作同义语解，虽然二者之间存在不可分割的内在联系，但仔细推敲还是有一些语义差异。作为社会上层建筑的重要组成部分，伦理道德既具有受外部环境影响的社会继承性，又具有受内心思维决定的个体差异性。由此可以将伦理道德做内外二分，将其受社会环境影响的部分划为伦理，受内心思维决定的部分划为道德[149]。这样的划分比较符合人们的习惯理解，也便于从组织环境和员工修养两方面更准确地把握公益科研机构员工伦理道德约束的实践意义，也就是说，在伦理约束方面更多注重组织的文化环境建设，在道德约束方面更多注重员工的思想品德修养。人们经常强调员工行为要符合组织目标，实际上这种符合性要求本身就是组织运用集体价值观对员工个体行为进

① 引自北京燕山出版社《论语》1995 年版。

② 引自北京燕山出版社《礼记》1995 年版。

行的伦理约束。

按照弗洛伊德的人格结构理论，员工的伦理道德修养应归入超越本我(id)和自我(ego)的超我(super ego)范畴，是员工人格的良心侧面。员工在与社会环境和组织环境的互动和适应过程中，通过内省而形成自觉认识，通过内化而形成思想观念，形成与环境相容的人格要素，这些要素的长期积累对员工内心的伦理道德标准和工作价值观产生恒久影响，依据影响的性质不同而优化或劣化员工的人格结构。

应该承认，由于市场经济、全球化和改革开放等环境条件的复杂影响，我国公益科研机构员工伦理道德变化的轨迹并不是单调向上的，这里有广大科技工作者以造福全人类为宗旨在科学技术公共性伦理道德上的无疆大爱，有他们为中华民族伟大复兴在建设创新型国家进程中顽强拼搏的忘我精神，有他们为创造一流业绩在日常平凡的科研活动中不计报酬不争名利的无私奉献，但也有一些员工因疏于道德修养而有悖于科技服务公共伦理的失范言行[150]。这些失范言行虽然在员工伦理道德修养中只是支流，但其对组织效率的内耗之严重，已成为公益科研机构员工伦理道德约束中种种不容忽视的社会现象。

在公益科研机构员工伦理道德约束实践中，有两方面的伦理道德问题需要予以特别重视。一是对员工士气和组织作风起决定作用的社会伦理道德。员工激励的经济目标是提高组织效率，关于这一点上文已经进行了较多讨论。员工激励的社会目标则是在组织内形成良好的社会风气，为组织经济目标的实现提供有力的伦理保证。在社会伦理道德建设方面，目前公益科研机构还存在不少薄弱环节和不良现象。这些现象存在于公益科研机构中的个别员工和管理者，但对广大员工的士气和整个组织的风气影响很坏。组织内部的风气不正，必然会动摇组织的核心价值理念，使员工不能以高昂的士气投入科研工作，最终使组织的科研工作效率大大降低。组织风气的劣化，组织核心价值理念的混乱，以及由此导致的员工士气低落是阻碍组织健康发展的致命内伤，其影响既深且久，非短期努力所能克服。二是对员工的科研工作态度起决定作用的职业伦理道德。职业伦理道德是社会伦理道德体系中一个重要的组成部分，不同的职业有不同的伦理道德要求。在公益科研机构中，职业伦理道德就是与组织中员工从事的科研活动有关的科技伦理道德，其基本功能是调节员工的科技活动与经济社会环境的关系以及员工之间的相互关系。科技伦理道德是在科技活动中形成的伦理道德精神，反过来又视其适应还是阻碍科技活动的正常进行而对科技生产力的健康发展产生能动性的反作用。科技史上无数事例证明，科学大师们的有所作为无不与他们的科技伦理道德修养有关。自觉地实践为人类造福的最高宗旨，献身科学、严谨治学、勇于创新、团结协作，这些优秀的道德品质既是科学的基本精神，也是当代科技伦理道德的主要规范。公益科研机构要承担起在建设创新型国家进程中的历史重任，必须全面强化员工社会伦理道德约束的同时突出职业特点，强化员工的职业伦理道德约束。

在公益科研机构员工伦理道德约束实践中，榜样的力量是无穷的。20世纪30年代，加拿大医生诺尔曼·白求恩不远万里来到中国，帮助中国人民的抗日战争，后来不幸以身殉职。白求恩医生对工作极端地负责任，对同志对人民极端地热忱，表现出一个国际共产主义战士伟大的革命精神和高尚的伦理道德情操，受到毛泽东的高度赞扬："一个人能力有大小，但只要有这点精神，就是一个高尚的人，一个纯粹的人，一个有道德的人，一个脱离了低级趣味的人，一个有益于人民的人"①。70多年过去了，白求恩医生对同志对人民极端热忱的社会伦理道德和对工作极端负责任的职业伦理道德依然在激励着我国亿万职业者在工作中自觉加强伦理道德修养。今天在公益科研机构中加强员工伦理道德约束，依然需要大力提倡这"两个极端"的伦理道德。

5.3.2　强化伦理道德约束

在公益科研机构中强化员工伦理道德约束，需要正确认识和处理三个关系。

(1) 正确认识员工伦理道德的民族性和时代性。伦理道德作为一种社会现象具有鲜明的民族性，作为一种历史现象又必然具有鲜明的时代性。能在我国员工中存续的伦理道德一定是继承中华民族文化传统的伦理道德，能在现代公益科研机构知识员工中发扬光大的伦理道德一定是符合知识文明时代精神的伦理道德。"凡人之所以为人者，礼义也"，就是说，人不讲礼义即不讲伦理道德约束则与禽兽无别，这个"人之所以为人"具有人类学历史本体论[149]的深刻哲学含义，它既是中华民族伦理道德的传统文化准则，也是现代伦理道德的普世性准则。

(2) 正确认识和处理员工的心性修养与组织的人文教化。用符合组织目标的伦理道德约束员工的思想和行为是员工伦理道德约束的基本任务。这种约束功能的本质在于，员工意识到在自己个体性的感性存在与组织群体性的理性要求之间存在矛盾，面对现实的矛盾压力，员工愿意并自觉地牺牲自己的某些利益和快乐来服从组织的目标要求。为了达到这种意愿和自觉的自律境界，在公益科研机构伦理道德约束中，既需要员工层面的心性修养，在牺牲自己的利益和快乐上从不自愿到逐渐自愿；也需要组织层面的人文教化，在教育和感化的过程中促使员工逐渐形成伦理道德意义上的自由意志。

(3) 正确处理员工与管理者共同和相互的伦理道德约束。伦理道德约束的自觉、自愿和自律特点使其在约束的对象性上表现为对员工和管理者的共同约束，表现为他们之间的相互约束。在公益科研机构中，员工和管理者之间既存在组织管理和科研活动意义上的生产关系，也存在伦理道德等意识形态

① 引自毛泽东《纪念白求恩》。

意义上的思想关系。共同的组织目标要求员工和管理者自觉服从共同的伦理道德约束，既没有员工可以例外，也没有管理者可以例外，凡有例外行为者均有悖于组织共同的伦理道德。为了提高伦理道德约束的共同性水平，组织中的管理者与员工需要保持密切的心灵沟通，在沟通中相互理解、相互约束，在相互约束中实现共同约束。一些公益科研机构的伦理道德约束机制之所以收效甚微，一个重要原因就是主要管理者放松了对自己的自律，不重视与员工的沟通交流，当然也听不进员工的呼声，其结果必然是既约束不了自己，实际上也约束不了员工。

在员工伦理道德约束方面，近年来已成为国内外研究热点的组织公民行为(organization citizenship behavior，OCB)理论值得借鉴。该理论研究组织内员工虽未被正规报酬体系直接明确规定但有助于提高组织效能的行为，这些行为一般超出了员工的职责描述，完全出于员工个人意愿，既与正式奖励制度无关，又不属于员工在组织内的角色要求，是员工自觉的个体行为。组织公民行为的内容还在不断丰富，经典理论认为应包括 5 项基本要素，即利他行为、尽职行为、运动员精神、谦恭有礼和公民道德。利他行为指员工愿意主动花时间帮助同事完成任务或防止同事发生错误；尽职行为指员工的表现超过组织的基本标准要求，能够尽早规划自己的工作并设定完成时间；运动员精神指员工在不如意的环境中不抱怨，仍能忠于职守，以积极的态度去面对，并愿意为了团体的利益而牺牲个人利益；谦恭有礼指员工用尊敬的态度对待别人；公民道德是指员工主动关心并积极参加组织的各种活动，包括主动阅读组织内部文件，关心组织重大事件，以及对组织发展提出建议等。在这些基本要素中，组织公民道德显然属于这里所论的伦理道德范畴，从上文描述可见，其他 4 项要素也并未超出组织员工的伦理道德范畴。组织公民行为强调员工行为的自觉性和非角色性，这正是伦理道德约束的核心所在。虽然学术界对组织公民行为的内涵、外延和作用还有争议，但是总的来看，联系员工伦理道德约束实践在公益科研机构研究和提倡组织公民行为，有助于员工的伦理道德水平和组织效率的提高。

第 7.2 节结合本节讨论对某公益科研机构组织文化建设中的伦理道德约束问题进行了实例研究。

5.4 制度规范约束

5.4.1 制度规范约束的优势

组织的伦理道德是一个体系，它包括三个层面，第一是为处理人际关系而进行的伦理道德活动，第二是反映这些活动的心理过程和观念的伦理道德意识，第三是作为行为标准、要求人们遵循的伦理道德规范[132]。可见，在公益科研机构员工伦理道德约束的意义上说，制度规范可以看作是伦理道德活动和伦理道德意识的凝练和固化，制度规范约束实际上是伦理道德意识和伦理道德活动的自然延伸。

从理论上说，员工约束机制需要面对的不仅仅是伦理道德约束问题，前者的外延要比后者宽泛得多。员工的工作方向偏离组织的大目标需要约束，员工的工作业绩达不到组织的要求需要约束，员工的工作质量达不到服务对象的质量要求需要约束，员工的利益要求超出了组织的提供能力也需要约束等，这些约束一般并不涉及伦理道德问题。但是从目前公益科研机构员工约束的实践来看，许多亟待约束的思想和行为的确属于伦理道德问题，许多看似不相关的现象仍有伦理道德方面的深层次原因，因此在研究制度规范约束时仍应对涉及伦理道德的制度规范予以特别关注。

制度规范的功能天然就是为了约束，运用带强制性的约束方式规范人们的行为，调整人与人的关系。与舆论宣传、说服教育、经济处罚、纪律处分等约束方式相比，制度规范约束具有明显优势。一是稳定性。制度规范不像普通的管理行为那样就事论事，一般都是组织在总结多年管理实践经验的基础上制定的，因而其约束力度十分稳定。所谓照章办事，就是说制度规范可以在较长时期内约束员工的思想和行为。二是严密性。制度规范采用正式的书面文件形式，从起草到生效有一套严格的制定程序，章节条款结构严谨，就连行文也采用十分正式的法规体，这些都有利于保证制度规范的严密性。三是广泛性。内容广泛，凡组织正常运行需要的内容应有尽有，以求健全。对象广泛，除了专项的制度规范以外，一般面向组织的全体员工。四是强制性。这是制度规范最根本的特点。制度规范一旦形成就必须执行，不管约束对象主观感受如何。即使有明显的不合理，也要待下次修订才能废止或修改。

5.4.2 制度规范约束软化问题

经过多年的积累，目前我国公益科研机构一般都已形成相当完备的制度规范体系，手册类的规范性文件且不说，仅行政管理、科研管理、党务管理等类制度性文件一般也都已汇编成厚厚几大本，洋洋数十万言。约束力所及的事项涉及组织中各项工作的方方面面，所涉及的人员包括从一把手到新员工在内的所有员工。然而从实际效果看，我国公益科研机构的制度规范约束还很不到位，制度规范约束软化是目前员工约束机制中普遍存在的突出问题。

(1) 制度规范制定过程上的程序性软化。严格的制定程序本来是制度规范约束优势的一个重要原因，但是近年来在公益科研机构中，这种优势因为制定程序不再那么严谨而有所削弱。有时是为了显示开展某项活动的成效，有时是为了表示对贯彻某次会议精神高度重视，有时是为了落实某位领导的重要指示，组织对相关制度规范的制定或修订过于频繁,结果是老的版本没有落实到位,新的版本没有得到员工的深刻理解,两个版本都起不到应有的作用。程序性软化的另一种表现是忽视员工的民主参与,由少数笔杆子闭门造车。这有时是因为制度规范制定或修订的时间过于紧迫,有时则反映出组织对制定或修订过程的草率。无论是哪一种情况,由于这些制度规范有的需要员工直接执行,有的需要员工监督执行,如果没有他们的充分参与,需要员工直接执行的无法实现员工的自我检查和督促,需要员工监督执行的则得不到员工的理解和支持,其结果都会使有关制度规范的执行效果大打折扣。

(2) 制度规范对不同层次员工实际约束力的差别性软化。在制度规范的执行上存在不同层次的约束力软化,对新员工约束严,对老员工约束松;对普通员工约束严,对管理者特别是高层管理者约束松,对最高管理者实际上没什么约束,结果是上行下效,使制度规范约束在很多方面形同虚设。对管理者的制度规范约束软化是一个认识问题。在公益科研机构中,管理者是一种具有行政级别、拥有一定管理权力的准公务员角色。由于公益科研机构的科研工作性质,管理者无论是作为从事非科研主流业务工作的辅助人员,还是作为为科研一线提供服务的保障人员,都应该比科研一线的员工受到更多的制度规范约束。但是目前的实际情况是角色严重错位,管理者往往成了代表组织约束一线员工的监督者,有些管理者甚至沾染了官场的不良习气,这种状况加上在管理者队伍上实际存在的能上不能下、能进不能出现象,使员工在职务升迁和进取努力上的价值观发生扭曲,对鼓励员工献身科研产生不利影响。在管理者制度规范约束软化中最严重的是对最高管理者约束的软化。最高管理者作为组织的一把手,握有组织的最高管理权,理应受到最严格的制度规范约束。但是目前的实际情况是最高管理者约束严重缺位,一把手们往往并不喜欢自觉接受约束,有些甚至喜欢关起门来称王称霸,喜欢部下的吹拍奉迎,加上有些下级管理者出于自私的功利目的而投其所好,使组织的最高管理权在不受约束的条件下运行,形成滋生腐败现象的一个重要原因。

(3) 制度规范对全体员工实际约束力的普遍性软化。制度规范约束的普遍性软化表现在两个方面。一是制度规范内容本身的普遍性,在卷帙齐整的制度规范体系中,有相当多的内容实际上没有发挥应有的约束力。表面上看,从考核指标到组织文化、员工行为准则等都有一系列颇为完整的条条框框,关于"必须做到"、"坚决禁止"之类的文件层出不穷,但一些组织对这些文件既不认真执行也不经常检查,到头来条条框框变成党八股,使制度规范约束流于形式。二是约束对象上的普遍性。由于上行下效或形式主义等原因,制度规范没有形成应有的权威,即使有的员工出现违反制度规范的不当行为,往往也终因法不责众而不了了之。

制度规范约束软化的上述种种现象之间存在有机联系,关键在于管理者特别是主要管理者在员工制度规范约束问题上的态度和作风。如果主要管理者高度重视制度规范约束在组织管理中的作用，在制度规范制定过程中严格按程序办事并认真组织广大员工的民主参与，那么制度规范约束的程序性软化就一定会得到遏制。如果主要管理者严格自律并自觉接受员工的监督，那么他们的以身作则必然会无令自威，仅靠上行下效就足以使制度规范在执行力度上的约束软化得到很大克服。

基于制度规范的强制性根本特点，制度规范约束软化的不良影响也是基础性的。制度规范约束软化现象既影响工作绩效约束的实际效果，也动摇伦理道德约束的文化根基，如不及时纠正，最终将使组织的员工约束机制陷于崩溃。目前我国公益科研机构在管理者中并不十分少见的贪污、回扣、行贿受贿、公款消费、索取非货币收益等隐蔽违规现象，在员工中更不少见的偷懒怠工、搭便车等投机行为，说明强化员工约束特别是制度规范约束已经成为员工激励系统建设中一项紧迫任务。

5.5 基于委托-代理理论的激励-约束机制设计

为了保证员工激励系统动力机制的效果，保证员工目标与组织目标的一致性，需要适当约束员工的行为方式和努力方向。以下在第 4 章动力机制和本章约束机制论述的基础上，按照委托-代理理论的基本框架来研究员工激励系统中激励和约束机制的有效性和最优化设计问题。在以下的讨论中，委托人指公益科研机构的管理者，代理人指员工。

为了简化问题，我们在模型中首先考虑工作报酬动力的激励，然后再加进工作绩效约束，对动力机制和约束机制的其他构成要素将在价值货币化的基础上做类似讨论。由于工作绩效既是员工激励系统中动力机制的要素又是其约束机制的要素，本节前一部分关于绩效激励的内容原则上也适用于解释员工约束机制。

5.5.1 委托-代理模型的一般形式

我们先给出一个参数化的简化 H-M（Holmstrom and Milgrom）委托-代理模型。

5.5.1.1 变量及函数的含义

$A=\{a\}$，a 是代理人可选择的一个行动。在大多数有关模型中，a 被简单地假定为代表员工工作努力水平的一维变量。但理论上，a 可以是一个多维的决策变量。

θ 是不受代理人和委托人控制而由“自然”决定的外在随机变量，Θ 是 θ 的取值范围，$g(\theta)$ 是 θ 的密度函数。

$x(a,\theta)$是由代理人的实际行动 a 及已实现的外在变量 θ 产生的一个可观察的结果。

$\pi(a,\theta)$是与结果 $x(a,\theta)$对应(等价)的货币收入。

一般生产实践表明，$\frac{\partial\pi}{\partial a}>0$，$\frac{\partial^2\pi}{\partial a^2}\leqslant 0$

$s(x)$是由委托人和代理人双方签订激励-约束合同。

$c(a)$是代理人采取行动 a 后产生的成本。

$v(\pi-s(x))$为委托人的效用函数。

$u(s(x)-c(a))$为代理人的效用函数。

假定委托人、代理人都是风险规避或风险中性的，即，$v'>0$，$v''\leqslant 0$，$u'>0$，$u''\leqslant 0$(当 $v''=0$，$u''=0$ 时，分别称委托人、代理人为风险中性的)。

$\bar{u}$ 是代理人的保留效用，为代理人不接受合同时，可以从其他市场机会所得到的最大期望效用。

5.5.1.2　模型

由以上假设可知委托人的期望效用函数

$$\int v(\pi(a,\theta)-s(x(a,\theta)))g(\theta)\mathrm{d}\theta \tag{5.1}$$

代理人的期望效用函数：

$$\int u(s(x(a,\theta)))\ g(\theta)\mathrm{d}\theta-c(a) \tag{5.2}$$

这样，委托-代理双方关于合同 $s(x(a,\theta))$的谈判构成以下约束-极值问题，记为 P_1：

$$\begin{cases}\max\limits_{a,s}\int_{\Theta} v(\pi(a,\theta)-s(x(a,\theta)))g(\theta)\mathrm{d}\theta & (P)\\ \text{s. t.}\int_{\Theta} u(s(x(a,\theta)))g(\theta)\mathrm{d}\theta-c(a)\rightarrow\bar{u}\geqslant 0 & (\text{IR})\\ \max\limits_{a}\int_{\Theta} u(s(x(a,\theta)))g(\theta)\mathrm{d}\theta-c(a) & (\text{IC})\end{cases} \tag{5.3}$$

5.5.2　公益科研机构工作绩效激励的委托-代理模型

在公益科研机构中，主要不以追求盈利为目的，而是追求科研产出的最大化，一般是有一个上限控制的货币投入量，在控制范围内并不重视代理人总体支出的最小化，一般实行固定工资制。这样，我们可对各变量及函数做如下具体假设：

(1) 设生产函数满足：$\frac{\partial^2\pi}{\partial a^2}=0$，$\frac{\partial^2\pi}{\partial\theta^2}=0$，即有 $\pi=a+\theta$；

(2) 外在随机变量 $\theta \sim N(0,\sigma^2)$；

(3) 委托人是风险中性的，$v'>0$（不妨设 $v'=1$），$v''=0$，从而 $v(\pi(a,\theta))=a+\theta$，并且 $E(v)=a$；

(4) 合同 $s(\pi)$以固定报酬 α（与绩效 π 无关）为主要部分，并以适当绩效激励系数 β 对绩效 π 进行激励，即有 $s(\pi)=\alpha+\beta\pi$，其中 $0\leqslant\beta\leqslant\beta_0$，$\beta_0$ 是由预算约束决定的委托人有能力支付的最大绩效激励系数；

(5) 假定代理人是绝对风险规避的，即其效用函数具有特征 $u'>0$，$u''<0$，$u\leqslant U_0$。故可设 $u(\omega)=\overline{U}_0-e^{-\rho\omega^o}$，其中，$\omega^o$ 为代理人的实际确定性货币收入；

(6) 假设代理人的成本函数为

$$c(a)=\frac{1}{2}a^2$$

(7)代理人的实际货币收入：

$$\omega=s(\pi)-c(a)=\alpha+\beta(a+\theta)-\frac{1}{2}a^2 \tag{5.4}$$

下面求出期望效用对应的确定性等价收入。

已知，

$$u(\omega)=\overline{U}_0-e^{-\rho\omega}=\overline{U}_0-e^{-\rho(\alpha+\beta a-\frac{1}{2}a^2+\beta\theta)} \tag{5.5}$$

所以，

$$\begin{aligned}E(u)&=\frac{1}{\sqrt{2\pi}\sigma}\int(\overline{U}_0-e^{-\rho(\alpha+\beta a-\frac{1}{2}a^2+\beta\theta)})e^{-\frac{\theta^2}{2\sigma^2}}\mathrm{d}\theta\\&=\overline{U}_0-e^{-\rho(\alpha+\beta a-\frac{1}{2}a^2)}\int e^{-\rho\beta\theta-\frac{\theta^2}{2\sigma^2}}\mathrm{d}\theta=\overline{U}_0-e^{-\rho(\alpha+\beta a-\frac{1}{2}a^2)}\int e^{\frac{(\theta+\sigma^2\rho\beta)^2}{2\sigma^2}-\frac{1}{2}\rho^2\sigma^2\beta}\mathrm{d}\theta \qquad (5.6)\\&=\overline{U}_0-e^{-\rho(\alpha+\beta a-\frac{1}{2}a^2-\frac{1}{2}\rho\sigma^2\beta^2)}\end{aligned}$$

期望效用 $E(u)$对应的货币收入 $\omega^o=\alpha+\beta a-\frac{1}{2}a^2-\frac{1}{2}\rho\sigma^2\beta^2$ (5.7)

被称为确定性等价收入，其受方差 σ^2、风险规避系数 ρ 及激励系数（风险承担系数）的影响。

这样，一般模型中的优化问题变为具有公益科研机构生产-分配特征的如下优化问题 P_2。

$$\begin{cases}\max\limits_{\alpha,\beta,a}\{a\}E(v)=a=\int v(\pi(a,\theta))\frac{1}{\sqrt{2\pi}\sigma}e-\frac{\theta^2}{2\sigma^2}\mathrm{d}\theta & (P)\\ \text{s.t. } \overline{U}_0-e^{-\rho(\alpha+\beta a-\frac{1}{2}a^2-\frac{1}{2}\rho\sigma^2\beta^2)}\geqslant\overline{U} & (\mathrm{IR})\\ \max\limits_{a}(\overline{U}_0-e^{-\rho(\alpha+\beta a-\frac{1}{2}a^2-\frac{1}{2}\rho\sigma^2\beta^2)}) & (\mathrm{IC})\end{cases} \tag{5.8}$$

由 $U_0-e^{-\rho\omega}$ 的单调增性，问题 P_2 等价于问题 P_3：

$$\begin{cases}\max\limits_{\alpha,\beta,a} a & (P)\\ \text{s.t. } \alpha+\beta a-\dfrac{1}{2}a^2-\dfrac{1}{2}\rho\sigma^2\beta^2\geqslant\bar{\omega} & (IR)\\ \max\limits_{a} \alpha+\beta a-\dfrac{1}{2}a^2-\dfrac{1}{2}\rho\sigma^2\beta^2 & (IC)\end{cases} \tag{5.9}$$

5.5.3 激励模型求解

5.5.3.1 对称信息情形下模型的解

委托-代理模型是为分析非对称信息情形下的最优合同而建立的。公益科研机构员工激励-约束问题是一个典型的非对称信息问题，但是作为分析的第一步，我们先讨论对称信息情形下的最优合同，这对理解员工激励问题的实质是很有帮助的。

在对称信息情形下，代理人的努力水平 a 是可观察的，或自然状态 θ 是已知的。此时委托人可以根据观测到的 a 对代理人实行激励和约束，即合同可以建立在行动之上，只须满足参与约束(IR)，激励相容约束(IC)不起作用。在一般营利性组织中，由于追求利润最大化，使得参与约束 IR 由不等式转为等式，从而产生如下等式约束优化问题。

$$\begin{cases}\max\limits_{\alpha,\beta,a} a\\ \text{s.t. } \alpha+\beta a-\dfrac{1}{2}a^2-\dfrac{1}{2}\rho\sigma^2\beta^2-\bar{\omega}=0\end{cases} \tag{5.10}$$

因为是等式约束，这一问题可由 Largrange 乘子法则简单求解，也可以从后一式中求出 a，再代入第一式后求极值。

分析第二式：

$$\Delta=\beta^2+2(\alpha-\bar{\omega})-\rho\sigma^2\beta^2=(1-\rho\sigma^2)\beta^2+2(\alpha-\bar{\omega}) \tag{5.11}$$

结论 1：对于代理人，当由风险系数 ρ，方差 σ^2，激励因子 β 耦合决定的风险因素时，如果 $\rho\sigma^2>1$，固定收入 α 低于保留收入 $\bar{\omega}$，则代理人参与约束(IR)不满足，此时，无论激励因子多强，代理人都不倾向于选择合同 $s=\alpha+\beta a$。

如果风险因素 $\rho\sigma^2=1$，固定报酬 $\alpha=\bar{\omega}$，则无论如何选取，代理人都可接受该合同，并为其付出相应的努力 $a^*=\beta$，此时代理人的最大收益为 $\max a=a^*$。

假定风险因素 $0<\rho\sigma^2<1$，如果 $\beta^2\geqslant\dfrac{2(\bar{\omega}-\alpha)}{1-\rho\sigma^2}$，则对代理人的一个被观察到的行动 a^*，委托人可以提供两种合同：

$$a^* = \beta - \sqrt{(1-\rho\sigma^2)\beta^2 + 2(\alpha - \bar{\omega})} \tag{5.12a}$$

$$a^* = \beta + \sqrt{(1-\rho\sigma^2)\beta^2 + 2(\alpha - \bar{\omega})} \tag{5.12b}$$

结论 2：对于委托人，因为代理人行为已定为 a^*，委托人最优期望收益也被确定为 a^*，委托人此时的理性选择仅是侧重于降低委托人支出。

由①或者②可得，$(1-\rho\sigma^2)\beta^2 + 2(\alpha - \bar{\omega}) = \beta^2 - 2a^*\beta + a^{*2}$，解之，β有两种取值：

$$\beta_1 = \frac{1}{\rho\sigma^2}\left(a^* - \sqrt{(1-\rho\sigma^2)a^{*2} + 2\rho\sigma^2(\alpha - \bar{\omega})}\right) \tag{5.13}$$

$$\beta_2 = \frac{1}{\rho\sigma^2}\left(a^* + \sqrt{(1-\rho\sigma^2)a^{*2} + 2\rho\sigma^2(\alpha - \bar{\omega})}\right) \tag{5.14}$$

其中，要求，$\alpha \geqslant \bar{\omega} - \frac{1-\rho\sigma^2}{2\rho\sigma^2}a^{*2}$

降低委托人支出合同（Ⅰ）：

$$\begin{cases} \min\limits_{\alpha,\beta} \quad \alpha + \beta a^* \\ \text{s.t.} \quad \beta = \dfrac{1}{\rho\sigma^2}\left(a^* - \sqrt{(1-\rho\sigma^2)a^{*2} + 2\rho\sigma^2(\alpha - \bar{\omega})}\right) \end{cases} \tag{5.15}$$

即 $\min\limits_{\alpha} \alpha + \frac{a^{*2}}{\rho\sigma^2} - \frac{a^*}{\rho\sigma^2}\sqrt{(1-\rho\sigma^2)a^{*2} + 2\rho\sigma^2(\alpha - \bar{\omega})}$，记上式为 $\Gamma_1(\alpha)$

因为 $\frac{\partial \Gamma_1}{\partial \alpha} = 1 - \frac{a^*}{\sqrt{(1-\rho\sigma^2)a^{*2} + 2\rho\delta^2(\alpha - \bar{\omega})}}$，令 $\frac{\partial \Gamma_1}{\partial \alpha} = 0$，使

$$\sqrt{(1-\rho\sigma^2)a^{*2} + 2\rho\sigma^2(\alpha - \bar{\omega})} - a^* = 0$$

解之，得 $\alpha_* = \bar{\omega} + \frac{1}{2}a^{*2}$，又因为 $\frac{\partial^2 \Gamma_1}{\partial \alpha^2} = \rho\sigma^2 a^*\left[(1-\rho\sigma^2)a^{*2} + 2\rho\sigma^2(\alpha - \bar{\omega})\right]^{-\frac{3}{2}} > 0$

从而 $\alpha_* = \bar{\omega} + \frac{1}{2}a^{*2}$ 为极小值点，代入相应的 β 中使 $\beta_1 = 0$，得到最小支出合同 $s_1(\pi) = \bar{\omega} + \frac{1}{2}a^{*2}$。

上述推导表明，如果代理人努力水平已被观察到，委托人的目标收益被确定，则委托人倾向于与代理人签订最低固定工资合同，而使代理人的确定收益正好是 $\bar{\omega}$。

降低委托人支出合同（Ⅱ）：

$$\begin{cases} \min\limits_{\alpha,\beta} \alpha + \beta a^* \\ \text{s.t.}\ \beta = \dfrac{1}{\rho\sigma^2}\left(a^* + \sqrt{(1-\rho\sigma^2)a^{*2} + 2\rho\sigma^2(\alpha - \bar{\omega})}\right) \end{cases} \tag{5.16}$$

即$\min_{\alpha}\Gamma_2(\alpha)=\alpha+\frac{1}{\rho\sigma^2}\left(a^*+\sqrt{(1-\rho\sigma^2)a^{*2}+2\rho\sigma^2(\alpha-\bar{\omega})}\right)$

因为

$$\frac{\partial\Gamma_2}{\partial\alpha}=1+\frac{a^*}{\sqrt{(1-\rho\sigma^2)a^{*2}+2\rho\sigma^2(\alpha-\bar{\omega})}}>0$$

$$\frac{\partial^2\Gamma_2}{\partial\alpha^2}=-\rho\sigma^2a^*\left[(1-\rho\sigma^2)a^{*2}+2\rho\sigma^2(\alpha-\bar{\omega})\right]^{\frac{3}{2}}<0$$

所以，在 α 取最小值 $\alpha_*=\bar{\omega}-\frac{1-\rho\sigma^2}{2\rho\sigma^2}a^{*2}$ 相应地，$\beta^*=\frac{a^*}{\rho\sigma^2}$ 时 $\Gamma_2(\alpha)$ 可实现最小

$$\min_{\alpha}\Gamma_2(\alpha)=\bar{\omega}+\frac{1+\rho\sigma^2}{2\rho\sigma^2}a^{*2}=s_2(\pi)$$

这时，在观察到代理人的努力水平为 a 时，委托人提供给代理人无选择可接受合同：$s(a^*)=\alpha_*+\beta_*a^*$，而由此实现的扣除努力成本和风险成本后的代理人确定性收入仍然为最低保留收入 $\bar{\omega}$，比较两份合同 $s_1(\pi)$ 与 $s_2(\pi)$：$s_2(\pi)-s_1(\pi)=\frac{a^{*2}}{2\rho\sigma^2}$——委托人多支出部分。

对于合同 s_1 和 s_2，代理人的确定性收入都是 $\bar{\omega}$，但委托人对 s_2 多付出的部分，对应于代理人的风险成本 $\frac{1}{2}\rho\sigma^2\beta_*^2=\frac{a^{*2}}{2\rho\sigma^2}$。

一个更复杂的情形是，委托人在保障目标最大化的情况下不完全考虑降低支出，这时将得到更有利于代理人提高期望收入的合同安排，讨论从略。

5.5.3.2　非对称信息情形下模型的解

公益科研机构员工激励问题是典型的非对称信息情形。非对称信息情形是指对代理人的努力水平，委托人是不可完全观测的，只能从其生产结果中得到部分信息。此时模型为

$$\begin{cases}\max\limits_{\alpha,\beta,a} a \\ \text{s.t.}\ \ \alpha+\beta a-\frac{1}{2}a^2-\frac{1}{2}\rho\sigma^2\beta^2-\bar{\omega}\geqslant 0 \quad (\text{IR}) \\ \max\limits_{a}\alpha+\beta a-\frac{1}{2}a^2-\frac{1}{2}\rho\sigma^2\beta^2 \quad (\text{IC})\end{cases} \tag{5.17}$$

由条件(IC)及 $a=\beta$ 代入(IR)中及条件：$\frac{1}{2}(1-\rho\sigma^2)\beta^2+(\alpha-\bar{\omega})\geqslant 0$

于是模型变为如下优化问题：

$$\begin{cases}\max\limits_{\alpha,\beta}\beta \\ \text{s.t.}\ \ \frac{1}{2}(\rho\sigma^2-1)\beta^2+\alpha-\bar{\omega}\geqslant 0 \quad (\text{IR})\end{cases} \tag{5.18}$$

采用 Largrange 乘子法则可知，这是一个没有最优解或最优解是$+\infty$的问题，这可以解释为，如果预算许可，委托人自然希望通过提高激励因子 β，并按风险要求相应提高 α 的方式，吸引代理人做出努力 $a^*=\beta$，以达到最大化委托人收益的目的。

结论：如果 $\rho\sigma^2>1$，则(IR)条件要求 $\alpha\geqslant\bar{\omega}+\frac{1}{2}(1-\rho\sigma^2)\beta^2$ 委托人最小支出合同$s(\pi)=\alpha+\beta a=\bar{\omega}+\frac{1+\rho\sigma^2}{2}\beta^2$。

这表明，当风险系数 $\rho\sigma^2$ 偏大时，激励水平 β 越高，代理人承担的风险 $\frac{1}{2}\rho\sigma^2\beta^2$ 越大，故而要求固定支出部分 $\alpha>\bar{\omega}$，以规避代理人的收益风险。此时代理方的确定性收益：

$$\alpha+\beta a-\frac{1}{2}\rho\sigma^2\beta^2-\frac{1}{2}a^2=\bar{\omega} \tag{5.19}$$

期望收益为

$$\bar{\omega}+\frac{1}{2}\rho\sigma^2\beta \tag{5.20}$$

其中，$\frac{1}{2}\rho\sigma^2\beta^2$ 部分即为风险收益，β越大，委托方目标收益越高，支出越大，代理人固定收入或期望收入越高，但须付出更大的努力成本，并承担更大的确定性收入风险。

如果 $\rho\sigma^2=1$(临界风险)，(IR)要求 $\alpha\geqslant\bar{\omega}$ 委托人最小支出合同 $s(\pi)=\alpha+\beta a=\bar{\omega}+\beta^2$ 代理人确定性收益为 $\bar{\omega}$，代理人期望收益为 $\bar{\omega}+\frac{1}{2}\beta^2$。

合同中多于 $\bar{\omega}$ 的部分为激励代理人付出行动 $\alpha=\beta$ 时付出的努力成本 $\frac{1}{2}\beta^2$ 和风险成本 $\frac{1}{2}\beta^2$。

如果 $0<\rho\sigma^2<1$，即风险系数偏小，此时(IR)条件要求 $\alpha\geqslant\bar{\omega}+\frac{1}{2}(1-\rho\sigma^2)\beta^2$，或$\beta^2\geqslant\frac{2(\bar{\omega}-\alpha)}{1-\rho\sigma^2}$

因为$\frac{\partial\beta^2}{\partial\alpha^2}=-\frac{2}{1-\rho\sigma^2}<0$，委托人可以通过降低合同中固定报酬 α，并提高绩效激励系数 β 的办法，激励代理人提高努力水平 $\alpha=\beta$。只要委托人选择了 $\alpha<\bar{\omega}$，就要提高激励水平 β 到 $\beta^2\geqslant\frac{2(\bar{\omega}-\alpha)}{1-\rho\sigma^2}$。此时，委托方最小支出合同 $s(\pi)=\bar{\omega}+\frac{1+\rho\sigma^2}{2}\beta^2=\alpha+\beta a$ 代理人确定性收益为 $\bar{\omega}$，期望收益为

$$\bar{\omega}+\frac{1}{2}\rho\sigma^2\beta \tag{5.21}$$

式(5.19)~式(5.21)说明,代理人的风险大,期望收益就大,风险小,期望收益就小,而确定性收益均满足 $\bar{\omega}$,这符合公益科研机构的管理实践。

5.5.4 复合动力要素的激励模型

综上所述,在信息非对称,即代理人的努力水平不可完全观测时,代理人在激励相容条件(IC)的作用下,将自动选取努力水平 $\alpha=\beta$。所以,如果公益科研机构中的委托人采取完全的固定工资 α 的管理方式使 $\beta=0$,则代理人将使 $a=0$,即代理人由于其收入与努力水平 a 无关,自然会放弃任何工作努力,最后造成委托人的目标最大化收益也为 0,这就是所谓的激励冲突问题。

但是,这一结论不符合公益科研机构的管理实践。许多公益科研机构除了采用除固定报酬 a 之外并无货币化激励 βa 的管理方式,但这些机构一般还是有一定的收益 $\pi(a,\theta)$。从模型出发解释这一现象,主要有两方面的原因。

一是,虽然货币化工作报酬动力系数 $\beta=0$,但一般公益科研机构的产出 $\pi(a,\theta)>0$ 反证出,在员工激励系统中存在一些货币化工作报酬之外的其他动力要素。设这一动力要素为因子 γ,则原则上 γ 与代理人付出努力 a 产生的结果 π 有关,也与体现在外生变量中的各种环境因素有关,即 $\gamma=\gamma(a,\theta)$。

这些除货币化工作报酬之外的其他动力要素正是本书第 4 章中阐述的知识进取、职务晋升、工作环境和人际关系等其他动力要素。理论上,我们可以采用某种办法把这些动力要素的激励效果等价于一定的货币量。如果用线性化方式简化这一问题,则代理人的等价化货币收益为

$$\omega=\alpha+\beta a+\gamma(\pi,\theta)a-\frac{1}{2}a^2 \tag{5.22}$$

其中,$\alpha+\beta a$ 是净货币收益,而是 γa 由知识进取、职务晋升、工作环境和人际关系等其他动力要素构成的复合激励因子 $\gamma(a,\theta)$ 产生的溢价虚拟收益。在采用固定工作报酬而 $\beta=0$ 的公益科研机构,其产出 $\pi(a,\theta)>0$ 正是由 $\gamma>0$ 造成的。

我们由此得到以下改进的委托-代理模型:

$$\begin{cases}\max\limits_{\alpha,\beta,\gamma,a} a \\ \text{s.t.}\ \ \alpha+\beta a+\gamma(a,\theta)a-\frac{1}{2}a^2-\varphi(\rho,\beta,\gamma,\sigma^2)-\bar{\omega}\geqslant 0 \\ \quad\quad \max\limits_{a}\alpha+\beta a+\gamma(a,\theta)a-\frac{1}{2}a^2-\varphi(\rho,\beta,\gamma,\sigma^2)\end{cases} \tag{5.23}$$

其中,$\varphi(\rho,\beta,\gamma,\sigma^2)$是由随机变量与代理人避险常数 ρ 决定的风险量。

由于由知识进取、职务晋升、工作环境和人际关系等其他动力要素构成的复合

激励因子 $\gamma=\gamma(a,\theta)$ 一般不是常数，这样的激励结构就不是线性的，这为模型求解造成了困难。为了便于求解该模型，并对其中的参数做出合理解释，我们假定 $\gamma(a,\theta)=\bar{\gamma}$为一常数，这样就可得到简化模型：

$$\begin{cases}\max\limits_{\alpha,\beta,\gamma,a} a \\ \text{s.t. } \alpha+(\beta+\bar{\gamma})a-\dfrac{1}{2}a^2-\dfrac{1}{2}\rho\sigma^2(\beta+\bar{\gamma})-\bar{\omega}\geqslant 0 \\ \max\limits_{a} \alpha+(\beta+\bar{\gamma})a-\dfrac{1}{2}a^2\end{cases} \tag{5.24}$$

于是，我们在前面对没有因子 $\bar{\gamma}$ 的模型求解得到的结果，只需现在用 $\beta+\bar{\gamma}$ 代替前面的 β 即可将它们全部移植到这里，而如果没有工作报酬激励，即 $\beta=0$，则这里的 $\bar{\gamma}$ 就代替了前面 β 的作用。

当由知识进取、职务晋升、工作环境和人际关系等其他动力要素构成的复合激励因子 $\gamma(a,\theta)$不是常数时，虽然得到的非线性模型求解困难，但也从另一方面说明如果在原线性激励模型中加上一定的非线性激励，例如令 $\gamma(a,\theta)=\gamma a^t$，其中 γ 是正常数，$0<t<1$，则又可得到以下模型，

$$\begin{cases}\max\limits_{\alpha,\beta,\gamma_0,a} a \\ \text{s.t. } \alpha+\beta a+\gamma_0 a^t-\dfrac{1}{2}a^2-\varphi(\rho\sigma^2,\beta,\gamma_0)-\bar{\omega}\geqslant 0 \\ \max \alpha+\beta a+\gamma_0 a^t-\dfrac{1}{2}a^2\end{cases} \tag{5.25}$$

对于模型(5.25)，虽然求解会十分困难，但与模型(5.24)进行比较，可以得出一些有意义的结果。限于篇幅，这里不再展开讨论。

二是，对原模型中 $\beta=0$ 时产出 $\pi(a,\theta)=0$ 与一般事实 $\pi(a,\theta)>0$ 不符，还可以有另一种解释。这就是，虽然无工作绩效激励，但许多公益科研机构的管理实践中存在工作绩效约束和其他约束，而这正是我们要在下一小节讨论的内容。

另外，如果公益科研机构委托人将自身的目标函数从只追求科研成果产出，调整为同时最小化对代理人的支付，则原来的优化问题变为

$$\begin{cases}\max\limits_{\alpha,\beta,a} a-(\alpha+\beta a)=(1-\beta)a-\alpha \\ \text{s.t. } \alpha+\beta a-\dfrac{1}{2}a^2-\dfrac{1}{2}\rho\sigma^2\beta^2-\bar{\omega}\geqslant 0 \\ \max\limits_{a} \alpha+\beta a-\dfrac{1}{2}a^2\end{cases} \tag{5.26}$$

则这时的委托人就完全变成了一个追求经济效益的营利机构。关于营利机构委

托-代理模型的文献很多,如张维迎的著作[37]等。

5.5.5 整合绩效激励与绩效约束的公益科研机构委托-代理模型

5.5.5.1 模型的假设与建立

在一般的非对称信息委托-代理模型中,委托人虽然无法观测代理人的努力水平,但可以观测到代理人的产出,而公益科研机构员工的产出过程往往是长期的,其产出往往是不能随时监测的。因此,基本的做法是,在一个合同期内,委托人针对合同中代理人的固定报酬部分 α,对代理人设定一个要求其完成的产出阈值 $\bar{\pi}$。这个阈值 $\bar{\pi}$ 在本节中被称为绩效约束。在公益科研机构中,阈值 $\bar{\pi}$ 一般并非完全刚性。如果代理人确有 $\pi(a,\theta)\leqslant\bar{\pi}$ 情况出现,即使 $\beta=0$,一般也并不对合同 $S=\alpha+\beta a$中的固定部分 α 产生很大影响。这一方面是委托人考虑到了随机因素 θ 对 $\pi(a,\theta)$的影响,因为委托人是风险中性的,而代理人是绝对避险的,因此 $\bar{\pi}$ 应有 $\frac{1}{2}\rho\sigma^2\beta^2$ 的下浮;另一方面是委托人需要营造人性化的管理环境,以实现本书中所论及的伦理道德约束。正是这样一些非绩效化的柔性约束产生的效果,使绝大多数代理人在绝大多数情况下愿意付出足够的努力水平 a,主观上去满足 $\pi(a,\theta)\geqslant\bar{\pi}$。就设定绩效约束的产出阈值 $\bar{\pi}$ 的初衷而言,与两种做法可供选择。

第一种做法:把合同 $S=\alpha+\beta a$ 中的 α 分为两部分,并设定一个系数 $0<\eta<1$。当代理人的实际产出 $\pi(a,\theta)\geqslant\bar{\pi}$ 时,支付足额的 α,并有绩效奖励 βa。实际上,最合理的是 $\beta\pi(a,\theta)$,但为了简化模型求解过程,这里仍用期望收益 $E(\pi)=a$ 代替。当代理人的实际产出 $\pi(a,\theta)<\bar{\pi}$ 时,支付 α 中的部分 $\eta\alpha$,也有相应绩效奖励 βa。此处的 a 在实践中也用实际产出 π 代替。但是实际上,可能尽管代理人付出了足量的努力,其产出 $\pi(a,\theta)\geqslant\bar{\pi}$ 仍是一个随机事件。设 p 是以下概率:

$$p=P\{\pi(a,\theta)\mid\pi(a,\theta)\geqslant\bar{\pi}\} \tag{5.27}$$

由于我们已经假定了 $\pi(a,\theta)=a+\theta$,所以

$$p=P\{\theta\mid a+\theta\geqslant\bar{\pi}\}=P\{\theta\mid\theta\geqslant\bar{\pi}-a\}=\int_{\bar{\pi}-a}^{+\infty}\frac{1}{\sqrt{2\pi\sigma}}e^{-\frac{\theta^2}{2\sigma^2}}\mathrm{d}\theta \tag{5.28}$$

这样,代理人的期望收益为

$$\omega=\left(\alpha+\beta a-\frac{1}{2}a^2\right)p+\left(\eta\alpha+\beta a-\frac{1}{2}a^2\right)(1-p)=\eta\alpha+\beta a-\frac{1}{2}a^2+(1-\eta)\alpha p \tag{5.29}$$

从而我们得到如下委托-代理模型:

$$\begin{cases} \max\limits_{\alpha,\beta,\eta} a \\ \text{s. t.} \quad \alpha+\beta a-\frac{1}{2}a^2-\frac{1}{2}\rho\sigma^2\beta^2 \geqslant \bar{\omega} \\ \max\limits_{a} \eta\alpha+\beta a-\frac{1}{2}a^2+(1-\eta)p\alpha \end{cases} \tag{5.30}$$

第二种做法：设定一个两阶段委托-代理合同。如果代理人完成的实际产出 $\pi(a,\theta)\geqslant\bar{\pi}$，完全支付本期合同规定的报酬 $S=\alpha+\beta a$，并续订下期合同；如果代理人的实际产出 $\pi(a,\theta)<\bar{\pi}$，完全支付本期报酬 $S=\alpha+\beta a$，但不续订下期合同。于是，代理人在本期的期望收益为

$$\omega=\left(\alpha+\beta a-\frac{1}{2}a^2+\alpha\right)p+\left(\alpha+\beta a-\frac{1}{2}a^2\right)(1-p)=\alpha+\beta a-\frac{1}{2}a^2+\alpha p \tag{5.31}$$

式中，$\alpha+\beta a-\frac{1}{2}a^2+\alpha$ 部分是第一期合同所得 $\alpha+\beta a-\frac{1}{2}a^2$ 以及第二期合同鉴定后必得的部分 α 之和。p 是 $\pi(a,\theta)>\bar{\pi}$ 的概率，已在上文确定。

于是，得到委托-代理模型：

$$\begin{cases} \max\limits_{\alpha,\beta,a,\pi} a \\ \text{s. t.} \quad \alpha+\beta a-\frac{1}{2}a^2-\frac{1}{2}\rho\sigma^2\beta^2-\bar{\omega}\geqslant 0 \\ \qquad \max\limits_{a} \alpha+\beta a-\frac{1}{2}a^2+\alpha p \end{cases} \tag{5.32}$$

5.5.5.2 模型求解

模型(5.30)和(5.32)虽然是在绩效约束下两种不同管理思路和方法产生的管理学意义或经济学意义之上似乎不同的两种模型，但从数学上讲，其本质是完全一样的。只要在模型(5.30)中令 $\eta=\frac{1}{2}$，则模型(5.30)立刻变成模型(5.32)。因此，以下我们只求解模型(5.30)。

模型(5.30)第三式对 a 求导后可得 $\beta-\alpha+(1-\eta)\alpha\frac{1}{\sqrt{2\pi}\sigma}e^{-\frac{(\bar{\pi}-a)^2}{2\sigma^2}}=0$，

即

$$a=\beta+\frac{(1-\eta)\alpha}{\sqrt{2\pi}\sigma}e^{-\frac{(\bar{\pi}-a)^2}{2\sigma^2}} \tag{5.33}$$

取 $\bar{\pi}=\beta+\frac{(1-\eta)\alpha}{\sqrt{2\pi}\sigma}$，则可求得上式之一解

$$a^{*} = \beta + \frac{(1-\eta)\alpha}{\sqrt{2\pi\sigma}} \tag{5.34}$$

$\eta=1$ 时，$\alpha^{*}=\beta$，这就是无绩效约束时的情况，a^{*} 是最优努力水平，$0<\eta<1$ 越小，α，β 越大。在无约束模型中，委托人收益只与 β 有关，而在有约束模型中，收益不仅与 β 有关，还与 α 有关。在有约束模型中，代理人将开始重视 α，而且 η 越小，重视程度越高。

这里 $\bar{\pi}$ 即绩效约束阈值。产出阈值 $\bar{\pi}$ 是 α，β 的增函数，方差 σ 的减函数，

$$\frac{\partial\bar{\pi}}{\partial\beta}=1,\frac{\partial\bar{\pi}}{\partial\alpha}=\frac{1-\eta}{\sqrt{2\pi\sigma}}>0,\frac{\partial\bar{\pi}}{\partial\sigma}<0,$$

于是问题(1)变为
$$\begin{cases}\max\limits_{\alpha,\beta,\eta} a \\ \text{s.t.}\quad \alpha+\beta a-\frac{1}{2}a^{2}-\frac{1}{2}\rho\sigma^{2}\beta^{2}\geqslant\bar{\omega}\end{cases} \tag{5.35}$$

或更清楚地表述为下列问题：

$$\begin{cases}\max\limits_{\alpha,\beta,\eta} a\ \beta+\frac{(1-\eta)\alpha}{\sqrt{2\pi\sigma}} \\ \text{s.t.}\ \frac{1}{2}(1-\rho\sigma^{2})\beta^{2}+(\alpha-\bar{\omega})-\frac{(1-\eta)^{2}}{4\pi\sigma^{2}}\alpha^{2}\geqslant 0\end{cases} \tag{5.36}$$

用 Largrange 乘子法则求解公式(5.36)，令

$$L(\alpha,\beta,\eta)=\beta+\frac{1-\eta}{\sqrt{2\pi\sigma}}\alpha+\lambda\left[\frac{1}{2}(1-\rho\sigma^{2})\beta^{2}+(\alpha-\bar{\omega})-\frac{(1-\eta)^{2}}{4\pi\sigma^{2}}\alpha^{2}\right] \tag{5.37}$$

设 η 为参变量，并对 L 求 α，β 得偏导及一阶条件：

$$\begin{cases}\frac{\partial L}{\partial\alpha}=\frac{\bar{\eta}}{\sqrt{2\pi\sigma}}+\lambda-\lambda\frac{\bar{\eta}^{2}}{2\pi\sigma^{2}}\alpha=0 \\ \frac{\partial L}{\partial\beta}=1+\lambda(1-\rho\sigma^{2})\beta=0 \\ \frac{\partial L}{\partial\lambda}=\frac{1}{2}(1-\rho\sigma^{2})\beta^{2}+(\alpha-\bar{\omega})-\frac{\bar{\eta}^{2}}{4\pi\sigma^{2}}\alpha^{2}=0\end{cases} \tag{5.38}$$

为了书写方便，令 $\bar{\eta}=1-\eta$，化简式(5.38)得

$$\alpha^{2}-\frac{4\pi\sigma^{2}}{\bar{\eta}^{2}}\alpha+\frac{4\pi^{2}\sigma^{2}}{\rho\bar{\eta}^{4}}-\frac{1-\rho\sigma^{2}}{\bar{\eta}^{2}\rho\sigma^{2}}4\pi\sigma^{2}\bar{\omega}=0$$

$$\Delta=\frac{16\pi}{\bar{\eta}^{4}}\cdot\frac{1-\rho\sigma^{2}}{\rho}(\bar{\eta}^{2}\bar{\omega}-\pi\sigma^{2}) \tag{5.39}$$

结论：当风险系数 $\rho\sigma^{2}=1$ 或者保留收益 $\bar{\omega}=\pi\left(\frac{\sigma}{1-\eta}\right)^{2}$，委托人最大收益合同

中的固定报酬 $\alpha^*=2\pi\left(\frac{\sigma}{1-\eta}\right)^2=2\bar{\omega}$,相应的激励系数 β 取值：

$$\beta^*=\frac{2\pi\sigma^2-(1-\eta)^2\alpha^*}{(1-\eta)(1-\rho\sigma^2)\sqrt{2\pi}\sigma}=0 \tag{5.40}$$

这是临界状态的情况。说明,只要委托人给出两倍于代理人保留收益 $\bar{\omega}$ 的固定报酬 $\alpha=2\bar{\omega}$,则无论 $\bar{\omega}$ 的大小,都已足以充分鼓励代理人做出最大努力 a^* 而使委托人获得最大收益(委托方仅考虑产出,而不必考虑支出),这时不再需要绩效激励($\beta=0$)。

比较无约束模型的结论 $a^*=\beta$,那时委托人的收益函数是无界的,仅仅受到预算的限制,但其实际大小仅有绩效激励一方面的贡献。而在有绩效约束的模型中,委托人的收益或代理人的努力水平 $a^*=\beta+\frac{1-\eta}{\sqrt{2\pi}\sigma}\alpha$ 不再是无界的,有最大值 $a_M^*=\frac{\sqrt{2\pi}\sigma}{1-\eta}$,但仍然是由于预算的限制,此最大值不一定可以达到,原因是委托人一般不会给予代理人两倍于其保留收益 $2\bar{\omega}$ 的合同。但此模型还是说明了在高风险 $\rho\sigma^2\geqslant1$ 情况下,适当提高合同 $S=\alpha+\beta a$ 中的固定部分 α 使 $\bar{\omega}\leqslant\alpha\leqslant2\bar{\omega}$,并设置一个比较高的绩效阈值 $\bar{\pi}$,可有效地提高委托人收益 a^*,而且收益 a^* 中的贡献来自绩效激励 β 和固定收入 α 两部分。

当风险系数 $\rho\sigma^2<1$ 且 $\bar{\omega}>\frac{\pi\sigma^2}{(1-\eta)^2}$ 或 $0<\eta<1-\sqrt{\frac{\pi}{\bar{\omega}}}\sigma$ 时,委托人最大收益合同中的 α^* 为

$$\begin{aligned}\alpha^*&=\frac{2\pi\sigma^2}{(1-\eta)^2}\pm\sqrt{\frac{1-\rho\sigma^2}{\rho\pi}\left(\bar{\eta}^2\bar{\omega}-\pi\sigma^2\right)}\cdot\frac{2\pi}{\bar{\eta}^2}\\&=\frac{2\pi}{(1-\eta)^2}\left(\sigma^2\pm\sqrt{\frac{1-\rho\sigma^2}{\rho\pi}\left(\bar{\eta}^2\bar{\omega}-\pi\sigma^2\right)}\right)\end{aligned} \tag{5.41}$$

继续求得相应的 β^* 后直接代入 $a^*=\beta^*+\frac{1-\eta}{\sqrt{2\pi}\sigma}\alpha^*$ 后验证,只有

$$a^*=\frac{2\pi}{(1-\eta)^2}\left[\sigma^2-\sqrt{\frac{1-\rho\sigma^2}{\rho\pi}\left(\bar{\eta}^2\bar{\omega}-\pi\sigma^2\right)}\right]<2\bar{\omega} \tag{5.42}$$

才是最大收益对应的合同。

这表明,代理人的风险 $\rho\sigma^2$ 降低(<1)时,可以随之降低合同中的固定报酬部分以及绩效 $\pi<\bar{\pi}$ 时的固定报酬系数 η,并得到

$$\beta^*=\frac{2\pi\sigma^2-(1-\eta)^2\alpha^*}{(1-\eta)(1-\rho\sigma^2)\sqrt{2\pi}\sigma}>0 \tag{5.43}$$

这时,绩效激励和绩效约束同时发挥作用。但还是需要说明,在我们建立的公

益机构委托-代理模型中，由于委托人不考虑经济效益，所以在预算范围内，可以通过增加 α，加大 β 的方式求得科研成果收益的尽量大，但不一定可以达到最大值，这是财力所限。

由于 $\frac{\partial\beta}{\partial\alpha}<0$，所以在合同中加大固定支出 α，就需要降低绩效激励力度 β，这是不奖勤；增加 β 以彰显绩效激励，则需要减小固定报酬 α，这是惩罚懒（绩效阈值 $\bar{\pi}$ 体现的正是这一点），但这要影响所有同类代理人。

5.6 对约束机制的几点讨论

5.6.1 约束机制的一般特点

按照委托-代理理论的观点，在公益科研机构员工激励系统中，组织中的管理者和员工之间的关系属于委托-代理关系，其中对自己的知识、能力、努力程度拥有信息优势的员工一方为代理人，对这些信息的知情程度不如员工一方的管理者一方为委托人；作为代理人的员工会利用自己的信息优势做出有利于自己而偏离组织目标的种种隐蔽违规行为或减少其努力程度的投机行为。在这些情况下，为了保证员工群体的努力以足够大的强度指向组织目标，必须对员工的上述行为予以必要的约束。从约束的实际效果看，员工激励系统的约束机制有两个明显特点：

一是博弈性。由于利益上的不一致和信息上的不对称，对员工实施激励和约束的过程必然同时也是一个博弈过程。关于员工激励系统的博弈机制，第 6 章将做专门讨论，这里主要结合其博弈性特点讨论约束过程本身。

二是动态性。由于员工工作努力的波动性和努力方向的变动性，对员工的激励和约束都不应是静态的。在建立员工约束的委托-代理模型时，应该充分考虑这种动态性。

在建立员工激励系统约束机制动态模型过程中，需要明确以下几点：

(1) 从系统输出效果优化的角度分析，约束机制与激励机制两者之间存在相互作用的关系。随着激励过程的不断推进，激励机制在一定程度上可以出现向约束机制的动态转化，所以在建立约束机制模型的过程中应该考虑相关激励变量的影响。

(2) 约束机制要求组织内所有成员遵守，但是约束效果的有效实现既取决于组织制度、管理体系的完善，也取决于员工遵守制度、服从管理的自觉性。管理者当然希望员工自觉遵守约束机制，但是如果员工不能自觉遵守，要保证约束机制发生作用，就必须支付监督成本。

(3) 在激励系统内，在其他因素保持不变的情况下，对组织成员的约束越多，为保证约束机制有效性而支付的监督成本越高。

5.6.2　约束机制的博弈性

侯光明在建立激励约束模型上做了值得借鉴的积极探索[9]。员工激励系统约束机制的功能是在委托人与代理人的博弈过程中实现的。为了简化问题，这里先讨论静态的约束博弈，即单一阶段的约束博弈过程。

令 θ_A 为委托人在员工约束机制中所处的博弈状态，α 为代理人对约束机制采取的博弈行动，π 为代理人在约束机制作用下的工作产出，则 π 是 α、θ_A 的函数，$\pi=\pi(\alpha,\theta_A)$。

用 j 表示委托人对代理人遵守约束机制的管理行动，则委托人的行为状态 θ_{Aj} 有两个可能的取值，$(j=1)$ 表示监督，$(j=2)$ 表示不监督。

令 θ_B 为代理人在员工约束机制中所处的博弈状态，代理人对约束机制的博弈行动有两种可能的选择：遵守和违背，以 l 表示代理人行为状态的取值，则代理人行为状态 θ_{B_l} 有两个可能的取值，违背约束机制（$l=1$）和遵守约束机制（$l=2$）。

在约束机制有利于实现组织目标的现实情况下，代理人遵守约束机制的程度越高，则其工作的产出水平就越高。在隐蔽违规的投机行为有利于代理人个人效用的现实情况下，如果代理人遵守约束机制，其努力成本将高于其违背约束机制时的努力成本。

在公益科研机构员工激励的环境条件下，代理人偏离组织目标的行动一般表现为隐蔽违规行为，即委托人难以直接觉察的违背约束机制的行为，委托人对代理人隐蔽违规行为的觉察是一种条件概率事件。

假设委托人知道代理人从事隐蔽违规行为的概率为 $p_B(\theta_{B_1}|\theta_{A_j})$，则其不从事隐蔽违规的概率为 $p_B(\theta_{B_2}|\theta_{A_j})=1-p_B(\theta_{B_1}|\theta_{A_j})$。代理人知道委托人监督查处隐蔽违规行为的概率 $p_A(\theta_{A_1}|\theta_{B_l})$，则其不监督查处隐蔽违规行为的概率为 $p_A(\theta_{A_2}|\theta_{B_l})=1-p_A(\theta_{A_1}|\theta_{B_1})$。

令 d_B 为代理人的期望效用；d_A 为委托人的期望效用，β_j 为在第 j 个对策下委托人的约束强度系数，α_l 为代理人的行动对策；$u_{A_{jl}}$ 表示委托人第 j 个对策、代理人第 l 个行动下的效用函数，$u_{B_{jl}}$ 表示代理人第 j 个对策、委托人第 l 个行动下的效用函数，u_{B_0} 为代理人的保留效用。假设在约束博弈中，委托人拥有 r 种约束资源 $(x_1,x_2,\cdots,x_i,\cdots,x_r)$（其中 x_i 表示委托人拥有的第 i 种资源），则

$$d_A=\max_{\beta_j}\left\{\sum_{l=1}^{2}p_B(\theta_{B_l}|\theta_{A_j})\,u_{A_{jl}}(x_1,x_2,\cdots,x_r;\beta_j;\alpha_l;\theta_{A_j};\theta_{B_l});j=1,2\right\} \tag{5.44}$$

$$d_B=\max_{\alpha_l}\left\{\sum_{j=1}^{2}p_A(\theta_{A_j}|\theta_{B_l})\,u_{B_{jl}}(x_1,x_2,\cdots,x_r;\beta_j;\alpha_l;\theta_{A_j};\theta_{B_l})\geqslant u_{B_0};l=1,2\right\} \tag{5.45}$$

在以上对策下,可能的纯战略贝叶斯均衡为下列 4 种情况:

(1)当 $p_B(\theta_{B_1}|\theta_{A_j})>p_B^*(\theta_{B_1}|\theta_{A_j})$,且 $p_A(\theta_{A_1}|\theta_{B_l})<p_A^*(\theta_{A_1}|\theta_{B_l})$ 时,委托人选择加强对代理人遵守约束机制的监督,代理人选择从事隐蔽违规行为,贝叶斯纳什均衡为 $(\beta_{i_1}^*,\alpha_{i_1}^*)$。

(2)当 $p_B(\theta_{B_1}|\theta_{A_j})<p_B^*(\theta_{B_1}|\theta_{A_j})$,且 $p_A(\theta_{A_1}|\theta_{B_l})>p_A^*(\theta_{A_1}|\theta_{B_l})$ 时,委托人选择放松对代理人遵守约束机制的监督,代理人选择不从事隐蔽违规行为,贝叶斯纳什均衡为 $(\beta_{i_2}^*,\alpha_{i_2}^*)$。

(3)当 $p_A(\theta_{A_1}|\theta_{B_l})>p_A^*(\theta_{A_1}|\theta_{B_l})$,且 $p_B(\theta_{B_1}|\theta_{A_j})>p_B^*(\theta_{B_1}|\theta_{A_j})$ 时,代理人选择不从事隐蔽违规行为,委托人选择加强对代理人遵守约束机制的监督,贝叶斯纳什均衡为 $(\beta_{i_2}^*,\alpha_{i_1}^*)$。

(4)当 $p_A(\theta_{A_1}|\theta_{B_l})<p_A^*(\theta_{A_1}|\theta_{B_l})$,且 $p_B(\theta_{B_1}|\theta_{A_j})<p_B^*(\theta_{B_1}|\theta_{A_j})$ 时,代理人选择从事隐蔽违规行为,委托人选择放松对约束执行监督,贝叶斯纳什均衡为 $(\beta_{i_1}^*,\alpha_{i_1}^*)$。

除了以上 4 种情况外,还可能存在混合战略,混合战略的贝叶斯均衡为 $(p_A^*(\theta_{A_1}|\theta_{B_l}),p_B^*(\theta_{B_1}|\theta_{A_j}))$ 与战略组合[$(\beta_{i_1}^*,\alpha_{i_1}^*)$,$(\beta_{i_2}^*,\alpha_{i_1}^*)$,$(\beta_{i_1}^*,\alpha_{i_2}^*)$,$(\beta_{i_2}^*,\alpha_{i_2}^*)$],即委托人以 $p_A^*(\theta_{A_1}|\theta_{B_l})$ 的概率对代理人遵守约束机制进行监督,代理人以 $p_B^*(\theta_{B_1}|\theta_{A_j})$ 的概率从事隐蔽违规行为。

5.6.3 约束机制的动态性

关于约束机制的动态性,可以从以下两个方面理解:

一是约束措施的动态性。这表现为激励与约束的相互转化,即随着激励过程的不断推进,当某种行为已经获得了组织成员的普遍认可,无需再对这种行为给予额外的奖励时,就可以将这些奖励措施转化为约束措施,这是组织管理者希望看到的情况。反之,如果本来以某种措施约束组织成员的行为,但是没有得到组织成员的普遍认可,或者出现隐蔽违规行为概率较高的情况时,就可以将其转化为奖励措施,通过额外的奖励来激发组织成员的这种行为,这表现为约束措施的减少和奖励措施的增加。

二是约束博弈过程的多阶段动态性。一般而言,博弈过程不是通过一次静态博弈就可以完成,而是通过多阶段的动态博弈来实现的。从约束博弈的机理上看,动态的约束博弈过程不只是管理者和被管理者选择博弈行动的过程,也是他们不断修正博弈信念的过程。即管理者和被管理者在给定上一阶段对方博弈状态类型信念的基础上,将会根据贝叶斯法则来各自修正本阶段对对方的类型信念,得出关于对方博弈状态类型的后验信念。

在动态约束博弈过程中,根据第 k 阶段委托人和代理人的行动概率及其所选择的行动,可以计算出他们第 $k+1$ 阶段的行动概率。如第 k 阶段委托人选择行动

$\delta^k_{A_{ij}}$ 的条件概率是 $p(\delta^k_{A_{ij}} \mid \theta^k_{A_1})\left(\sum_{j=1}^{2} p(\delta^k_{A_{ij}} \mid \theta^k_{A_1}) = 1\right)$ 与 $p(\delta^k_{A_{ij}} \mid \theta^k_{A_2})(\sum_{j=1}^{2} p(\delta^k_{A_{ij}} \mid \theta^k_{A_2}) = 1)$，则第 $k+1$ 阶段代理人修正对委托人的类型信念后，将得出关于委托人监督查处隐蔽违规行为的后验概率为

$$p(\theta^{k+1}_{A_1} \mid \theta^{k+1}_{B_l}) = \frac{p(\delta^k_{A_{ij}} \mid \theta^k_{A_1})\, p(\theta^k_{A_1} \mid \theta^k_{B_l})}{p(\delta^k_{A_{ij}} \mid \theta^k_{A_1})\, p(\theta^k_{A_1} \mid \theta^k_{B_l}) + p(\delta^k_{A_{ij}} \mid \theta^k_{A_2})\, p(\theta^k_{A_2} \mid \theta^k_{B_l})} \tag{5.46}$$

于是，第 $k+1$ 阶段代理人修正对委托人的类型信念后，将得出关于委托人不监督查处隐蔽违规行为的后验概率为

$$p(\theta^{k+1}_{A_2} \mid \theta^{k+1}_{B_l}) = 1 - p(\delta^{k+1}_{A_1} \mid \theta^{k+1}_{B_l}) \tag{5.47}$$

同理，第 k 阶段代理人选择行动 $\alpha^k_{B_{il}}$ 的条件概率是 $p(\alpha^k_{B_{il}} \mid \theta^k_{B_1})\left(\sum_{l=1}^{2} p(\alpha^k_{B_{il}} \mid \theta^k_{B_1}) = 1\right)$ 与 $p(\alpha^k_{B_{il}} \mid \theta^k_{B_2})\left(\sum_{l=1}^{2} p(\alpha^k_{B_{il}} \mid \theta^k_{B_2}) = 1\right)$，则第 $k+1$ 阶段委托人修正对代理人的类型信念后，将得出代理人从事隐蔽违规行为的后验概率为

$$p(\theta^{k+1}_{B_1} \mid \theta^{k+1}_{A_j}) = \frac{p(\alpha^k_{B_{ij}} \mid \theta^k_{B_1})\, p(\theta^k_{B_1} \mid \theta^k_{A_j})}{p(\alpha^k_{B_{ij}} \mid \theta^k_{B_1})\, p(\theta^k_{B_1} \mid \theta^k_{A_j}) + (\alpha^k_{B_{ij}} \mid \theta^k_{B_2})\, p(\theta^k_{B_2} \mid \theta^k_{A_j})} \tag{5.48}$$

于是，第 $k+1$ 阶段委托人修正对代理人的类型信念后，将得出代理人不从事隐蔽违规行为的后验概率为

$$p(\theta^{k+1}_{B_2} \mid \theta^{k+1}_{A_j}) = 1 - p(\theta^{k+1}_{B_1} \mid \theta^{k+1}_{A_j}) \tag{5.49}$$

5.6.4　约束机制的有效性

当激励系统中存在约束机制时，组织中作为委托人的管理者希望作为代理人的员工尽可能地遵守相关约束，不要发生隐蔽违规行为。但是代理人往往会受到获取高额个人效用的利益驱动而采取违规行为，其结果是给组织带来损失。隐蔽违规行为产生的条件是：代理人可能不必承担施行隐蔽违规行为的全部后果而获得个人效用。当代理人和委托人的目标不尽一致，而委托人又难以直接观测到代理人的行为结果时，隐蔽违规行为就容易产生。为此，在激励系统中有必要设计有效的约束机制。

5.6.4.1　有效约束的必要条件(公平性条件)

亚当斯公平理论认为，当一个人受到公平合理的待遇时，他会心情舒畅，努力工作；否则，他会感到不公平、不合理而影响工作情绪，甚至采取过激行为。根据公平理论，员工激励系统中的约束机制应符合公平性，即当事人 A 受到的惩罚 O_A 和他造成的损失 I_A 的比率 O_A/I_A 应等于参照人造成的损失与其受到的惩罚的比率 O_B/I_B，即

$$\frac{O_A}{I_A}=\frac{O_B}{I_B}=\frac{O_C}{I_C}=\cdots=k \tag{5.50}$$

其中，k 为任意正数；$O_A=k\cdot I_A$，$(k>0)$。

这就是说，在公平的组织环境里，被惩罚的人所获得的惩罚应该同他造成的损失成正比。

据此定义有效约束的必要条件(公平性条件)为

$$O=k\cdot I,(k>0) \tag{5.51}$$

其中，Q 为代理人受到的惩罚(个人损失)；I 为代理人错误行为给组织造成的损失(如经济损失、信誉损失等)。

5.6.4.2 有效约束的充分条件

根据决策论的期望效用最大化原理，任何理性决策者的行为都可以用某个反映他对未来结果偏好的效用函数以及一个反映他对相关未知因素信念的主观概率分布来描述。当决策者获得新的信息后，他会按照贝叶斯公式的规律修正自己的主观概率。换句话说，决策者总是选择使期望效用较大的事件。

假设代理人隐蔽违规行为被发现的概率为 E_1，不被发现的概率为 E_2，违规行为惩罚对代理人的效用为 α_1，采取隐蔽违规行为对代理人的效用为 α_2。则根据期望效用最大化原理，要使约束机制有效需要有 $\alpha_1\cdot E_1\geqslant\alpha_2\cdot E_2$，即隐蔽违规行为的惩罚大于效用时，就对代理人实行了有效的约束。因此，有效约束的充分条件可以表示为

$$\begin{cases}\alpha_1\cdot E_1\geqslant\alpha_2\cdot E_2\\ E_1>0\\ E_2<1\\ E_1+E_2=1\end{cases} \tag{5.52}$$

5.7 本章小结

本章围绕公益科研机构员工激励系统约束机制的要素、对象和有效运用等问题进行了深入探讨，提出了若干新观点，主要包括：员工约束机制应该整合运用工作绩效、伦理道德和规章制度三大约束要素；员工绩效既是激励员工的基本依据，更是约束员工的基本依据；要特别重视社会伦理道德和职业伦理道德的作用，正确认识员工伦理道德的民族性和时代性，正确认识员工的心性修养与组织的人文教化，正确认识员工与管理者共同和相互的伦理道德约束，提倡组织公民行为；在制度规范约束中，要重点克服约束软化问题，包括制度规范制定过程上的程序性软

化，制度规范对不同层次员工实际约束力的差别性软化，以及制度规范对全体员工实际约束力的普遍性软化。

基于委托-代理理论设计了公益科研机构员工激励-约束机制。克服标准模型仅考虑工作报酬激励的局限性，适应公益科研机构员工激励与约束实践中的各种情况对标准模型做了系统改进，改进后的模型既可以合理解释其他动力因素的作用效果，也可以把约束机制的作用效果做出与动力机制统一的解释。讨论了员工激励系统约束机制的一般特点及其博弈性、动态性和有效性。

6 公益科研机构员工激励系统的博弈机制

在一般情况下，员工激励机制和约束机制并不以纯粹的形式独立存在，而是以种种方式同时或交叉并存。博弈就是二者交叉并存的一种常见的有机结合方式。

博弈是一种古老的社会现象。作为一门科学的现代博弈论产生于20世纪40年代。随着70年代信息经济学即非对称信息博弈论的迅速发展，博弈论自80年代起在西方经济学和管理学领域受到了广泛研究，现已成为西方主流经济学和管理学的一个重要内容。博弈论研究决策主体行为相互间发生直接作用时的决策过程、决策结果及其均衡问题。考虑经济活动中行为主体的选择相互影响，博弈论认为个人选择是其他人选择的函数，换句话说，个人的效用函数不仅决定于他自己的选择，而且在很大程度上也决定于处于博弈过程中的其他伙伴或对手的选择[151,152]。

公益科研机构中的博弈围绕效率与公平两大主题展开。公益科研机构不具备市场上“看不见的手”那样的调控机制，也不具备行政机构令行禁止那样的强制机制，其运行效率基于员工共同的团队式合作努力，因而在很大程度上是一种合作型组织，适用于契约理论和非对称信息博弈论等理论成果。非对称信息博弈论的核心是委托-代理理论，它专门以数学模型方式研究处于非对称信息条件下的委托人和代理人之间的博弈机制。虽然这种理论在研究方法上过于强调数学模型的精巧，在模型的假设条件上又过于严格，以至于在实践上受到很大限制，但它在探讨机制、理清思路方面的贡献还是不容忽视的。

在率先进入知识文明的条件下，由于公益科研机构员工的知识水平和能力普遍较高，他们的物质和精神需求普遍较高和更加多样化，他们在激励契约中期望效用的内涵更加丰富，工作中道德风险问题的类型更加复杂。入职时在知识水平上的差别，特别是在科研工作中学习态度和努力程度的差别，员工的知识和能力差距不断拉大，科研成果和服务的科技含量差异不断扩大，使员工的能力和努力信息在激励系统中的显示方式越来越多元化，甄别这些信息的难度越来越大，使员工激励中的博弈性越来越大，博弈过程越来越复杂。因此，研究公益科研机构员工激励中的博弈机制必将面对更多困难。

本章在前两章分别研究公益科研机构员工激励系统动力机制和约束机制的基础上，研究二者的有机结合——博弈机制，主要研究任务是：

(1) 突出激励系统的心理学特点，研究在我国当前的文化背景和公益科研机构管理的实际条件下，激励行为与效果的博弈性。

(2) 从效率与公平这两个基本问题入手,研究博弈机制在公益科研机构员工激励中的实际运用。

(3) 运用贝叶斯模型研究员工激励中的博弈决策问题。

本章研究思路如图 6.1 所示。

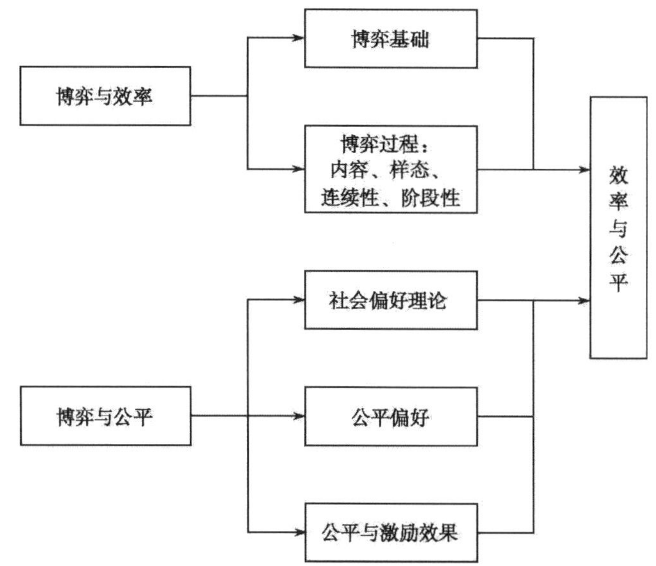

图 6.1　公益科研机构员工激励系统博弈机制研究思路

6.1　博弈与效率

6.1.1　员工在博弈中的决定性作用

公益科研机构的知识产出量不仅取决于知识投入等技术因素,而且也取决于组织和员工的决策因素。组织中与知识生产有关的各种变量,一部分由组织中的管理者控制,一部分由员工控制,两者共同决定组织的知识生产效率。在公益科研机构员工激励系统中,激励的有效性主要不以管理者的意志为转移,它在更大程度上取决于员工的合作态度和行为。管理者对员工施以激励或约束行为,员工对这些行为的心态反应及相应的博弈行为将直接影响激励和约束的最终效果。这样,组织的知识生产效率问题就成了一个由管理者与员工参与的典型的博弈问题。在知识文明时代,知识生产所需的知识资本主要承载于组织中的知识员工本身,因此员工在博弈中的态度和行为成为博弈结局、激励效果进而是组织效率的最终决定力量。

公益科研机构中的劳动合同不可能是完备的，在管理者和员工之间必然存在种种矛盾，双方的期望效用不可能完全一致，也不可能共同指向组织的目标。因此，如果组织的管理者和员工都按照新古典经济学的完全理性即效用最大化假设行事，则博弈将成为非合作博弈，其结果是双方必然陷于囚徒困境(prisoner dilemma)，使组织陷入低效率状态。这样，由于劳动合同的不完备以及管理者和员工决策因素的不一致，组织要实现经济学意义上的产出最大化和效率最大化在逻辑上是不可能的。

幸好，公益科研机构中管理者和员工之间的博弈在一般情况下不会陷入零和博弈。公益科研机构在本质上是一种合作型组织，组织中的员工和管理者都懂得双赢原则，懂得员工激励效果的实现是管理者和员工双方合作博弈的结果，懂得员工与管理者之间相互信任、精诚合作是一种可以增进组织中社会福利的合理态度。在理想情况下，双方都应该按照完全为对方考虑的黄金法则行事，寻求互惠互利的最优结果。这时在合作博弈矩阵中，存在一个可协商解决且双方都能接受的利益分配决策方案集，在存在集体理性的条件下，可以通过谈判在这个决策方案集中找到一个对双方来说都是最优的决策方案，这个方案被称为为纳什谈判解或帕累托最优解。在这种最优状态下，组织效率达到最高。显然，集体理性的实现是寻找最优决策方案、提高组织效率的基本前提，而要实现集体理性，谈判的关键在于能否形成一种包容了双方利益的共同价值观。

在一般情况下，上述两种结果都不会出现。组织中博弈的实际情况将是，由于组织中人际关系习惯与常规的影响，一般会出现介于上述两种结果之间的中间结果，并且行为惯性区域的存在而具有相当的稳定性，使组织效率视激励效果和博弈结局而处于较高或较低的水平。效率降低的程度可以用实际产出与最大化产出之间的差距来衡量。在产出非最大化假设下，研究博弈机制的目的就是探讨如何减少低效率因素，使组织的知识生产效率尽量接近最大化产出水平。

成本和产量彼此关联、互为对偶，成本最小化和产出最大化是一个硬币的两面。既然产出最大化在逻辑上是不可能的，那么成本最小化也是不可能的。因此，与上述类似，效率降低的程度也可以用实际成本与最小成本之间的差距来衡量。衡量效率降低程度的另一个参照标准是行业平均成本。行业平均成本对组织的平均成本构成压力，当组织平均成本高于行业平均成本时，组织会逐渐感到运行压力，当二者差距过大时，组织将被淘汰出局。在市场经济和全球经济一体化的大趋势下，如果组织不积极控制成本，即使暂时还能靠预算软约束的政策环境勉强生存，迟早也会在激烈的国际竞争面前跌入败局。

6.1.2　博弈的主要内容

在公益科研机构中，决定组织运行效率的是表征员工努力程度的 APQT

束[145]。因此,从 APQT 束的构成要素来分析公益科研机构内部的博弈内容是一个合理的切入点。

在公益科研机构中,A(activity)在形式上是由组织规定的。组织的职能规定了员工群体在工作时间长期的基本活动内容,组织与员工之间以正式的任务书和非正式的领导安排等形式规定员工日常和临时的活动内容。在工作秩序基本正常的公益科研机构内,对员工活动内容的规定在形式上一般是足够明确的。问题在于,考虑员工个人安排的活动和组织规定的活动在员工个人效用上的替代性,作为博弈的结果,员工是否真的在从事组织规定的活动内容。实际上,由于种种理性和非理性要素,目前在一些公益科研机构中,员工在上班时间内从事组织规定之外仅凭个人兴趣甚至个人利益而定的与组织职能毫不相干的活动的现象司空见惯。

在 P(pace)、Q(quality)和 T(time)三个维度上,员工与组织的博弈有时是平行地进行的,在进度的快慢、质量的好坏、时间的长短和灵活安排上分别展开博弈;有时则是交叉进行的,以进度、质量和时间作为相互替代的内容展开博弈。关于内容交叉的替代博弈,可以看到,当组织催促科研项目进度时,员工个体或群体则强调难以保证质量;或者相反,当组织强调质量时,员工则拖延进度;当组织强调时间紧迫时,员工就要求自主安排时间;诸如此类的现象并不少见。可见,在衡量公益科研机构的员工努力水平或内部运行效率上,以多快好省或又好又快为多因素兼顾的原则性标准是十分恰当的。

博弈各方的信任程度是决定单次博弈结果并进一步决定序贯博弈走向和最终结果的关键因素。受市场经济条件下员工行为经济理性化的支配,员工努力在方向和程度上与组织的目标之间出现不一致是经常性的,这就要求公益科研机构的管理者在日常工作中特别珍惜并努力提高员工对组织的信任,以引导员工的努力在反复博弈中不断同组织的目标趋于一致。在博弈中,管理者的策略可以选择开明或是专制,而员工相应的选择则可以是努力或是消极怠工。如果管理者视员工信任为儿戏,那么无论管理者主观上多么兢兢业业,都迟早会使组织在博弈中因失去员工的宝贵信任而陷入低效率状态。

6.1.3　博弈的基本样态

公益科研机构一般都有相当大的组织规模和比较复杂的组织结构。依据博弈行为是发生在组织内部员工个体还是群体之间,同一个权力层次还是不同权力层次之间,以及博弈过程中普遍存在的博弈行为的对称与非对称、博弈双方的合作与不合作等问题,这类组织内的博弈机制表现为错综复杂而十分丰富的样态。从本书关注的组织低效率问题出发,这里重点讨论斗鸡博弈(chicken game,或译作懦夫博弈)和囚犯困境博弈两种基本形式。

同层次员工的努力程度博弈。同层次员工努力程度博弈的简化情形是一对一的两人博弈，即两人在共同的任务中进行努力程度博弈。在更具普遍性的同层次员工群体努力程度博弈中，博弈双方至少有一方人数多于一人。在同一群体中，同层次员工的工作是相互依赖的。面对组织规定的工作任务，他们有一个必须共同完成的最小的工作量。在非合作博弈中，出于行为经济理性化的要求，他们中的每一个人都希望自己的努力程度最小，即自己不承担任何工作量而把全部工作量都推给其他人。但是如果他们谁都选择不做任何工作，那么他们将陷入斗鸡博弈而面临共同的最坏结果，员工被解聘或群体被解散。

如果斗鸡博弈中处于同一层次的不是普通员工而是中层管理者，博弈局面将与上述类似，而结局更为严重。特殊地说，如果博弈双方是组织的高层管理者，那么斗鸡博弈的结局将最为严重，博弈双方将被免职，领导班子将被调整，甚至作为博弈载体的组织将被解散。

目前我国公益科研机构中在很大程度上实际存在的员工能进不能出、干部能上不能下的现象缓和了非合作博弈的残酷性，使弈局从斗鸡博弈转入囚犯困境博弈。在囚犯困境博弈中，博弈双方共同面临的最坏结局一般不再是被除名或免职而是被批评或降级。改变最坏结局的代价是双方选择合作策略的压力减小而使博弈效率下降，这是我国公益科研机构效率低下而内部明争暗斗不止的一个机制性原因。

在不同权力层次之间，管理者所处的层次影响他对员工博弈类型的预期。一般来说，较高层次的管理者更倾向于为较低层次的员工提供斗鸡博弈而不是囚犯困境博弈的博弈环境，因为他们相信员工在斗鸡博弈情况的较大压力下会做出更高程度的工作努力。如果考虑管理者对下属员工博弈策略选择结果影响组织效率的预期，那么预期员工将选择不合作策略因而会尽可能少做工作的管理者更倾向于使其员工进行斗鸡博弈，相反，那些预期员工将选择彼此合作且与管理者合作的策略的管理者更倾向于使其员工进行囚犯困境博弈，并愿意激励他们付出更多的合作努力。在后一种情况中，管理者消除了员工被解聘的后顾之忧而期望他们至少提供高于最低水平的努力。

作为员工博弈过程监督者的组织管理者，在其实施管理中有两种基本的激励约束策略，一种是以工作报酬鼓励为特征的“胡萝卜”策略，另一种是以权力威胁为特征的“大棒”策略。相应地，处于博弈过程中的下属员工在对待合作的态度上有三种基本策略：一是双重合作，既在员工之间相互合作，也与管理者合作；二是水平合作，员工之间合作，但不与管理者合作；三是垂直合作，一方的员工不与对方合作，却以损害对方的代价来与管理者合作。从员工层次看，在水平合作的局面中，由于员工的努力和一般由管理者代表的组织目标不一致，他们的努力很容易陷入努力熵而导致组织效率降低。在垂直合作的局面中，即使与管理者合作的员工的努力和组织目标一致，另一方的员工无法参与合作也会因组织成本升高而降低组织效率。从管理者层次看，“胡萝卜”策略比“大棒”策略更容易为独立性、自主性强的知识员工接受而保持较高的努力水平。鉴于我国知识分子的文化传统和公益科研机构的员工结构，在上述跨层次的博弈策略选择中，在管理者层次，以报酬鼓励为主的激励策略优于以权力威胁为主的约束策略；在员工层次，双重合作的策略优于另外两种策略。在这里，“和为贵”的合作态度和协调意识是通过员工博弈来提高组织效率的关键。

由博弈行为的性质决定，不管人们多么不愿意陷入同事间的冲突，组织中总会有一些人为了个人私利而选择冲突。这时，无论处于博弈另一方的参与者以牙还牙而对称地选择冲突，还是以德报怨而非对称地选择合作，组织中必然会出现努力熵而降低组织效率，而难以持久的非对称合作最终必然会导致合则两利、斗则两伤的囚犯困境。这时，管理者唯一正确的选择就是尽快消除产生努力熵的冲突根源，推动弈局转入合作博弈。

6.1.4　博弈的连续性

在实际的博弈过程中，博弈各方备选策略一般取可连续变化的不确定值。因此，同常用的矩阵或图式简化分析方法相比，图 6.2 所示的连续博弈分析方法[148]更符合公益科研机构中知识员工博弈的实际情况。

在 ΔA 中，$V(a) = S + \alpha d'$，$V(b) = S - \alpha d'$；

在 ΔB 中，$V(\alpha) = S - \beta d$，$V(b) = S + \beta d$。

式中，$V(\alpha)$、$V(b)$ 分别为参与者 A、B 的报酬值；S 为对角线上的取值；d、d' 分别为水平距离和垂直距离；α、β 分别为对应参与者 A、B 的系数。

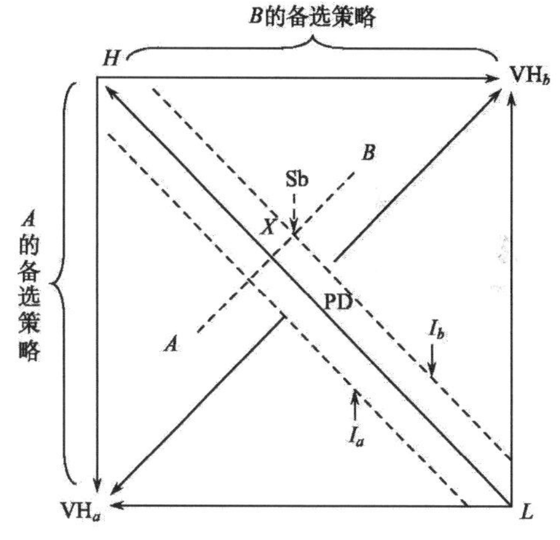

图 6.2　连续博弈

在图 6.2 中的 PD 点以下，博弈属于斗鸡博弈。这里的分析结论在概念上与普通博弈支付/报酬矩阵的分析结论相同，但它将惯性区域的概念引入了博弈分析。在由 I_a 和 I_b 围成的惯性区域内，参与斗鸡博弈的双方几乎都没有移向其他努力状态的动力。在这种情况下，同层次员工群体博弈的结果可能停留在由一系列非最优解组成的惯性区域内。

假设博弈双方处于不同的权力层次，令 B 代表较高层次的一方，那么取非最优值的点，例如 X 点，仍可能是一个均衡点。在这种情况下，处于较低层次的员工的博弈报酬是他从自己的努力和工作环境中得到的效用，处于较高层次的管理者的效用报酬则是他从下级员工的努力成果即知识产出贡献中获得的满足程度。由于双方的效用函数不同，管理者效用和员工效用无法在博弈中同时达到最优点 H 而实现效用最大化，而只能妥协于 X 这样的次优点，组织的低效率便由此产生。如果博弈的结果使 X 点离开 H 点过远，则可能出现员工产出很小而报酬很低，同时管理者又很不满意的不利情况，其极端是员工产出最小而报酬最低，同时管理者对员工也最不满意，X 效率达到最低，这就是图中的 L 点。

如果博弈双方的效用值上升超过对角线上的 PD 点，弈局将从斗鸡博弈转化为囚犯困境博弈。这时，PD 点以下区段的报酬值将比斗鸡博弈的局面中有所增加，而对角线上位置较高的部分不再决定博弈结局。博弈的一方参与者，无论他是较高层次的管理者还是同一层次的员工，如果能向另一方施加强制约束，要求对方在工作中必须有最低水平的努力，那么他在这种条件下的非合作策略有可能获得大于合作策略时的效用。

6.1.5 博弈的阶段性

在公益科研机构中，员工之间的博弈，员工与管理者之间的博弈甚至管理者之间的博弈，都是序贯地进行而不是一次完成的。在员工进入组织时、退出组织时和在组织内长期工作时，博弈的内容和策略有很大不同。因此，研究公益科研机构内的博弈机制应该分析其阶段性特点。由于目前我国公益科研机构尚未建立健全的退出机制，所以其博弈机制的阶段性主要表现在员工进入组织时和在组织内工作时这两个基本阶段。

员工进入公益科研机构时与管理者就聘任条件进行的博弈是其进入该组织内持续博弈过程的起点。这时，管理者作为聘任协议的提供者，对协议和员工岗位说明书中一些形式上的约束条款，包括散见于组织内部规章制度中对员工行为具有形式约束作用的条款，并不十分关注或者说基本上是无差异的，而作为聘任协议接受者的新员工对这些条款却不是无差异的。按照全权委托偏好原则，如果将这些条款置于空白状态，可以因提高新员工的主人公感而有利于在组织与员工之间实现社会福利最大化，因为这样处理不会使组织的情况变坏，却可以使一些新员工的情况变得更好而实现帕累托改善。但是实际的情况却往往是，一方面，组织的管理者由于其惯性区域的存在而不愿付出新的努力去改变既有的标准协议文本；另一方面，新员工势单力薄使他们很难单独去说服管理者修改那些对组织来说本无差异的条款，或者因政治成本过大而不敢说服其他新员工来一起推动管理者修改无差异条款。这样的结果是，虽然从新员工加入组织之始就存在提高组织效率的可能性，却因参与双方的惯性或顾虑而在隐蔽博弈中停留于帕累托较劣状态。在目前大学生、研究生就业难的大环境下，新员工在入门博弈中处于更明显的弱势地位，这迫使他们放弃对上述无差异条款的差异感而表现出表面上的“无差异”，无论条件如何先全盘接受，只要挤进就业之门就算赢得了整场博弈的决定性胜利。

一旦进入组织大门，新员工围绕聘任协议进行的博弈就改为与组织中原有员工共同围绕其努力效用和组织的效率进行。由于聘任协议不可能完备，员工对其为组织提供多少一定技能的工作努力具有相当大的决定权。由于作为代理人的员工与作为委托人的管理者的利益和目标不可能完全一致，员工努力的方向可能偏离组织的产出目标，而南辕北辙式的努力对提高组织效率没有实际意义，这些都是低效率由以产生的根源。在这个阶段，决定组织效率的是组织的管理和员工的努力，但归根结底是员工的努力。换句话说，与上一阶段相比，博弈的优势在这一阶段发生了有利于员工一方的转移。如何将员工个人的行为理性引导至群体理性进而组织理性，提高组织生产效率，是这一阶段组织与员工博弈的基本内容。

在决定组织效率的博弈中，员工和组织都有三种可供选择的策略。在员工方面，他可能做出最大化承诺，愿意长期为组织提供尽其所能的工作努力；可能选择遵循同业标准，提供同行业员工一般标准的努力；可能谋求自我行为最大化，根据自我利益而不是组织利益最大化标准提高个人努力。与此对应，组织可能提供符合员工利益最大化要求的工资报酬和其他条件，可能按同业标准向员工提供各种物质和精神性的工作报酬，也可能谋求员工单位努力报酬的最小化。在双方行为效用最大化的完全经济理性假设下，必然会出现囚犯博弈的最坏结局。图 6.3 以连续博弈的分析方法展示了这一博弈局面。

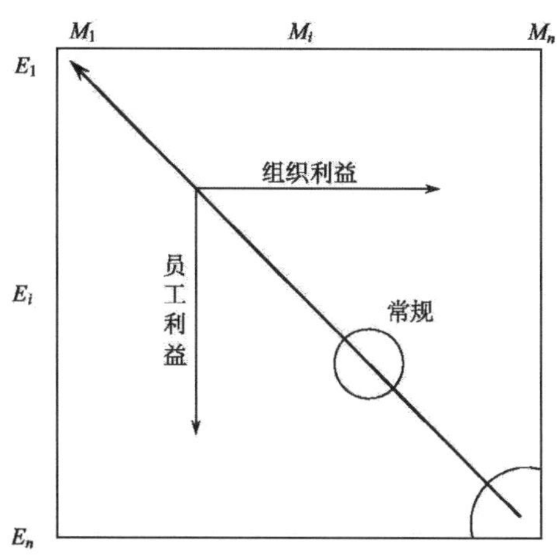

图 6.3　连续博弈分析的囚徒困境

如图 6.3 所示，管理者有 n 种策略选择 M_1，M_2，…，M_n，其中 $M_1 > M_2 > \cdots > M_n$，表示在从 M_n 到 M_1 的策略调整中，管理者向员工提供的工资等工作条件越来越有利于员工；对应地，员工也有 n 种策略选择 E_1，E_2，…，E_n，其中 $E_1 > E_2 > \cdots >$

E_n，表示从 E_n 到 E_1 的策略调整中，员工为组织提供的努力越来越大。在完全经济理性的最大化行为效用假设下，无论对方如何选择，管理者总会选择 M_n 策略，而员工总会选择 E_n 策略，双方都最大化自身的利益，其结果必然导致囚犯困境结局 M_nE_n。这种情况下的组织效率极低，而且也并不符合大多数公益科研机构的实际情况。

与此类似，"搭便车"现象是可能导致囚犯困境结局而十分不利于组织效率的另一种弈局。在这种情况下，搭便车的一方从自我利益出发，认为处于另一方的其他人会努力工作以保持组织的正常运行，而他自己则可以坐享其成。如果这种搭便车的现象蔓延成为一种风气，那么多数员工就会觉得不搭车吃亏而从众搭车，结果将导致组织运行效率迅速下降。在这种博弈中，如果搭便车的人不是普通员工而是管理者甚至是高层管理者，如果搭便车者在搭车过程中结合运用媚上欺下等其他政治手段，那么在其逐步实现个人利益最大化的同时必然将使组织内部员工努力熵趋于最大而效率趋于最低。

在公益科研机构中围绕组织效率进行的实际博弈中，避免博弈双方都不希望出现的囚犯困境结局的关键因素在于常规。由员工一般的行为规则和组织很少使用的惩戒措施组成的常规机制，在这里发挥了一种类似于组织外部市场机制的调节作用。事实上，无论组织内的努力熵多么严重，总有一些不求私利而默默奉献的员工在支撑着组织的发展，组织的多数员工总是会遵循个人的、组织的乃至社会的常规而保持合理的较低努力水平。和那些搭便车的投机者相比，正是他们，这些不苛求个人利益最大化的普通员工，才是提高组织效率，促进组织健康发展的真正动力。

6.2　博弈与公平

在公益科研机构的现实情况中，绝大多数员工都具有明显的社会偏好，特别是公平偏好。公平偏好理论及其在员工激励方面的应用已成为当今经济学和管理学共同的研究热点，其研究成果有助于我们进一步认识博弈机制在公益科研机构员工激励中的作用[153～155]。李训专门从公平偏好理论的视角研究了激励机制与组织效率问题，分别对产出分享机制、锦标机制、团队合作、特别是知识型团队均享机制等条件下的博弈问题进行了深入研究，修正和扩充了国外学者提出的相关优化模型[156]。

6.2.1　公平偏好理论

公平(fairness)是一个古来有之的社会学概念。这一概念在中国可以追溯到孔子的"天下为公"，在西方可以追溯到柏拉图的"理想国"。在现代，人的公平感已经被心理学和管理学等相关学科接受。作为一个组织行为学概念，对公平的系统研究肇始于美国心理学家亚当斯[157]。他运用社会交换的理论框架来评价公平(equity)，认为人们不仅关心自己所得报酬的绝对量，而且也关心报酬与自己付出的努力相比的相对量，根据比较结果来判断自己所得报酬是否公平合理。亚当斯的公平理论强调收入分配的结果，在学术界被称为分配公平或结果公平。Thibaut和Wallker[158]从法律角度提出了程序公平(procedural justice)的概念。在组织管理中，程序公平涉及收入分配制度的制定、执行和完善过程。只要员工有权参与这些过程，无论实际的分配结果如何，员工的公平感都会增加。Bies和Moag[159]研究了分配结果反馈过程中人际互动方式对公平感的影响，提出了互动公平的概念。在组织人力资源管理中，互动公平指员工在组织内部交往中对其所受管理者对待是否公平公正的感受。Greenberg[160]把互动公平进一步分为两种：一是人际公平，指下级在执行程序或决定结果时是否受到尊重；二是信息公平，指是否向员工传达了关于分配程序和分配结果的恰当信息。

在经济学中，标准的激励理论是建立在经济人的假设基础上的。标准经济理论抽象掉人们普遍存在的各种公平感，假设人是纯粹自私的，其行为决策是从个人利益最大化出发的。近年来行为经济学和实验经济学的兴起，使标准经济理论关于经济人的基本假设受到了巨大挑战。大量经济行为实验证明[157,161]，人既不是完全利己的，也不是完全利他的，而是有限利己的，人们在关注个人利益的同时，也常常关注他人的利益，关注物质利益分配是否公平；决定员工努力程度的关键是其受到的对待是否公正。这些实验和理论研究成果使得包括公平偏好在内的多种社会偏好已经得到验证和确认并已逐步形成理论体系，在解释标准经济理论无法解释的经济管理现象中取得了令人满意的效果。我国学者在比较完整地总结国外公平偏好研究迄今取得的实验和理论成果的同时，已经开始改进和完善国外一些经典的实验设计和理论模型。

博弈论方法在社会偏好研究中占有特别重要的地位[162]。为了验证人们在利益分配方面社会偏好的直观感觉，1982年，Guth、Schmittberger和Schwarze设计了名为最后通牒博弈(ultimatum game)的可控博弈实验[163]，以资金分配博弈为实验内容开创了实验经济学的新局面。该实验历经近30年来的重复和不断改进，已经演变出避免惩罚博弈实验(impunity game)、独裁博弈实验(dictator game)、礼物交换博弈实验(gift exchange game)、信任博弈实验(trust game)以及单期和多期的公共品博弈实验(public good game)等一系列关于人的社会偏好的经典博弈实验。实验结果表明，人的自利是有限的，标准经济学理论关于人纯粹自利的假设不符合被试者在实验中的实际反应。这使他们认识到，社会偏好问题十分重要，以致如果忽视社会偏好就不能解决基本的经济问题，从而在理解核心的经济问题时就会失败。在此基础上，行为经济学和实验经济学将利己动机之外其他有关动机融入标准经济学理论模型的利己假设，提出了种种社会偏好理论假设。

社会偏好(social preference)理论假设，人们除了关心自己的物质利益以外，还有关注社会福利、社会成员之间的公平分配及公平动机的偏好。社会偏好理论主要包括三类理论模型：一是公平偏好(fairness preference)，指人们关注收入分配结果的公平和分配行为动机的公平；二是效率关注偏好(efficiency concerns preference)，指人们关注增加社会剩余，尤其关心帮助低收入者；三是利他偏好(altruism preference)，指人们以帮助他人为乐，愿意牺牲个人利益帮助他人而不要求回报。以上三类社会偏好理论模型中，公平偏好理论模型受到了行为经济学界的更多关注，在与标准激励理论、博弈理论、组织行为学等学科的互相融合中不断发展和完善。

公平偏好理论模型目前主要有三种：一是互惠偏好模型，认为人们有关心他人的行为动机，为了报答他人的善意行为或报复其敌意行为而不惜牺牲自己的部分收入；二是收入分配公平偏好模型，认为人们关心分配的结果是否公正，既关心自己的收入，也关心他人的收入，收入分配公平偏好可进一步分为嫉妒偏好、自豪偏好和同情偏好等三种偏好①；三是将以上两种偏好模型融为一体的互惠公平偏好模型，既强调收入分配结果的平衡，也强调分配行为动机的互惠，同时用分配行为导致的收入分配结果和实施分配行为的心理动机来判断收入分配是否公平。

公平偏好理论的提出，挑战了传统理论中关于人完全利己的基本假设，其研究成果以现代实验手段或以经济数学的精准证明了以直觉形式普遍存在的公平感是一种足以决定人们行为方式的重要的社会偏好，这使以公平偏好为主要内容的社会偏好理论在组织管理领域显示出广阔的应用前景。当然，由于实验设计或理论推导的需要，这些实验和模型都做了很多简化和假设，这些简化和假设有的涉及认识论，有的涉及方法论，因而在解释具体的实践问题时，这些简化和假设就不免会影响其解释能力。要探讨如何在公益科研机构知识员工中运用博弈机制这样的实际问题，在积极借鉴已有研究成果的同时，还要付出艰苦的努力。

6.2.2　公益科研机构员工的公平偏好

改革开放以来，我国公益科研机构员工的收入水平有了很大提高，人均工资性收入已从改革开放初期的每月数十元增加到如今的数千元。更重要的是，由于国家长期坚持尊重劳动、尊重知识、尊重人才、尊重创造的方针，作为公益科研机构主

① 在收入分配公平偏好理论中，嫉妒偏好即通常意义上的嫉妒，它带给人们负效用，指人们看到别人的收入高于自己时表现出厌恶或不满意；自豪偏好也称为身份追求偏好或恶意偏好，它带给人们正效用，指人们看到别人的收入低于自己时表现出高兴或满意；同情偏好即通常意义上的同情，与自豪偏好完全相反，同情偏好带给人们负效用，指人们看到别人的收入低于自己时表现为内疚或不满意。

体的知识员工的社会地位有了很大提高。但是调查表明，公益科研机构中占相当比例的员工并不认为他们受到了应有的公平对待。这种状况在员工心理上造成的负效用已经显著影响了他们的努力程度，进而影响了组织的效率。作为国家科技创新的正规军，他们肩负着为建设创新型国家攻坚克难的艰巨任务。为了对他们正确地实施激励，充分调动他们的科研积极性，应该重视研究他们的公平偏好特点。从群体意义上来看，公益科研机构中知识员工的公平偏好主要有以下特点：

(1) 公平意识很强。公益科研机构中的知识员工普遍具有很强的公平意识。在他们看来，公平是以人为本原则的重要体现，自己是组织的主人公，是工人阶级中受教育较多、拥有较多知识资本和较强的知识生产能力，更能适应科技生产力发展的一部分，这些在组织中都不应流于空谈。由此决定，他们的公平预期很高，不迷信领导职务和学术地位上的绝对权威，相信贡献面前人人平等是最合理的利益原则。他们对公平的期望是普遍性的，既要求有物质利益上的公平，更强调社会权益和人格地位上的公平；既要求在自己和其他员工之间保持公平，也要求在员工和管理者包括最高管理者之间保持公平。面对社会上和组织内部种种不公平现象，他们深感困惑和彷徨，内心时常发出阵阵呐喊。

(2) 公平容忍度大。虽然耳闻目睹的不公平现象在公益科研机构员工内心形成很大的心理压力，但他们不会轻易鸣放。传统文化的熏陶和道德修养的自律使他们懂得容忍，他们一般有较强的利他偏好，习惯于以礼待人，也希望他人报之以礼；习惯于善待别人，也希望别人报之以善。即使遭遇别人不公平的以怨报德，他们一般也能还之以直，不做过分计较。由于他们的社会经历一般比较简单，虽然智商不低但往往情商不高，对组织中显失公平的各种结果、过程、行为乃至制度性安排，他们虽然不会矫饰却能够坚忍，因为他们志存高远，一般不屑于为了鸡毛蒜皮的不平小事而影响自己的知识进取和人格修养。

(3) 转移灵活。公益科研机构员工对待不公平现象的转移有两种基本形式，即心理转移和行为转移。追求远大理想是常见于他们的一种十分高尚而高明的心理转移方式，唯有这种高尚而高明的心理转移使他们安于淡泊宁静的人生。但容忍总是有限度的，当组织中的不公平由于时间上积累过久或范围上过于普遍或程度上过于严重而超出员工的容忍限度时，在反复经历失望之苦而终于不再对恢复公平秩序心存幻想时，他们会转向行为转移，或因心灰意冷而消极怠工，或因举无定向而心存旁骛，或因另有高就而选择“跳槽”。实际上，在当今市场经济和全球化的条件下，组织之间、行业之间、地区之间乃至国家之间越来越激烈的人才竞争，一个重要原因就是由不公平造成的人才转移。人才转移往往起于各种形式的不公平，反过来又加剧不同层面上的不公平。

在公益科研机构员工激励系统中，博弈机制不是管理者引诱员工出力的诱惑机制，而是综合运用激励机制和约束机制等管理功能的互动机制，公平性是互动过程得以维持的关键条件。在公益科研机构的员工激励中运用博弈机制，应该重视知识员工公平偏好的这些特点，努力提高组织中实际的公平度和员工内心的公平感。

6.2.3 公平偏好理论在员工博弈机制中的运用

如前所述，公益科研机构中博弈机制的参与者是管理者和员工，员工包括不拥有行政管理权力的普通员工和对高层管理者处于员工地位的中层管理者，管理者包括从中层到高层乃至作为一把手的主要管理者，这样的角色划分源于他们在组织委托-代理关系中所处的相对地位。员工和管理者在角色地位上的层次性使博弈在这里表现出三种基本样态，同一级权力层次上的博弈、不同层次间的博弈以及二者的综合运用。在同一层次的博弈中，博弈内容主要是努力程度的相对大小和利益分配的相对公平。在不同层次的博弈中，博弈内容在处于管理者地位的一方是他们代表组织为员工提供的工作报酬和知识进取、职务升迁、人际关系等工作环境，在处于员工地位的一方是他们为组织提供的努力和由此决定的组织效率。

在公益科研机构博弈机制的运用中，公平偏好及其构成的嫉妒偏好、自豪偏好和同情偏好作用于博弈过程的各个环节，影响博弈双方每一个人的博弈立场。由于公益科研机构与其他类型的组织在运行环境和运行机制上有很大不同，因此公平偏好在这里的表现方式，进而博弈机制乃至整个激励系统在这里的运行方式，都与其在其他类型组织中有很大不同，显示出其突出的时代特点和实践特点。由是，以报酬、进取、晋升和努力、效率为经，以公平偏好及其组成元素为纬，形成了公平偏好在公益科研机构博弈机制中运用的基本格局。

6.2.3.1 工作报酬博弈中的公平

这里的工作报酬主要指物质性工作报酬。如前所述，在目前我国较低水平的市场经济初期阶段，在公益科研机构员工自感相对较低的收入水平上，虽然由于机构的公益性决定员工物质性工作报酬激励的方式有限，体制改革未完成而使员工物质性工作报酬的来源有限，但员工对物质性工作报酬的公平期望并没有因此而降低，报酬公平在员工的工作价值观中仍占有十分重要的地位。

从委托-代理的角度来看，组织中作为代理人的员工的工作报酬公平偏好的对比对象可分为两类，一类是组织中同样处于代理人地位的其他员工，另一类是组织中作为委托人的各级管理者。相应地，员工的不公平感也可分为两种，一种是相对于其他员工的不公平，另一种是相对于管理者的不公平。前一种不公平比较容易感受到，它主要产生于员工之间任务分配的不公平、考核评价的不公平以及收入分配的不公平。后一种不公平则不那么容易感受到，它主要产生于外部禀赋条件的不公平和内部分配机制的不公平。同前一种不公平相比，员工对后一种不公平更加无能为力，因而其影响更为深刻。在后一种情况下，组织中作为委托人的管理者有的出于深层次的利己动机把组织内的薪酬差距拉得过大，有的以非组织手段操纵员工绩效考核，其结果是在组织内造成很多工作报酬不公平现象，严重地挫伤了员工的工作积极性。收入差距是组织中员工产生不公平感的重要根源，但是造成收入差距的权力运用上的不公平是员工产生不公平感的更重要的根源。

在工作报酬问题上，纯粹按劳分配的产出分享机制[①]无疑具有公平性，因为这种报酬机制要求以计件的准确度测度员工在生产过程中的努力程度和实际产出，而且在泰勒的那个时代也的确曾经显示出其促进生产效率提高的优越性。然而另一方面，这种报酬机制又是不公平的，这种不公平性源自员工参与的生产过程的非独立性。具体原因包括以下几点。第一，在现代生产条件下，员工参与的生产过程只是连续的生产链条中的一个环节，脱离其他环节来单独评价员工所在环节的价值没有实际意义。第二，员工生产过程的非独立性还表现在它的进行需要得到组织在管理和资源上的各种支持，而不同岗位的员工获得组织支持和利用组织资源等条件上是不平等的，忽略这种事实上的不平等来谈员工工作报酬的公平性也是没有意义的。第三，在上述两条理由基础上更重要的是，在知识文明时代和公益科研机构员工从事的知识生产中，所需的知识资本主要存在于员工的头脑里，知识积累和信息加工等基本的知识生产能力也主要承载于员工自身，已如前述，这种差异性和动态性极大的知识资本和知识生产能力是无法精准测度的。由于这些原因，在公益科研机构工作报酬问题上，一方面，产出分享机制的公平原则应该坚持，适当注重员工完成的工作量，研究测度知识员工工作量的合理方法；另一方面，也要正视其局限性，以提高员工工作报酬的公平性。如果片面强调未经合理测度的工作量，那么员工势必将在与组织的博弈中片面追求工作的数量而忽略其质量，从表面上看组织的效率似乎暂时提高了，但这种以牺牲质量为代价的虚假效率无法持久，组织很快就会因质量无法保证而返回低效率状态。

在比较偏狭的意义上说，纯粹按人分配的均享机制[②]也具有某种公平性，因为这种机制照顾到了组织中的每一个成员，似乎最全面地体现了以人为本的伦理精神。但是它的不公平性和公平性一样明显，因为它完全忽略员工在能力水平和努力程度上的差异而片面强调人性。忽略能力水平的差异尚情有可原，因为能力作为一种禀赋条件在很大程度上是客观存在的，而努力程度则最终取决于员工的主观意志，如果对员工努力程度的差异也忽略不计，那么员工激励与约束的必要性也就不复存在。事实上，改革开放之前我国各行各业在工作报酬上实行的“大锅饭”

① 一种线性报酬机制，也称计件工资制，指员工的收入由固定工资和按产出大小决定的变动工资两部分组成。

② 产出分享机制的一种特例。

制度就是最典型的均享机制，它在降低国家和各类组织效率上的消极影响足以证明除了在员工福利和社会和谐方面还有一定意义之外，均享机制在激励员工和提高组织效率上不具有直接的经济意义。

“大锅饭”的均享机制既有损于组织效率，实际上也有损于公平。这种报酬机制对组织产出的人人均享以抹杀员工努力程度上的差异为代价，把努力工作的员工创造的价值平均分配到组织内的所有员工，这对努力工作的员工显失公平。有感于不公平性造成的挫折，原来努力工作的员工在与组织的博弈中势必产生抱怨心理而降低努力程度，其结果是组织效率无法维持，员工福利和社会和谐的物质基础也无法得到保证。由此可见，在围绕员工工作报酬展开的博弈中，公平是第一性的，公平决定效率，效率基于公平。

员工对工作报酬的公平感源自两个基于心理比较的基本模式[9]，即“自己的收入÷自己的劳动付出＝他人的收入÷他人的劳动付出”，“现在自己的收入÷现在自己的劳动付出＝过去自己的收入÷过去自己的劳动付出”。员工只有在经过上述心理比较过程感到满意时才会产生公平感，才会受到激励，保持工作的热情、积极性和努力程度。因此，组织要提高效率就必须在与员工的博弈中提高他们对工作报酬的满意度和公平感，提高他们的努力程度。考虑到目前我国公益科研机构效率普遍偏低的实际情况，组织重视消除员工在工作报酬上的不公平感有助于调动员工的积极性，从而提高组织效率。

6.2.3.2　进取晋升博弈中的公平

如前所述，知识进取和职务晋升可以看作是组织给予员工的精神性工作报酬。在公益科研机构激励系统中，从博弈的经济理性角度来看，包括增加知识积累、提高科研能力的知识进取可以为员工取得优秀业绩奠定基础，包括专业技术职务和行政管理职务在内的职务晋升是组织对员工取得优秀业绩的正式认可和褒奖，因而在这里的博弈过程中，原则上更加适用于工作报酬上的锦标机制①，博弈的公平性也因此可以归结为锦标机制的公平性。

与工作报酬博弈的情形相比，公益科研机构进取晋升博弈的局面更为复杂，因为在这里的弈局中参与各方的工作关系更为复杂，利益关系更为深刻。博弈过程既广泛存在于同级员工和同级管理者之间，在很多情况下也存在于员工与管理者或较低层次管理者与较高层次管理者之间，在特殊情况下博弈可以超越管理层级甚至在普通员工和最高管理者之间展开，这样复杂的博弈关系使组织中围绕知识进取和职务晋升进行的博弈更加扑朔迷离。

---

①　一种非线性报酬机制，也称晋升机制，指员工的收入只依赖于其在全部员工中的业绩排名，而与其绝对表现无关，排名的内容可以是其产出或努力程度的大小。

知识进取博弈中的公平性体现于对进取结果的评价和认可。从直接的目的性上看，单纯的知识进取是无需博弈的，员工只要根据组织的科研工作需要积累知识、努力工作即可。知识进取之所以成为博弈内容，在于员工的知识进取结果一般需要得到组织的评价和认可，而公平性就是对评价和认可的标准、过程与结果的必然要求。在知识积累过程中，由于培训资源等条件限制，员工接受专业技术培训特别是资格培训的机会是不均等的，有的员工因为科研任务繁重而无暇接受培训，有的员工因为人际关系原因而得不到培训机会，在争取培训机会的博弈中的胜者往往是工作不忙而管理者赏识的员工。在组织评价员工能力时，如果过分强调按培训经历论高低而忽视培训机会安排上的不公平，特别是如果忽视虽未接受多少正式培训但善于在科研工作实践中自觉积累知识的员工的实际能力，就必然会在他们的心理上造成怀才不遇的不公平感而影响他们的工作努力，在比较严重的情况下甚至会导致员工跳槽。

知识进取博弈中的公平性更多地体现在对员工科研成果的评价上。科研成果是公益科研机构员工知识生产的最终产出，是科技生产力的直接表现形式，因此科研成果评价的公平性在员工激励中具有更根本的意义。由于科研成果一般是以团队形式完成的，团队成员对科研成果的贡献率难以精确测度，所以虽然每一项成果的完成人都有明确的排序，但受人际关系和人情面子等复杂因素影响仍无法保证排序的公平性。团队中的每一个成员都明白，完成人排序过程本身就是一个博弈过程，而人际关系和人情面子在很多情况下会成为超越成员贡献率的博弈因素。毋庸讳言，目前在我国的科研成果评价中，“官大学问大”的现象相当普遍。如果被员工称为官的管理者确实学问大，如果管理者在团队取得科研成果的过程中确实做出了策划、指导、资源协调等其他成员无可替代的贡献，这样排序当然有公平意义，但现实情况往往是管理者并未深入参与科研活动而仅靠职务权威徒享名次，这就难免因有失公平而损伤员工的积极性。

锦标机制在员工进取上最直接的运用是评选先进工作者，这也经常成为员工进取的博弈过程。除了考虑作为辅助人员的管理人员之外，先进工作者在公益科研机构中理应就是先进科研工作者，是在组织科研工作中比其他员工付出了更多努力，取得了更多、更重要的科研成果的员工。如果评选的标准和过程都是公平的，那么评选的结果应该也是公平的，这样评选出的先进工作者作为员工的榜样就会在组织的科研工作中对其他员工显示出无穷的示范力量。但是现实情况往往不是这样，一些员工出于强烈的嫉妒偏好，以种种不正当手段干扰评选过程，其结果要么是挫伤员工的自豪偏好，造成没人愿意当先进，要么是唤起员工过度的同情偏好，造成不管实际贡献如何而轮流当先进。这些不公平现象说明虽然从内在机理上看，锦标机制在公平性方面优于产出分享机制和均享机制，但这种优超是有条件的，其结果的公平取决于评价标准和评价过程的公平性。

职务晋升也是一种进取，而且是比知识进取更能决定员工人生的进取。按其本来含义，技术职务和管理职务两种渠道的晋升分别是组织对员工科研能力和管理能力进行综合性正式认定的方式，但在实际操作中，两种晋升与员工能力之间的关系都不是线性的，许多微妙而复杂的人为因素介入其中，使员工晋升道路充满博弈色彩，存在许多隐蔽违规行为，公平性问题也因此而显得尤为突出。技术职务晋升的诱惑力之大使一些人不惜斯文扫地甚至铤而走险，从论文剽窃、学术造假到雇凶伤人；管理职务晋升的诱惑力之大使一些人不顾伦理道德而丧失官德人格，从吃喝交际、贿选拉票到跑官要官。这些连普通社会人群、普通组织员工都深感不齿的失范行为竟不时见于媒体对理应知书达理的科研人员的揭露，足见这里并不是不食人间烟火的世外桃源，在这里职务晋升博弈之激烈有时也已超出博弈的寻常含义而发展为钩心斗角、尔虞我诈等丑恶的腐败现象，博弈之不公平有时也已超出伦理道德限度而发展到违纪违法、危害社会的严重程度。诚然，如此严重的不公平博弈现象在公益科研机构并不多见，但也并非绝无仅有，说明伦理道德约束在这里的职务晋升博弈中须臾不可放松。

在公益科研机构员工知识进取和职务晋升博弈中，人际关系是一个经常左右弈局的重要因素，而游离于组织系统之外的非正式组织又经常是左右人际关系的重要力量。当年梅奥等人基于霍桑试验而提出的人际关系学说，特别是他们对组织中非正式组织现象的发现是管理思想史上的一项重要成果。虽然这一学说过分强调了非正式组织的作用，过分偏重了人的感情和社会因素而忽视了理性和经济因素，但是在这里关注的知识进取和职务晋升问题上，如果不过分强调学理上的是非曲直，倒是应该看到在现实生活中，在工作任务往往并不十分饱满的公益科研机构，非正式组织以及与此紧密联系的非组织行为的确是一种不容忽视的社会现象。

6.2.3.3 工作努力博弈中的公平

在员工努力程度博弈中，为了保证博弈的公平性，公益科研机构需要正确处理两个基本问题，一个是员工绩效评价问题，另一个是搭便车问题。

虽然公益科研机构员工的知识生产绩效难以精准测度，但组织还是可以认真参考以前的水平、从事相近工作的他人的水平，以及相近性质的其他团队的水平对员工绩效定出实事求是的产出定额和评价标准，借以比较公平地评价员工的努力程度和工作效率。在员工激励实践中，一旦绩效标准确定，员工和员工之间、员工和管理者之间围绕绩效评价的博弈和公平性问题便随之开始。员工与管理者之间的博弈主要表现为对绩效标准的理解和运用上的差异。在他们之间的博弈中，员工的筹码是自己的努力程度，这是决定组织效率的关键因素；管理者的筹码是其执掌的管理权，其行使管理权的公平与否决定对员工努力程度的激励效果。无论实际绩效如何，员工普遍具有高估自己工作绩效的偏好，而且往往是实际绩效较差的员工具有更强的高估偏好。如果组织的绩效测评系统的公平性得不到制度保证，特别是如果由于人为原因得不到保证，使实际绩效较好的员工长期感到不公平，那么挫折感的积累会使他们心灰意冷，对组织内的公平失去信心，进而转向以博弈方式寻求心理替代。他们或者降低努力程度，由努力工作转向消极怠工，或者利用信息上的不对称而在工作行为上出现道德风险和逆向选择，偏离甚至违背组织目标行事。在这种情况下，如果管理者不迅速引起警觉而任由员工的不公平感在组织中继续蔓延，那么员工的士气下降，组织的风气变坏进而效率降低必将接踵而来。员工士气和组织风气是组织文化的内在品质，其劣化很容易而优化很难，一旦跌落下来要想在短时间内迅速扭转将十分困难。在有的公益科研机构可以看到，由于绩效考评长期显失公平，员工在上班时间内溜号逛商场，利用办公设备聊天炒股票的现象不在少数。这种现象用老百姓的俗话来说就是，如果总让老实干活的人吃亏，不老实干活的人就会越来越多。

在员工的工作努力博弈中，不老实干活的一个突出表现就是搭便车。围绕搭便车展开的博弈是员工之间博弈的基本形式。搭便车现象是困扰团队工作效率和稳定性的一大难题[164]，许多学者在这方面做了有益探索。在公益科研机构，搭便车历来是一种相当普遍的现象，它存在于不同层次，表现为多种形式，已成为造成组织低效率的一个顽疾。搭便车现象的根本原因是员工团队是由不同能力、不同努力程度的个体组成的异质群体，他们劳动的边际产出、边际负效用以及相互间的外部效应都是不同的。在异质群体中，只有能够严格区分每个人或某个小群体的工作努力与劳动贡献，满足每个人的效用最大化，才能使每个人都感到公平，都有努力工作的积极性，而如前所述这种严格区分是难以做到的，这就为一些人投机偷懒搭便车造成许多可乘之机。搭便车现象的另一个原因是，与努力工作相比，偷懒的努力成本比较低，而组织计算激励性报酬的产出时一般是按团队平均产出计算的，当搭便车的期望效用大于努力工作的期望效用时，搭便车者就有了选择偷懒的经济理性。无论其原因如何，就其性质而言，搭便车是一种显失公平的行为，是搭便车者对努力工作员工的自私的剥削。面对搭便车行为，组织中原本努力工作的员工有两种基本的博弈选择，一是出于公心或碍于面子而容忍搭便车行为，二是不再与搭便车者合作而使他们失去搭便车机会。在围绕搭便车的现实博弈中，努力工作者的容忍难以持久，如果选择不再与搭便车者合作，则往往会因此而影响人际关系。这种两难选择使努力工作的员工往往在人际关系上陷入尴尬局面，而搭便车者却往往因善于广结人缘而大行其事。如果搭便车者在搭车之前已经在组织中谋到了一定管理职位，使其有机会将搭便车与其执掌的管理权力结合起来，使其搭便车行为在组织中得以畅行无阻，而努力工作的员工心存强烈不公平感却长期得不到缓释，那么这时组织效率的降低就是难以避免的了。

6.3　员工激励中的博弈决策

在目前的认识水平上，对公益科研机构员工激励中的博弈机制这类复杂的社会学、心理学问题，试图单纯使用数学方法进行精确描述是非常困难的。另一方面，在进行必要的简化之后，数学方法在揭示博弈过程的作用机理和基本规律方面具有其简洁、严密的独特优势。本节联系公益科研机构员工激励实践，运用贝叶斯决策模型研究博弈机制中的决策机理。

6.3.1　激励博弈过程的特点和简化

如前所述，在公益科研机构员工激励中，博弈机制是一种综合运用动力机制和调控机制、由管理者和员工共同参加的互动机制。在激励博弈的互动过程中，居于代理人地位的员工作为知识和技能的拥有者占有信息优势，而管理者作为组织中的委托人处于信息劣势。管理者的管理权力和员工的私有信息是双方在博弈过程中运用的筹码，博弈双方在权力和信息上的不对称是推动博弈过程持续进行的重要力量。在知识文明时代，公益科研机构员工占有的科研能力大大增强了他们的信息优势，使这里的博弈决策更加表现出其内在的风险性、学习性和循序渐进性的特点。为了进一步理解公益科研机构员工激励中的博弈决策问题，认识博弈决策的特点和内在机理，可以采用贝叶斯方法做进一步研究。在这方面，采用贝叶斯方法研究博弈决策过程中的学习功能和预测更新，是目前国内外学者广泛采用的方法，见参考文献[165～168]。

在公益科研机构员工激励中，博弈过程发生的时间顺序可简化如图 6.4 所示：

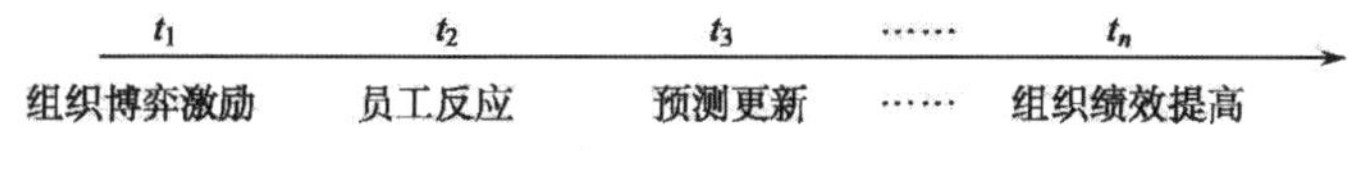

图 6.4　博弈过程中事件发生顺序

为了研究方便，图 6.4 所示事件发生顺序对公益科研机构员工激励系统中的博弈现象作了很大简化。这里对这些简化作如下说明：

(1) 假定组织对所有员工采用相同的激励博弈策略。在现实的员工激励系统中，博弈过程应该是一个双向个性化的过程。其一，组织对员工施加的激励行为是个性化的，组织针对不同员工个体采用不同的激励策略。其二，员工对组织施加的激励行为的反应也是个性化的，即使对组织的同一激励行为也会做出不同的反应。

(2) 假定组织对不同员工实施激励的效果是独立的。在现实的员工激励系统中，组织对不同员工实施激励的效果并不独立，而是相互影响的。这种相互影响体现在两方面:一是激励在不同员工之间存在比价效应,在市场经济条件下,比价效应在物质性激励过程中表现得更为突出;二是由于公益科研机构内的科研活动一般是以科研团队的合作方式进行运作的,个体员工即使非常努力,如果得不到其他员工的配合,也很难提高组织的绩效水平,也就是说,员工个体的努力程度与组织绩效之间呈非线性关系。

(3) 假定激励和约束之间存在互逆的简单线性关系。在现实的员工激励系统中,情况要复杂得多,二者之间不是此长彼消的简单线性关系。如第 5 章所述,约束不仅仅是负向激励,它以自己相对独立的力度、方向和着力点保障激励效果的实现。

预测更新是员工激励中博弈过程的关键环节。由于公益科研机构的员工是知识和智力的实际拥有者,他们与管理者之间是信息非对称关系,因此博弈过程中预测更新的难度很大。如果不对博弈过程做上述简化,就难以在设计激励博弈策略时进行预测更新。

6.3.2 激励博弈决策模型

在公益科研机构员工激励中,博弈过程是分阶段连续进行的。假设整个博弈过程分为 n 阶段,对应于本问题表现为在预先设计的激励方式和激励强度下,组织对员工进行激励或者不进行激励的决策,表示为 $x_n=1$ 和 $x_n=0$。博弈采取序贯方式进行,博弈双方分别为公益科研机构的管理者(在一般情况下,他们是激励政策的设计者)和员工。在博弈双方都是风险中立的情况下,其效用函数可以表示为

$$\mu_n(x_n)=\begin{cases}\Theta & \text{如果 } x_n=1\\ 0 & \text{如果 } x_n=0\end{cases} \tag{6.1}$$

其中,激励决策 Θ 由 n 阶段的随机变量确定,如下式:

$$\Theta=\sum_{n=1}^{N}\theta_n \tag{6.2}$$

其中,θ_n 是第 n 阶段关于 Θ 的私有信息。θ_n 是独立同分布,且在 $[a,b]$ 上的凸函数。进一步,当 $a+b=0$ 时,F 满足对称性,即 $\forall[-a,a]$,$F(\theta)=1-F(-\theta)$。

以 $x_n=0$ 表示无风险决策的起点,整个决策可以划分为两个相关事件,即高的 $\Theta\geqslant 0$ 和低的 $\Theta<0$。由于信息的结构在某种意义上是具有条件性的,因此可以表示为

$$P(\theta\geqslant 0\mid\Theta\geqslant 0)\geqslant\frac{1}{2}\ \text{和}\ P(\theta<0\mid\Theta<0)>\frac{1}{2}$$

在简化的博弈过程中,有完全信息和不确定信息两种情况。在前一种情况下,组织中的管理者和员工均拥有关于对方的完全信息;在后一种情况下,管理者和员

工仅拥有关于对方的不完全或不确定信息。两种情况分别表示如下：

(1) ε_F 表示完全信息条件下的博弈决策问题。$\varepsilon_F=\{F,x_n,u_n,I_n\}_{n=1}^{N}$。

对整个信息结构，可以进一步表示为

$$I_n=\{\theta_n,(x_i)_{i=1}^{n-1}\}\in S\times\{0,1\}^{n-1}$$

(2) ε'_F 表示不确定信息条件下的博弈决策问题。$\varepsilon'_F=\{F,x_n,u_n,I'_n\}_{n=1}^{N}$。

对整个信息结构，可以进一步表示为

$$I'_n=\{\theta_n,x_{n-1}\}\in S\times\{0,1\}$$

在以上假设下，公益科研机构员工激励中的博弈决策问题可以表示为

定义 6.1 博弈双方的决策策略为

$$x_n=\begin{cases}1 & \text{如果 } \theta_n\geqslant\tilde{\theta}_n\\ 0 & \text{如果 } \theta_n<\tilde{\theta}_n\end{cases}\tag{6.3}$$

其中，$\tilde{\theta}_n\in[a,b]$ 的博弈决策问题是在信息集 Ψ_n 下，选择 $x_n\in\{0,1\}$，使期望的效用函数最大，如下式表示：

$$\max_{x_n\in[0,1]} x_nE[\Theta|\Psi_n]\tag{6.4}$$

则最优博弈决策可以表示为

$$x_n=1\quad\text{当且仅当 } E[\Theta|\Psi_n]\geqslant 0$$

因为 Ψ_n 没有提供任何关于对方的博弈决策信息，可以得到：

$$x_n=1\quad\text{当且仅当 } \theta_n\geqslant -E\left[\sum_{i=1}^{n-1}\theta_i\middle|\Psi_n\right]$$

推论 6.1 最优博弈策略，可以将式(6.3)改写为

$$x_n=\begin{cases}1 & \text{如果 } \hat{\theta}_n\geqslant\tilde{\theta}_n\\ 0 & \text{如果 } \hat{\theta}_n<\tilde{\theta}_n\end{cases}\tag{6.5}$$

其中，$\hat{\theta}_n=-E\left[\sum_{i=1}^{n-1}\theta_i\middle|\Psi_n\right]$ 是含有所有历史信息的博弈决策问题。

进一步，$\{\hat{\theta}_n\}_{n=1}^{N}$ 则表示了整个公益科研机构员工激励系统中的博弈决策问题。

为了提高信息的利用效率，我们在博弈决策过程中引入交互信息的概念。

理论上，对一个预期的试验 x，交互信息可以表示为

$$I(R_x;\Theta|y):=\iint p(r_x,\theta|y)\log\frac{p(r_x,\theta|y)}{p(r_x|y)p(\theta|y)}\mathrm{d}r_x\mathrm{d}\theta\tag{6.6}$$

假设观测结果为 y(在本节中表示可以量化的员工绩效)，未知变量 Θ 的随机结果为 R_x，利用这些变量可以量化试验的期望信息。交互信息的价值可以进一步

表示为

$$I(R;\theta) = H(\Theta) - H(\Theta|R) = H(R) - H(R|\Theta) \tag{6.7}$$

由式(6.7)可知,交互信息具有一定的对称性。

一般情况下,希望 $I(R_x;\Theta|y)$ 的值越大越好。对二元分支的结果 $R_x \in \{0,1\}$,交互信息可以表示为

$$I(R_x;\Theta|y) = H(R_x|y) - H(R_x|\Theta,y) \tag{6.8}$$

其中

$$H(R_x|y) = h\left(\int p(R_x = 1|\theta)\,p(\theta|y)\,\mathrm{d}\theta\right) \tag{6.9}$$

$$H(R_x|\Theta,y) = \left(\int hp(R_x = 1|\theta)\,p(\theta|y)\,\mathrm{d}\theta\right) \tag{6.10}$$

$h(p) = -p\log p - (1-p)\log(1-p)$ 表示二元分布的概率为 p 和 $(1-p)$ 下的熵,虽然式(6.8)没有式(6.7)那样直观,但是可以使计算更为方便。

6.3.3 基于信息的博弈决策学习过程

信息直接影响博弈决策的效果和效率。在公益科研机构员工激励的博弈过程中,博弈双方的决策信息是不对称的。虽然博弈双方的信息都有不完全和不确定性,但是双方在信息上的不完全和不确定性也是不对称的,管理者一方是基于员工一方更加不完全或不确定信息进行决策的,因此在博弈过程中处于相对的信息劣势。公益科研机构的员工是知识和智力的拥有者,管理者对其努力程度在很大程度上是无法准确监督和管理的,因此员工在博弈过程中可以利用信息优势选择更适合自己的行为。关于不完全和不确定信息的博弈决策问题,见参考文献[169~173]。

6.3.3.1 基于完全信息的博弈决策学习过程

完全信息条件是对博弈过程的理想化假设。在完全信息条件下,员工激励中的博弈决策问题可以进一步描述为

$\varepsilon_U = \{U, x_n, u_n, I_n\}_{n=1}^{N}$,则在考虑历史信息的分支决策中,$n$ 阶段最优决策准则可以表示为

$$\hat{\theta}_n = -E\left[\sum_{i=1}^{n-1}\theta_i \,\middle|\, (x_i)_{i=1}^{n-1}\right] \tag{6.11}$$

因为博弈双方拥有的所有信息都是公开和共享的,所以 $(x_i)_{i=1}^{n-2}$ 的历史信息已经集成到信息 $(n-1)$ 中了。因此,截止规则可以表示为如下的递归过程:

$$\hat{\theta}_n = \hat{\theta}_{n-1} - E\left[\theta_{n-1} \,\middle|\, x_{n-1}, \hat{\theta}_{n-1}\right] \tag{6.12}$$

其中

$$E\left[\theta_{n-1} \mid x_{n-1}, \hat{\theta}_{n-1}\right] = \begin{cases} (1+\hat{\theta}_{n-1})/2 & 如果\ x_{n-1}=1 \\ (-1+\hat{\theta}_{n-1})/2 & 如果\ x_{n-1}=0 \end{cases} \tag{6.13}$$

依据式(6.12)和式(6.13),可以产生如下分支过程。

推论 6.2　分支过程是递归的,如下式所示：

$$\hat{\theta}_n = \begin{cases} (-1+\hat{\theta}_{n-1})/2 & 如果\ x_{n-1}=1 \\ (1+\hat{\theta}_{n-1})/2 & 如果\ x_{n-1}=0 \end{cases} \tag{6.14}$$

由公式(6.14),因有 $|\hat{\theta}_n|<1$,所以信息不会立刻就发生作用。因此,博弈决策者将考虑其自身的主要信息。

6.3.3.2　基于不完全信息的博弈决策学习过程

在公益科研机构员工激励系统中,博弈双方拥有的信息都不可能是完全的。事实上,如果双方都拥有关于对方博弈决策的完全信息,博弈过程便无法继续进行了。在现实的员工激励系统中,为了在博弈过程中减小信息劣势而增大权力优势,聪明的管理者会自觉地通过与员工的良好沟通来尽可能多地掌握员工信息;为了使自己的信息优势转化为现实利益,聪明的员工也会在沟通中向管理者展示他认为是必要的信息,以期扩大自己的信息优势,引起管理者更多重视。当然,在现实的管理行为中,不聪明的管理者并不少见,他们不重视与员工沟通而盲目使用权力,结果是员工因得不到尊重、受到压抑而在降低努力程度的同时向管理者封锁自己的信息,这就很容易使博弈陷于僵局,进而使组织的激励系统因互动机制失效而陷于瘫痪。

在公益科研机构员工激励的博弈过程中,假设存在不完全信息 $\varepsilon'_U = \{U, x_n, u_n, I'_n\}_{n=1}^{N}$,对手方只能利用所有过去的信息,则博弈决策者利用所有过去信息的决策分支可以表示为

$$\hat{\theta}_n = -E\left[\sum_{i=1}^{n-1} \theta_{i-1} \mid x_{n-1}\right] \tag{6.15}$$

$\hat{\theta}_n$ 可以取两个截然不同的值,假设 $x_{n-1} \in \{0,1\}$,则有

$$\hat{\theta}_n = \begin{cases} \bar{\theta}_n & 如果\ x_{n-1}=1 \\ \theta_{-n} & 如果\ x_{n-1}=0 \end{cases} \tag{6.16}$$

其中,$\bar{\theta}_n = -E\left[\sum_{i=1}^{n-1} \theta_i \mid x_{n-1}=1\right]$,$\theta_{-n} = -E\left[\sum_{i=1}^{n-1} \theta_i \mid x_{n-1}=0\right]$

首先,对任意的 n,满足条件概率的对称性,有

$$P(x_{n-1}=0 \mid x_n=1) = P(x_{n-1}=1 \mid x_n=0) \tag{6.17}$$

其次,对决策者的第 n 次决策,采取两个行动具有相等的可能性。

$$P(x_n = 1) = \frac{1}{2} \tag{6.18}$$

最后，分割准则也是对称的，如下式所示：

$$\theta_n^- + \theta_{-n} = 0 \tag{6.19}$$

递归的计算过程为

$$\begin{aligned}\theta_n^- = & P(x_{n-2} = 1 \mid x_{n-1} = 1)\{\theta_{n-1}^- - E[\theta_{n-1} \mid x_{n-2} = 1]\} \\ & + P(x_{n-2} = 0 \mid x_{n-1} = 1)\{\theta_{-n-1} - E[\theta_{n-1} \mid x_{n-2} = 0]\}\end{aligned} \tag{6.20}$$

利用式(6.17)和式(6.18)可以进一步简化为

$$\theta_n^- = \frac{1-\theta_{n-1}^-}{2}\left[\theta_{n-1}^- - \frac{1+\theta_{n-1}^-}{2}\right] + \frac{1-\theta_{-n-1}}{2}\left[\theta_{-n-1} - \frac{1+\theta_{-n-1}}{2}\right] \tag{6.21}$$

由式(6.20)，可以得到如下推论。

推论 6.3　对于 ε'_U，分割路径可以递归表示为

$$\hat{\theta}_n = \begin{cases} -\dfrac{(1+\hat{\theta}_{n-1}^2)}{2} & \text{如果 } x_{n-1} = 1 \\ \dfrac{(1+\hat{\theta}_{n-1}^2)}{2} & \text{如果 } x_{n-1} = 0 \end{cases}$$

其中，$\hat{\theta}_1 = 0$。因此，在博弈决策过程中，ε'_U信息不可能立刻消失，$\forall n$，$|\hat{\theta}_n| < 1$，则决策信息的变化如图 6.5 所示。分割准则的信息路径可分为 3 个，分别是 $[-1, \theta_n^-)$、$[\theta_n^-, \theta_{-n})$ 和 $[\theta_{-n}, 1]$。

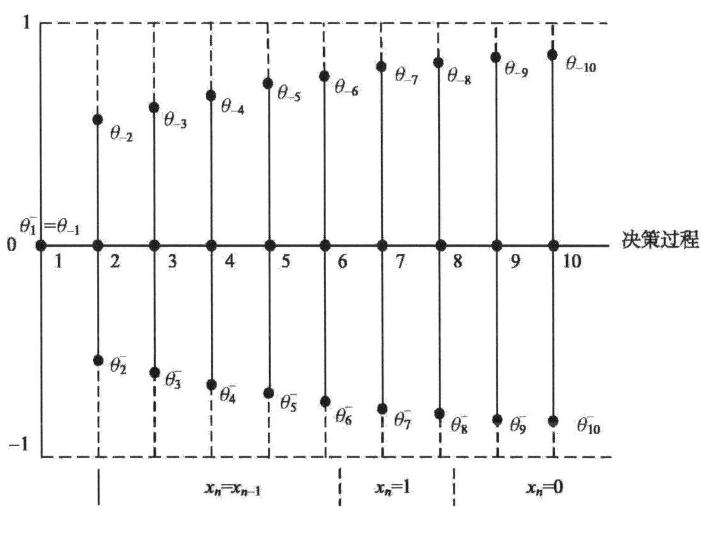

图 6.5　信号分割过程

以上假设建立在博弈决策信息平均分布的基础上，进一步我们可以放宽假设的条件，假设不完全信息的分布为 ε'_F，应用式(6.17)和式(6.18)，则有下列表达式：

$$\theta^-_{n+1} = [1 - F(\theta^-_n)][\theta^-_n - E^+(\theta^-_n)] + [1 - F(\theta_{-n})][\theta_{-n} - E^+(\theta_{-n})] \tag{6.22}$$

其中，$E^+(\xi) \equiv E[\theta | \theta \geqslant \xi]$，应用式(6.19)可以得到：

$$\theta^-_{n+1} = \theta^-_n - 2F(\theta^-_n)\theta^-_n - \int_{\theta^-_n}^{1} \theta \mathrm{d}F - \int_{\theta_{-n}}^{1} \theta \mathrm{d}F = \theta^-_n - 2F(\theta^-_n)\theta^-_n + 2\int_{-1}^{\theta^-_n} \theta \mathrm{d}F \leqslant \theta^-_n \tag{6.23}$$

只要 $\theta^-_n > -1$，则式(6.23)就是严格的不等式。

表达式(6.22)可以表示为

$$\begin{aligned} \theta^-_{n+1} &= \theta^-_n - 2F(\theta^-_n)\theta^-_n + 2\int_{-1}^{\theta^-_n} \theta \mathrm{d}F \geqslant \theta^-_n - 2F(\theta^-_n)\theta^-_n - 2F(\theta^-_n) \\ &\geqslant \theta^-_n - (1 + \theta^-_n) = -1 \end{aligned} \tag{6.24}$$

只要 $-1 \leqslant \theta^-_n \leqslant 0$，则等式(6.24)成立。

因为 $\{\theta^-_n\}$ 是序贯的降值，边界值是 -1 且收敛。实际上，等式(6.24)对于 $\varepsilon > 0$，$\theta^-_{n+1} = \varphi(\theta^-_n)$ 是在 $[-1, -1+\varepsilon]$ 上是连续的；所以对于 $\theta^- > -1$，$\varphi(\theta^-) < \theta^-$；且当 $n \to \infty$ 时，$\theta_{-n} \to -1$。

如上，对完全信息和不完全信息的博弈决策分别以 ε_U 和 ε'_U 表示，下面进一步分析完全信息和不完全信息对博弈决策的影响。

无论是在 ε_U 还是在 ε'_U，偏差将首先对后续的博弈决策过程产生影响。在 ε_U 中，因为绝大部分信息是公共的，私有信息量远小于公共信息量，决策偏差将被迅速识别出来，后续的决策者在后续的博弈中将尽量减少决策的偏差。在 ε'_U 中，决策者无法识别他前面决策者的行为是否存在偏差，前面决策者的行动是后续决策者的唯一信息来源，这种信息来源不只包括上一次的行动，而且包括之前整个博弈过程中的全部信息。所以决策过程中的偏差要经过较长的时间才能被识别出来。

6.4 本章小结

博弈机制是员工激励机制和约束机制的有机结合，是决定组织效率的互动机制。本章围绕公益科研机构员工激励系统中博弈机制的合理运用进行探讨，借鉴国内外研究成果提出了若干创新观点。

公益科研机构在很大程度上是一种合作型组织，其运行效率基于员工的团队式合作努力，适用于契约理论和非对称信息博弈论。

公益科研机构中的博弈围绕效率与公平两大主题展开。在这里，决定组织效率的是表征员工努力程度的 APQT 束，构成 APQT 束的活动、进度、质量、时间诸因素是博弈的基本内容，信任是决定博弈结果的关键因素。

同层次员工之间关于努力程度的博弈以及普通员工与各级管理者之间关于利益分配的博弈是两种基本的博弈样态。在实际的博弈过程中，博弈各方备选策略一般取可连续变化的不确定值，博弈表现为员工进入组织时和在组织内工作时这两个基本阶段。在前一阶段，博弈的基本内容是管理者和求职者关于无差异条款的态度。在后一阶段，关于员工努力程度的博弈从根本上决定组织的效率。

公益科研机构员工有明显的公平偏好。与其他人群相比，他们的公平意识很强，公平容忍度大，心理和行为转移灵活。由工作报酬、进取晋升和工作努力、组织效率形成公平偏好在博弈机制中运用的基本格局。

在工作报酬博弈中，收入差距是员工不公平感的重要根源，而造成收入差距的权力运用上的不公平是员工不公平感更重要的根源。在围绕员工工作报酬展开的博弈中，纯粹按劳分配的产出分享机制和纯粹按人分配的均享机制都有其局限性，在这里公平是第一性的，公平决定效率，效率基于公平。

知识进取博弈中的公平性体现在对进取结果特别是科研成果的评价和认可，但人际关系和人情面子的干扰往往使评价有失公平而损伤员工的积极性。锦标机制在公平性方面占优，但这种优超取决于评价标准和评价过程的公平性。在知识进取和职务晋升博弈中，人际关系是一个经常左右弈局的重要因素，而游离于组织系统之外的非正式组织又经常是左右人际关系的重要力量。

在员工努力程度博弈中，为了保证博弈的公平性，需要正确处理两个基本问题，一个是员工绩效评价问题，另一个是搭便车问题。搭便车严重影响员工士气和组织风气，造成员工的不公平感和组织效率的降低。

研究了公益科研机构员工激励中的博弈决策过程，建立了激励博弈决策模型，尝试了贝叶斯方法在博弈决策中的应用，分析了完全信息和不完全信息条件下的激励博弈决策，论证了学习过程对提高激励博弈效果的重要作用。

7 实例研究

近几年来，作者赴若干公益科研机构进行了调研，取得了研究知识员工激励问题的丰富资料。本章以这些调研结果为素材，配合第3章至第6章的理论研究，对公益科研机构员工激励问题进行一组实例研究。

7.1 某公益科研机构员工激励系统建设概况

7.1.1 机构概况

该机构成立于我国改革开放初期，属中央级公益科研机构，基本职责是负责行业科学技术的开发与创新，软科学与管理科学的研究与推广，为行业发展提供综合科技服务；根据政府部门授权对行业安全进行技术研究并协助监督管理，为行业的有关决策和管理职责提供技术支持，向行业内的产品设计以及产品制造厂家提供技术服务并实施技术监督检查。按照知识文明时代的生产特点衡量，该公益科研机构属于典型的知识生产机构。

7.1.1.1 人员状况

该公益科研机构成立之初，正值我国人才队伍青黄不接的时期，人员结构老化曾经成为影响机构发展的重要限制。经过20多年的更新补充，人员结构已渐趋年轻化、高层次化。2007年[①]，该公益科研机构在职员工188人，其中享受国家特殊津贴的专家5人，部属中青年技术带头人2人，如图7.1所示。

2007年员工队伍的层次结构从职称看以中级科技人员为主，其中具有高级职称的员工47人，约占员工总数的25%；具有中级职称的员工66人，约占员工总数的35%，占员工队伍的最大部分；具有初级职称的员工45人，约占员工总数的24%；其他员工30人，约占员工总数的16%。从学历、学位看以具有研究生学历的员工为主，其中具有博士学位的员工32人，约占员工总数的17%，具有硕士学位的员工71人，约占员工总数的38%，大学毕业的62人，约占员工总数的33%，其他辅助人员23人，约占员工总数的12%。

据统计，同期全国中央级公益科研机构员工的学历结构平均水平为博士占

① 为了便于同收集到的国家统计数据相比较，这里选用了该公益科研机构2007年的相关数据。

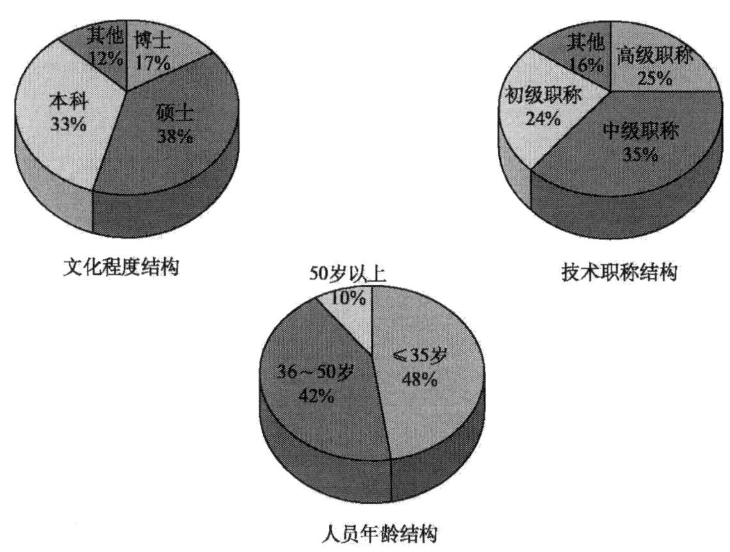

图 7.1 某公益科研机构员工结构

17.2%，硕士占 26.3%，本科占 34.4%，其他占 22.1%[5]。相比可见，该公益科研机构员工层次结构从学历看，高学历人员比例高于全国非营利性公益科研机构平均水平。

从年龄结构看以中青年员工为主，50 岁以上的 19 人，约占员工总数的 10%；36 岁到 50 岁的 79 人，约占员工总数的 42%；35 岁以下的 90 人，约占员工总数的 48%，并且占员工总数的最大比例。

7.1.1.2 改革状况

自 2000 年起，根据国务院办公厅转发的科学技术部等 12 个部门《关于深化科研机构管理体制改革的实施意见》(国办发[2000]38 号文)精神，我国公益科研机构进行了全面的分类改革。2004 年，由于其主要从事应用基础研究和提供公共服务的性质，该科研机构被确定为国家科技部批准的公益科研机构，纳入第 4 批机构实施改革，核定编制 120 人，其余员工须按改革要求从公益科研机构剥离出去。当时国家确定纳入公益科研机构改革的中央级院所共 101 家，总编制 1.5 万人左右，其中 50 人以下的机构占 14%，51～100 人的机构占 9.1%，100～200 人的机构占 31.3%，200 人以上的占 45.5%[5]。可见，无论从其所处层次看还是从核定编制规模看，该公益科研机构在我国公益科研机构改革中都占有重要位置。但是和同批启动改革的其他公益科研机构一样，该公益科研机构的这次改革在进程中遇到了很多困难，原计划的国家验收在无限期搁置，原来审定的公益科研编制没有真正落实,原定按编制配套的经费未足额到位,如今员工人数已新增 100 多人,而人员在公益科研服务和其他科技服务之间的分流依然未能实现。用当初确定的验收指标衡量,这场改革至今尚未完成。

7.1.1.3　财务状况

按国家统计口径,该公益科研机构的主要科技收入来源包括科技性收入、科学事业费、科研条件建设费、基本科研业务费、产品销售收入、修缮购置专项经费等项目。据统计,在 101 个中央级公益科研院所中,2007 年总收入在 2 亿元以上的占 9.1%,1 亿～2 亿元的占 14.1%,5000 万～1 亿元的占 39.8%,1000 万～5000 万元的占 37%[5]。该公益科研机构当年总收入超过 6000 万元,在同类院所中排名第 40 左右。

科技性收入包括纵向科技性收入和横向科技性收入。2007 年同类院所中纵向科技性收入在 5000 万元以上的占 9.2%,2000 万～5000 万元的占 26.5%,1000 万～2000 万元的占 19.4%,500 万～1000 万元的占 17.4%,100 万～500 万元的占 22.5%,100 万元以下占 5.1%[5]。该公益科研机构当年纵向科技性收入约 600 万,排名在第 70 左右。

横向科技性收入包括技术服务与技术培训收入、技术转让收入、委托开发或合作开发收入以及其他横向科技收入等项目。2007 年同类院所中横向科技性收入在 5000 万元以上的占 7.1%,1000 万～5000 万元的占 17.3%,500 万～1000 万元的占 20.4%,100 万～500 万元的占 21.4%,100 万元及以下占 33.6%[5]。该公益科研机构当年横向科技性收入 800 多万元,排名在第 45 左右。

7.1.1.4　科技产出状况

国家对同类研究院所的科技产出评价主要使用获国家级科技奖励、专著出版、专利申报、获专利授权、研究生培养等项指标。2006 年同类院所获得国家级科技奖励的占机构总数的 27.3%,有专著出版的占 73.7%,申报专利的占 46.5%,获专利授权的占 52.5%,获发明专利的占 43.5%,培养了博士研究生的占 58.5%,培养了硕士研究生的占 76.8%[5]。在该公益科研机构 2000 年以来获得的国家科技进步奖中,仅 2000 年一项国家科技进步奖二等奖是第 1 完成单位,另外曾获部级科学技术进步奖多项,出版行业有关专著若干部,申报专利尚属空白,尚无学位授予权,2008 年获准设立博士后科研工作站,2010 年开始运行。总的来看,该公益科研机构的科研实力和科技产出效率与国内同类机构相比处于较低水平。

7.1.2　员工激励系统建设概况

在调研过程中,作者参加了该公益科研机构员工关于激励问题的一些讨论,并查阅了员工讨论的全部记录，获益多多。本节利用这些记录素材，配合第 3 章的理论研究，对公益科研机构员工激励系统的总体结构进行实例研究。如上节所述，该公益科研机构自 2004 年起按照科技部的部署进行了公益科研机构改革。由于领导重视，员工支持，措施到位，改革之初的形势很好，员工的工作积极性得到很大调动，科研效率大为提高。在改革之后的 2005 年、2006 年，该公益科研机构科研实力连年上升，成果获奖数量居行业之首。员工普遍反映，这几年是该公益科研机构创建以来最好的一段时期。

在这种形势下，该公益科研机构领导及时启动员工激励机制建设，组织专门班子，印发有关文件，拟订工作计划，并配套开展了组织文化建设工作。但计划未得到充分落实，工作时断时续，激励效果不大，甚至出现了一些负面效果。形成这种局面的原因十分复杂，其中未建立起完善的员工激励系统是主要的直接原因，这可从员工的讨论意见反映出来。

7.1.2.1 员工意见

该公益科研机构员工在多次讨论会上对激励机制建设提出了很多意见，讨论记录长达 35 页，归纳起来主要有以下 5 个方面。

1）关于激励机制

缺乏基础科研能力积累、学科建设及科研团队建设等方面的激励机制。

缺乏针对科研团队开发模式的激励机制。

员工缺乏有效的自我激励与约束，建议强化员工的自我激励与时间管理能力。

激励机制缺乏相应惩戒机制配合，奖勤与罚懒没有很好地结合起来，压力与动力均显不足。

2）关于岗位设置

科研工作与技术支持服务工作交叉情况比较普遍，目前以部门划分岗位性质不合理。

人员能力无法胜任岗位工作。

人力资源配置存在问题，造成有的部门工作量过大，有的部门工作不饱满。

岗位工资缺乏长效监督机制，不能随工作性质改变而调整。

项目负责人的权、责、利不明确。

岗位流动机制没有得到很好执行。

3）关于绩效考核

岗位说明书不够细化，不能直接提供考核依据，存在岗位说明书与考核脱节的情况。

科研工作和技术支持服务工作的成果难以量化，给进行客观的考核评价造成困难。

4）关于分配制度

员工收入差距过小，不足以反映投入产出比的差距，造成工作量大的员工投入产出比低，产生不公平感。

分配上对基础科研的倾斜不明显。

工资固定部分过大，造成收入差距不大，无法体现公平。"大锅饭"现象严重挫伤了员工的工作积极性。

科研项目和技术支持项目经费来源复杂，分配依据不明确。

课题由部门进行核算，行政领导掌握项目经费使用权，项目负责人没有相应权力。

按课题进行年终分配存在困难，部门负责人很难精确根据员工的工作量进行分配。

5）关于组织文化

缺乏精神激励，员工缺乏工作成就感，缺乏主人翁精神。

在上级机关临时帮助工作的员工归属感不强，缺乏对自己的明确定位。

官本位思想过重，科技人员不能足够参与到组织决策中去，没有得到足够的尊重。

7.1.2.2 几点思考

从员工的反映看，该公益科研机构还没有建立起完善的员工激励系统。造成激励系统不完善的原因主要存在于以下 4 个层面。

(1) 对系统总体结构的认识不全面。对员工激励系统三大机制的认识都存在一些问题。一是只认识到了系统中动力机制的建设，和通常情况一样将动力机制称为激励机制进而混同于整个激励系统。二是将约束机制混同于惩戒机制。如第 5 章所述，约束机制的功能不仅限于惩戒。这说明他们对约束机制的认识存在通常的误区。三是对博弈机制还没有认识到。在这样的认识水平上建立员工激励系统十分困难，即使建立起单一的动力机制也很难取得理想的激励效果。

(2) 对知识员工的工作价值观和人格特点认识不全面。即使在讨论较多、被混同于激励机制的动力机制上，也只是注意了薪酬激励而对员工工作价值观的其他维度未给予足够重视。例如，对直接影响员工知识进取和职业生涯发展的员工培训问题竟没有涉及，更谈不上重视员工的终身学习和建立学习型组织。又如，对知识员工的尊重远未到位，员工感到缺乏精神激励，缺乏工作成就感和主人翁精神，感到科技人员没有得到足够的尊重。据了解，在员工工作价值观的其他维度，例如职务晋升和人际关系，也存在着许多不容忽视的问题。这种状况很容易使员工感到压抑、迷茫而减少工作努力。

(3) 对激励系统中主客体关系认识不正确。员工意见中的官本位和项目负责人无权等内容反映了该公益科研机构在激励系统主客体关系认识上存在的问题。在以团队合作方式进行的科研活动中，项目负责人是团队的核心。如果他们手上没有必要的人员调剂、经费支配等权力，而把这些权力集中为部门领导的行政管理权，那么项目负责人必将因此而无法全面履行其责任，同时损失其应得的利益，这当然不利于激励他们提高在团队科研工作中的努力程度。另外，部门管理者甚至组织的高层管理者将行政管理权力用于科技项目管理，必然会因其不恰当而效果不佳，还会使科研人员的才能受到压抑而影响士气。

(4) 在员工激励系统建设中存在一些影响激励效果的具体问题。这些具体问题有种种表现，从员工反映看，主要有以下几点：一是员工岗位说明书和绩效考核过于空泛且不相符合，员工的岗位职责不明确，绩效考核当然不会收到应有效果；二是在员工职务晋升的导向上不够正确，员工过多关注管理职务晋升，有较强的官本位倾向；三是管理者在取代项目负责人管理科研项目的过程中有失公平，这就不免会挫伤员工在科研工作中的积极性，进而降低组织的科研效率。

7.2 伦理道德约束实例分析

2006～2008 年，作者调研了某公益科研机构开展的组织文化建设活动。该机构领导对这次活动高度重视，聘请了国内知名管理咨询公司进行指导，前后召开了多次专题会议研究落实，最后形成了内容丰富的组织文化手册，包括组织的职责、宗旨、愿景、目标、前行动力、价值观、职业行为规范、文明礼仪、形象识别等。本节利用这本手册的有关内容，配合第 5.3 节的理论研究，进一步研究公益科研机构员工激励系统中约束机制建设的实践问题。

7.2.1 基本情况

7.2.1.1 组织的价值观

手册载明，该公益科研机构的组织价值观是：尊重人才、矢志创新，开放合作、优质服务，创造价值、适应变化，简单工作、高效运行，发展员工、全面参与，迅速行动、提升品牌。

7.2.1.2 职业行为规范

职业行为规范是这本手册的核心内容。本着合乎法理、一致性、针对性、普遍性、可操作性和简洁性的原则，手册规定了该公益科研机构员工的职业行为规范。职业行为规范包括员工的基本职业操守、基本职业素养和职业工作行为规范等基本内容。

员工基本职业操守包括基本职业道德、基本职业准则以及对待客户的基本准则等 3 项内容。其中基本职业道德要求员工认真执行国家各项方针政策，维护国家利益，积极为国家建设和行业发展贡献力量，自觉学习和遵守国家法律法规。自觉遵守法律规定的各项义务，承担应尽的社会责任。时刻秉承组织宗旨，以组织的愿景为目标，以组织发展为己任，以组织的文化理念和价值观规范自身行为，积极弘扬组织的优良传统，维护组织的形象和荣誉。坚持社会主义道德建设的基本要求，自觉约束自身行为，成为遵守社会公德和倡导良好社会风尚的楷模，做社会的好公民。

基本职业准则要求员工一切工作行为以对国家、对社会、对上级部门、对组织负责为标准。未经批准或授权，不得超越职权范围行事。具有高度的责任心和事业心，坚持高标准、严要求，履行岗位职责。善于深入思考，充分发挥自身的能力和专长。诚实对待工作，确保工作中所涉及的财务、研究报告及工作行为结果的真实性。廉洁自律，按政策和制度办事，关心组织的整体利益。在自己的知情权范围内了解信息，传播信息以有利于工作、有利于组织大局为原则。在工作中进行全局思考，通过团队协作发挥整体的综合优势。

基本职业素养包括出勤、工作态度、召开高效会议、接受任务、履行职责、工作汇报、工作受挫、关注细节和建立和谐工作关系 9 项内容。其中在工作态度上要求员工认真对待每一件工作，不但要做好本职工作，更要积极主动地拓展自己的能力，不断提升自己，学会面对压力和控制压力，工作时不抱怨。

在履行职责上要求员工在开展工作前充分理解工作任务的内容和目标，将工作内容按照优先次序排列，制订计划并按计划落实。对工作中的问题不推诿、不扯皮。

在建立和谐工作关系上要求员工不论遇到什么情况，在办公场所讲话都要做到心平气和。上级对下级细心指导，下级尊重上级并服从领导，同事之间互相帮助、互相学习、共同提高。员工之间积极公开地沟通交流，沟通时从自身做起换位思考，积极创造良好的内部沟通氛围。沟通中要注意倾听，少说抱怨的话，多说宽容的话；少说讽刺的话，多说尊重的话；少说拒绝的话，多说关怀的话；少说命令的话，多说商量的话；少说批评的话，多说鼓励的话。通过正规途径反映意见。

职业工作行为规范包括领导者行为规范、管理者行为规范和科研技术人员行为规范等3项内容。其中领导者行为规范要求高层管理者时刻保持廉洁自律，树立公心，弘扬正气，敢于坚持原则，摒弃不利于整体发展的个人私念。正确处理国家利益、组织整体利益和员工个人利益的关系。坚持人本管理，公平、公正地对待下属，爱护和尊重员工。重视与员工的沟通，关注员工工作状态和需求，处事以理服人，以良好的工作能力、卓越的业绩和正直诚实的品性赢得下属的信任与尊重。倾听来自员工的不同意见，鼓励员工提出合理化建议并择优采纳实施。敢于尝试，对不适应组织发展和环境变化的因素进行大胆的探索与改革；积极为组织的科技创新、观念创新、机制创新、管理创新创造良好的环境条件。关注环境变化，站在全局的高度准确把握客观环境变化带来的发展机会，有计划、有目的地采取行动。预见可能存在的风险，提出有效控制风险的方法，处理好发展与风险之间的关系。坚持民主集中原则，科学、合理、大胆地进行决策，敢于承担责任。善于授权，把授权作为提升管理效能、激发下属员工潜能的重要工具。领导班子应当在分工的基础上密切协作，管理职责落实到位但相互不越位，发挥领导集体的智慧与力量。

管理者行为规范要求中层管理者工作分工具体，关注工作重点环节的落实，有效组织各类资源推动工作的进展，对计划执行效果进行跟踪、反馈和改进。在程序不出错、职权不越界的情况下，大胆尝试新方法和新事物，对工作流程、工作方法和规章制度提出改进建议。以组织整体发展大局为重，必要时勇于牺牲局部利益和暂时利益。及时了解情况，主动解决问题，在职权和授权范围内大胆管理，把对上级负责和对员工负责统一起来，耐心听取员工意见，及时准确地向上级反映员工意见，向员工清晰地传达上级指示并积极贯彻，维护政令的统一和畅通。营造和谐向上的工作氛围，不争功、不诿过，充分调动本部门员工的积极性。在工作中培养员工，为有潜力的员工创造成长条件。主动发现员工工作中的困难，对下属员工的工作进行必要的指导和帮助。成绩要及时给予肯定，问题应及时沟通和处理。

科研技术人员行为规范要求员工勇于面对困难和挑战，勇攀科学技术高峰，在科研和技术工作实践中拓展知识，提高工作能力，对待科研和技术工作求真务实，论证要充分、态度要严谨、数据要准确、资料要完整。对完成的工作及时总结，分析自己的知识、技能和工作要求的差距并及时弥补。勇于创新，对新知识、新技能有强烈的学习愿望，敢于打破思维定势，提出不同见解。密切关注行业发展趋势，及时调整发展方向。发扬学术民主，加强学术交流，倡导知识共享。

7.2.2 几点思考

(1) 组织文化建设和员工激励系统建设的根本目的一致。纵观该手册的基本内容，包括组织的宗旨、目标、工作动力和价值观等总体要求，这些要求无论在形式上还是在具体内容上都与本书所论的员工激励系统有异曲同工之效，它们的根本目的都是调动员工的工作积极性，提高他们在工作中的努力程度，最终提高组织的运行效率。在这个意义上可以说，组织文化建设本身就是员工激励系统建设的一部分。

(2) 员工职业行为规范的基本内容与员工约束机制的要求一致。员工职业行为规范作为该手册核心内容，其所包括的员工基本职业操守、基本职业素养和职业工作行为规范均属于本书所论伦理道德约束的范围，其根本要求都是为了规范和约束员工行为，以保证组织目标的实现。这就从组织文化建设的角度证明了伦理道德约束在员工激励系统约束机制中的重要地位。

(3) 管理者是员工约束机制的约束对象。在该手册载明的员工职业工作行为规范中，关于组织的领导者和管理者行为规范的内容占主要篇幅，说明他们在组织文化建设中比普通员工负有更重要的责任。领导者也是管理者，而且是居于最高层次，因而负有最重要责任的管理者。管理者的行为是否符合职业工作行为规范对组织中其他员工具有重要的示范作用。这就证明了本书关于员工激励系统约束机制主客体关系的论述，说明管理者不仅是约束机制的制定和实施主体，而且也应该是接受约束的客体。进一步说，正因为管理者在组织中责任重大，他们应该比普通员工受到更严格的约束，其在组织中所处的地位越高，受到的约束就应该越严格，作为一把手的主要领导者应该受到最严格的约束。

(4) 重视工作绩效和制度规范的约束作用。以职业行为规范为重要内容的伦理道德约束是员工约束机制的重要约束方式，但不是约束机制全部内容。伦理道德约束的基本特点是自我约束，其约束效果取决于员工遵守伦理道德的自觉性。在员工约束机制中，仅靠员工自觉是不够的，需要综合运用伦理道德约束、工作绩效约束和制度规范约束三种约束方式才能形成足够强大的约束力。

7.3 基于模糊偏序方法的公益科研机构员工激励决策实例

7.3.1 基本思路

如第 3 章所述，公益科研机构员工激励系统是一个复杂系统，它包括动力机制、约束机制和博弈机制等 3 种作用机制，需要综合运用分别基于这 3 种机制的驱动力、调控力和互动力。在以上分析结果和调研中从公益科研机构员工得到的反馈意见表明，抓住了员工工作价值观的 5 个基本维度，抓住了员工激励系统的 3 种机制，就抓住了公益科研机构员工激励系统建设的大纲。

公益科研机构员工激励系统的复杂性源于这类机构特殊的功能定位，包括宗旨的非营利性、核心业务的战略性和关键性、主要成果的公共性与高溢出性、组织绩效考核的非市场性、活动的相对公开性和各种资源投入的高风险性等特点；源于员工个体和群体工作价值观的特殊矛盾。这种特殊矛盾表现在互为表里的两个方面。第一，公益科研机构本身的功能定位要求员工的目标和价值观必须与组织高度一致。在公益科研机构中进行的科研活动大多是以团队合作形式完成的创新性知识劳动，员工之间的合作状况直接影响团队的科研效率，进而影响整个组织的科研效率。第二，公益科研机构员工是具有高度自主性和独立性、自我价值感强且人生目标明确的知识员工，对工作的挑战性和创造性、工作满意度、工作环境，以及工作给予个人的职业发展和价值实现空间、组织中的人文关怀等心理期望很高，这些心理期望能否得到充分满足对员工在工作中的个人努力程度和团队合作状况影响很大。

在这种复杂系统中，公益科研机构员工激励决策问题是典型的不确定性决策问题，其不确定性来源于 3 个方面。一是由于公益科研机构属于社会性复杂系统，这类系统中的员工激励效果具有显著的长期性和潜在性，由此必然带来不确定性。二是由于公益科研机构及其员工工作价值观的特点，激励方式中不仅包括物质报酬等传统激励方式，还包括知识进取、职务晋升以及人际关系等在工作价值观体系中居于更深层次的激励方式，这些深层次激励方式的激励效果难以准确定量化，因而必然带来不确定性。三是由于在决策过程中很少有统计数据可用，多依赖于调查问卷和专家信息等主观信息，而主观信息必然具有不确定性。为了对这一不确定性决策问题提供更有说服力的实证支持，本节在第 2 章关于员工工作价值观维度结构分析的基础上，重点利用对某中央级公益科研机构进行问卷调研获得的数据，配合第 4 章对员工激励系统中动力机制的研究，运用模糊偏序方法进一步研究基于不确定信息的公益科研机构员工短期激励策略。

研究公益科研机构员工激励决策问题，需要解决两个基本环节的问题。一是确定激励因素，即在上述项目繁多、员工反应各异的问卷调查数据中，提取能有效激励员工，提升组织运行效率的基本激励因素。二是确定符合公益科研机构特点的激励策略，包括设计可定量化分析的激励政策，对备选政策进行定量化评价，以及选择最优的单项激励政策或政策组合。

基于模糊偏序方法的公益科研机构员工短期激励决策研究的基本流程如图 7.2 所示。

7.3.2 激励因子的提取

采用 SPSS13.0 软件对调研数据进行因子分析的结果如表 7.1 所示。表列 13 个因子承载的信息量达到了 53 个激励因素所含全部信息量的近 84%，足以说明所论问题。应该说明，这里的研究与第 2 章关于公益科研机构员工工作价值观维度结构的研究既有密切联系，又有以下 4 点不同。一是研究目的不同。第 2 章的目的是建立公益科研机构员工工作价值观维度结构模型，本节目的是研究员工短期激励的优选策略。二是基础数据不同。在第 2 章的研究中，合并运用了分别采自一个中央级和一个省级公益科研机构的调研数据；而在本节研究中，运用的只是

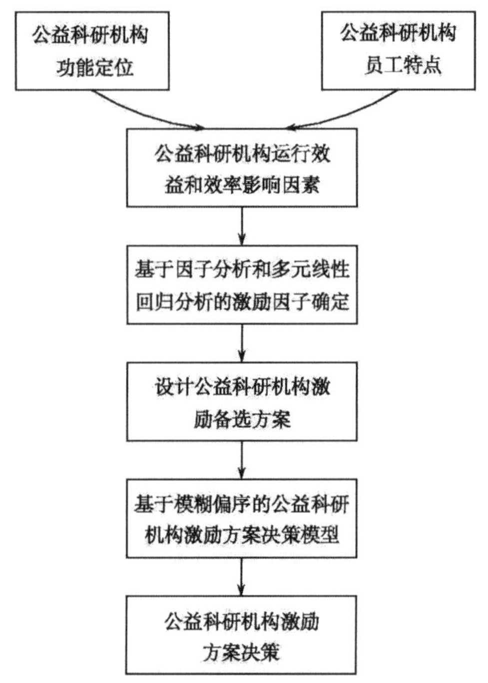

图 7.2　模糊偏序方法员工短期激励决策研究流程

其中一个中央级公益科研机构的调研数据。三是信息覆盖面不同。在第 2 章的研究中,为了突出与工作价值观相关的关键因素,把价值观因子数量控制为 8 个,所含信息量控制为 70.07%;而在本节研究中,把激励因子和子因子数量从 8 个增加到 13 个,因子的覆盖面明显拓宽,所包含的信息量也相应地从 70.07% 增加到 83.84%。四是为了研究短期激励决策的需要,本节指标分组与第 2 章有较大不同。

选择激励因子的基本思路是以提高组织效率为目标,以提高员工满意度为途径,确定激励因子,在此基础上对与组织效率正相关的因子进行强化,对负相关的因子进行弱化。表 7.1 说明了公益科研机构运行效率的关键影响因素。为了进一步确定激励因子,制定更有效的短期激励政策,在计算以上 13 个因子得分的基础上,以各因子得分为自变量,以员工满意度为因变量,进行多元回归分析。回归方程如式(7.1)所示:

$$\begin{aligned} Y = & 0.005 + 0.605F_1 - 0.157F_2 - 0.005F_3 - 0.230F_4 \\ & + 0.299F_5 - 0.188F_6 - 0.202F_7 - 0.025F_8 + 0.229F_9 \\ & - 0.168F_{10} + 0.090F_{11} - 0.039F_{12} - 0.070F_{13} \end{aligned} \tag{7.1}$$

表 7.1 公益科研机构运行效率关键影响因素

项目	F_1	F_2	F_3	F_4	F_5	F_6	F_7	F_8	F_9	F_{10}	F_{11}	F_{12}	F_{13}
C_1	0.165	0.127	0.853	0.122	-0.281	0.077	-0.142	0.068	0.013	-0.085	-0.037	0.034	0.023
C_2	0.644	-0.063	0.473	-0.266	0.058	0.107	-0.028	0.070	0.197	-0.006	0.156	0.003	-0.162
C_3	0.482	-0.066	0.692	-0.079	0.115	-0.149	0.025	-0.023	0.080	0.063	0.076	0.050	-0.131
C_4	0.616	-0.153	0.378	-0.285	-0.012	0.128	0.016	0.065	0.058	0.010	0.332	-0.202	0.045
C_5	0.759	-0.140	0.279	-0.235	0.099	0.126	-0.066	0.006	-0.094	0.198	0.137	-0.092	0.038
C_6	0.715	-0.046	0.183	-0.461	0.087	0.011	-0.113	-0.008	-0.006	-0.134	0.170	0.244	0.047
C_7	0.615	-0.238	0.510	-0.169	0.108	0.080	-0.007	-0.126	-0.088	0.157	-0.082	-0.178	0.003
C_8	0.679	0.095	-0.040	0.096	0.055	-0.189	0.121	-0.213	0.217	-0.094	0.195	-0.369	0.019
C_9	0.627	-0.104	0.301	0.063	-0.139	0.270	-0.177	-0.048	0.079	-0.318	-0.048	0.213	-0.022
C_{10}	0.282	0.182	0.090	0.104	0.049	0.828	0.050	0.087	0.098	0.035	0.022	0.058	0.063
C_{11}	0.613	-0.123	-0.002	0.045	0.465	0.167	-0.171	0.235	0.069	-0.271	0.051	-0.098	0.082
C_{12}	0.313	-0.038	0.071	0.093	0.287	0.016	-0.014	0.048	0.780	-0.108	-0.022	-0.009	0.010
C_{13}	0.669	0.030	-0.100	0.205	0.093	0.072	0.035	0.073	0.032	0.040	-0.067	0.011	0.518
C_{14}	-0.214	-0.413	0.077	-0.166	-0.042	0.020	0.270	-0.012	0.564	0.398	-0.056	-0.020	0.027
C_{15}	0.488	-0.110	0.118	0.071	0.366	0.150	0.527	0.126	0.074	-0.019	-0.134	0.173	-0.099
C_{16}	0.326	0.246	-0.095	0.271	-0.043	0.424	0.069	0.124	-0.091	0.464	0.070	0.037	0.336
C_{17}	0.879	-0.071	0.097	0.186	-0.068	0.073	0.178	-0.137	-0.157	0.063	0.076	0.075	-0.060
C_{18}	-0.526	-0.063	-0.172	0.011	-0.060	0.047	0.407	-0.101	0.058	0.005	0.171	-0.048	0.558
C_{19}	0.048	0.041	0.032	0.845	0.163	0.085	-0.159	0.090	0.005	0.041	-0.049	0.050	0.074
C_{20}	0.824	0.059	0.155	0.007	0.088	0.108	0.047	-0.200	-0.263	-0.019	-0.086	0.061	0.142
C_{21}	0.252	-0.080	0.121	0.142	0.318	-0.579	-0.075	0.411	0.225	-0.133	0.059	0.141	0.164
C_{22}	0.135	-0.147	-0.154	-0.223	-0.176	0.032	0.781	-0.059	0.026	0.069	0.003	-0.087	0.107
C_{23}	0.614	-0.014	0.012	0.093	0.108	0.194	0.305	0.117	0.094	0.485	-0.021	0.103	-0.318
C_{24}	0.717	-0.111	0.253	0.179	-0.188	0.127	0.003	-0.123	0.092	0.114	0.095	-0.038	0.185
C_{25}	0.667	0.104	-0.086	0.470	-0.189	-0.134	0.069	-0.134	0.226	-0.114	0.196	-0.009	0.041
C_{26}	0.632	0.232	-0.175	0.422	-0.137	0.020	0.000	-0.001	0.088	-0.171	0.069	-0.229	0.032
C_{27}	0.810	-0.134	-0.115	0.241	0.029	0.081	0.093	0.010	0.153	0.023	-0.132	-0.195	-0.070
C_{28}	0.798	0.079	-0.103	0.168	0.088	0.001	0.159	0.107	0.001	0.060	0.037	-0.416	-0.045
C_{29}	0.771	0.072	0.047	0.257	-0.105	-0.182	0.088	0.059	0.005	0.016	-0.315	-0.072	-0.015
C_{30}	0.866	-0.080	-0.048	-0.037	0.035	0.166	0.043	0.117	-0.088	-0.015	-0.175	-0.113	0.120
C_{31}	0.422	-0.173	-0.002	-0.478	-0.049	-0.029	0.223	0.338	0.065	0.115	-0.327	0.082	0.133
C_{32}	0.754	-0.021	0.078	-0.017	0.145	-0.122	0.230	0.330	-0.103	-0.123	-0.148	0.167	0.034
C_{33}	0.807	0.053	0.001	-0.083	0.004	-0.016	0.119	-0.108	-0.035	-0.228	-0.169	0.230	-0.087
C_{34}	0.778	0.192	-0.005	0.140	-0.269	-0.106	-0.107	0.197	-0.143	0.084	-0.034	0.066	0.025
C_{35}	0.863	0.212	-0.138	-0.091	-0.047	-0.098	-0.104	0.059	0.213	0.010	-0.038	-0.093	-0.070

续表

项目	F_1	F_2	F_3	F_4	F_5	F_6	F_7	F_8	F_9	F_{10}	F_{11}	F_{12}	F_{13}
C_{36}	0.483	0.293	0.044	0.077	0.266	0.099	−0.051	0.673	0.052	0.066	−0.035	−0.087	−0.059
C_{37}	0.827	−0.050	0.066	−0.103	0.005	−0.129	−0.045	0.281	0.008	−0.046	0.225	−0.064	−0.214
C_{38}	0.726	0.128	−0.167	0.025	−0.057	0.008	−0.166	0.350	−0.031	−0.081	0.202	0.278	−0.111
C_{39}	0.854	0.047	−0.160	−0.046	−0.061	−0.010	−0.003	0.001	−0.086	0.023	0.279	0.177	−0.096
C_{40}	0.318	0.611	0.150	0.033	−0.026	−0.008	−0.016	−0.020	−0.104	0.008	0.592	0.000	0.138
C_{41}	0.340	0.608	0.045	0.166	0.203	0.205	−0.053	−0.025	0.036	0.124	0.117	0.318	−0.207
C_{42}	0.717	0.284	0.033	−0.296	0.014	−0.274	−0.162	−0.102	0.050	0.095	−0.060	0.183	0.089
C_{43}	0.519	0.694	0.072	−0.071	0.026	−0.003	−0.089	0.016	0.006	0.104	−0.116	0.195	0.097
C_{44}	0.616	0.546	−0.184	0.046	−0.022	0.012	−0.068	−0.109	−0.167	0.250	−0.217	0.062	0.049
C_{45}	0.417	0.748	−0.219	0.175	−0.153	0.066	−0.049	0.083	−0.026	−0.037	0.016	−0.096	−0.071
C_{46}	0.559	0.613	−0.124	0.139	0.166	−0.078	0.088	0.070	−0.259	−0.085	0.074	−0.143	−0.109
C_{47}	0.279	0.724	0.179	−0.103	0.075	0.293	−0.059	0.143	0.032	−0.125	−0.011	−0.307	0.066
C_{48}	0.782	0.225	−0.188	−0.215	0.011	0.056	−0.023	−0.213	0.180	−0.151	−0.098	−0.118	−0.094
C_{49}	0.691	0.421	−0.032	−0.209	0.074	−0.118	−0.004	−0.214	0.107	−0.076	0.100	0.043	0.190
C_{50}	0.700	0.016	0.030	−0.167	0.030	0.182	−0.034	−0.122	−0.075	0.500	−0.047	−0.027	0.026
C_{51}	0.605	0.401	0.104	−0.173	0.152	−0.198	−0.092	−0.220	0.159	0.206	0.005	0.217	−0.026
C_{52}	0.449	0.249	−0.306	0.172	0.499	−0.006	−0.240	0.060	−0.012	0.243	−0.162	−0.016	0.194
C_{53}	0.102	0.092	−0.087	0.060	0.855	−0.063	−0.030	0.051	0.144	0.017	0.024	−0.002	−0.039
特征值	19.969	4.340	2.716	2.711	2.176	1.982	1.752	1.653	1.630	1.590	1.334	1.290	1.282
贡献率	37.68%	8.19%	5.12%	5.11%	4.11%	3.74%	3.31%	3.12%	3.08%	3.00%	2.52%	2.44%	2.42%
累计值	37.68%	45.87%	50.99%	56.10%	60.21%	63.95%	67.26%	70.38%	73.46%	76.46%	78.98%	81.42%	83.84%

式(7.1)的相关系数 R=0.826，标准差满足要求，说明其符合线性回归关系。

分析式(7.1)，与组织效率正相关的因子包括 F_1、F_5、F_9、F_{11}，这意味着与员工满意度正相关，能够提升组织效率的因素为 F_1、F_5、F_9、F_{11} 等 4 项。进一步分析这些因子包含的内容，有助于提取公益科研机构员工激励因子。

因子 F_1 包含了 30 项指标，占全部指标总数一半以上。为便于深入研究，根据指标特点将 F_1 进一步细分为 F_{1-1}、F_{1-2}、F_{1-3}、F_{1-4} 和 F_{1-5} 等 5 个子因子。子因子 F_{1-1} 包括 7 项指标，主要描述宏观政策等外部经济社会环境因素对公益科研机构员工努力程度和组织运行效率的影响，如表 7.2 所示。

表 7.2　外部经济社会环境激励因素(子因子 F_{1-1})

序号	指标	特征值
C_2	国家科技发展水平	0.644
C_4	机构定位与相关法律保障	0.616

续表

序号	指标	特征值
C_5	配套政策与实施	0.759
C_6	基础条件和经费保障	0.715
C_7	良好的发展前景	0.615
C_8	在国家发展中的地位	0.679
C_9	发展规划与目标	0.627

子因子 F_{1-2}包括 11 项指标，主要描述科研项目运行与管理等内部环境因素，包括人际关系因素，对员工努力程度和组织效率的影响，如表 7.3 所示。

表 7.3　内部环境激励因素(子因子 F_{1-2})

序号	指标	特征值
C_{23}	员工广泛参与的决策机制	0.614
C_{24}	符合组织目标的项目立项	0.717
C_{25}	有效的科研项目管理	0.667
C_{26}	合理的科研成果评价机制	0.632
C_{27}	鼓励以团队形式开展研究	0.810
C_{28}	合理的成果共享与转化机制	0.798
C_{29}	完善的员工培训制度	0.771
C_{30}	绩效考评引导员工关注研究领域关键性、战略性	0.866
C_{37}	领导与员工关系融洽	0.827
C_{38}	员工团结合作的关系氛围	0.726
C_{39}	合理的岗位设置	0.854

子因子 F_{1-3}包括 3 项指标，主要描述员工知识进取和职务升迁因素，包括技术职务晋升和管理职务升迁因素对员工努力程度和组织效率的影响，如表 7.4 所示。

表 7.4　知识进取和职务晋升激励因素(子因子 F_{1-3})

序号	指标	特征值
C_{32}	提高科研效果的考评体系	0.754
C_{34}	完善合理的干部选拔任用机制	0.778
C_{35}	完善合理的职称评定机制	0.863

子因子 F_{1-4} 包括 2 项指标，描述物质性工作报酬因素对员工努力程度和组织效率的影响，如表 7.5 所示。

表 7.5 物质性工作报酬激励因素(子因子 F_{1-4})

序号	指标	特征值
C_{33}	富有竞争力的薪酬体系	0.807
C_{50}	满意的工资与福利	0.700

子因子 F_{1-5} 包括 7 项指标，主要描述员工在工作中获得的精神性工作报酬对员工努力程度和组织效率的影响，如表 7.6 所示。

表 7.6 精神性工作报酬激励因素(子因子 F_{1-5})

序号	指标	特征值
C_{42}	工作中有美的感受	0.717
C_{43}	工作符合自己的兴趣	0.519
C_{44}	工作能激发创造力	0.616
C_{46}	工作能提高素质、拓展能力	0.559
C_{48}	工作中能获得成就感	0.782
C_{49}	工作中能获得足够的尊重	0.691
C_{51}	工作具有稳定性	0.605

因子 F_5 包括 2 项指标，描述的影响因素主要涉及工作环境，如表 7.7 所示。

表 7.7 工作生活环境激励因素(因子 F_5)

序号	指标	特征值
C_{53}	工作单位交通便利	0.855
C_{52}	能够放松身心	0.499

因子 F_9 包括 2 项指标，描述的影响因素涉及组织文化环境等典型的工作价值观内容，如表 7.8 所示。

表 7.8 组织文化环境激励因素(因子 F_9)

序号	指标	特征值
C_{12}	倡导遵循常规和继承	0.780
C_{14}	鼓励追求个人利益	0.564

因子 F_{11} 包括 2 项指标，描述工作本身即工作的内在价值对员工努力程度和组织效率的影响，如表 7.9 所示。

表 7.9 工作内在价值激励因素（因子 F_{11}）

序号	指标	特征值
C_{40}	清楚了解岗位责任与职责	0.592
C_{39}	合理的岗位设置	0.279

分析以上各项因子和子因子，F_{1-1} 属于外部环境因素，涉及国家对公益科研机构的相关政策，组织无法控制，故不列入考虑范围；因子 F_{1-2} 属于公益科研机构内部管理环境，其激励实施过程和效果形成过程较长，在研究员工短期激励时暂不列入研究范围。出于以上简化问题的考虑，以下讨论中仅针对因子 F_{1-3}、F_{1-4}、F_{1-5}、F_5、F_9 和 F_{11} 提取短期激励因子。于是，公益科研机构员工激励的短期有效因子主要包括以下内容：

(1) 提供员工个人成长的机会，包括技术职务晋升和管理职务升迁（由 F_{1-3} 提取）；

(2) 提高员工的薪酬，改进利益分配（由因子 F_{1-4} 和 F_9 提取）；

(3) 提高员工的福利待遇（由因子 F_5 提取）；

(4) 提高工作的挑战性和成就感（由因子 F_{1-5} 和 F_{11} 提取）。

7.3.3 模糊偏序建模过程

在评估决策中，评估关系是一种偏序关系。由于评估对象以及反映评估对象特征的不确定性，一般偏序关系不能有效地反映评估对象之间的不确定性，而模糊偏序关系能比较贴切地反映评估对象之间相互比较的不确定性。

7.3.3.1 偏序关系

定义 7.1 设 $(U,\leqslant)$ 是偏序集，称关系模型 $\langle U,\leqslant,R\rangle$ 为模糊偏序模型，若 R 是模糊偏序关系，且 $(x_i,x_j,x_k\in U)$，即满足以下条件：

(1) $0\leqslant R(x_i,x_j)\leqslant 1$，$(x_i,x_j\in U)$；

(2) 当 $x_i\geqslant x_j$ 时，$R(x_i,x_j)\geqslant R(x_j,x_i)$；

(3) 当 $x_i\geqslant x_j$ 时，$R(x_i,x_k)\geqslant R(x_j,x_k)$；

(4) 当 $x_i\geqslant x_j\geqslant x_k$ 时，$R(x_k,x_j)\geqslant R(x_k,x_i)$。

7.3.3.2 建立员工激励决策评估信息系统 (U,A,F)

其中，$U=\{x_1,x_2,\cdots,x_n\}$ 为评估对象或方案集，$U=\{x_1,x_2,\cdots,x_n\}$ 表示针对

该公益科研机构设计的不同激励方案。

$A=\{\alpha_1,\alpha_2,\cdots,\alpha_m\}$为评估对象属性集。在本例中,通过以下 4 个属性对不同激励方案进行比较:

(1) 激励方案的可行度;

(2) 方案对提升组织目标的相关度;

(3) 员工对方案的反应度,主要体现为对提升组织目标的显著程度;

(4) 激励方案起作用的时间,即方案是长期见效还是短期见效。

$F=\{f_l:U\to V_l(l\leqslant m)\}$为评估对象与评估属性的关系集,其中 $f_l(x_i)$ 表示评估对象 x_l 关于评估属性 α_l 的测定值,V_l 为属性 α_l 的取值域。如果 $f_l(l\leqslant m)$ 取数值,则称为基数评估模型;如果 $f_l(l\leqslant m)$ 仅表示偏好位置,称为序数评估模型。本例利用专家信息和员工调查问卷方式确定 $f_l(l\leqslant m)$ 的基数评估值。

7.3.3.3　确定模糊偏序关系

对于连续信息系统(U,A,F),

$$R(x_i,x_j)=\min[1\wedge(1-f_i(x_i)+f_j(x_j))] \tag{7.2}$$

是$(U,\leqslant)$上的模糊偏序关系。由于 R_i 是 U 上的模糊偏序集关系,则 R 是 U 上的模糊偏序集关系。

7.3.3.4　确定优越元

定义 7.2　给定论域 U 上的 F 偏序关系 R,对 $u\in U$,若对 U 中其他元 v 有 $R(u,v)=0$,则称 u 为 R 的优越元;并称 $D(U)=\{u|u\in U\}$ 为 U 对 R 的优越集。若 R 是有限论域 U 上 F 偏序关系,则 R,U 中必然存在优越元。

7.3.3.5　融合模糊信息与确定模糊次序

设 R 为 U 上 F 关系,其中 $V\subseteq U$,则令$R|(V\times V)=\{(u,v),R(u,v)|(u,v)\in V\times V\}$,称 V 上 F 关系$R|(V\times V)$为 R 在 V 上的收缩。由于给定 U 上 F 偏序关系 R 及 U 的非空子集 V,对于 $\forall v_1,v_2\in V$,若 $S\in F(V\times V)$ 隶属函数满足 $S(v_1,v_2)=R(v_1,v_2)$,则 S 是 V 上 F 偏序关系。对于模糊偏序关系,根据如下公式可得到 U 上全序:

$$R(x_i)=\sum_{j=1}^{n}R(x_i,x_j) \tag{7.3}$$

7.3.3.6　排序

根据有限论域 U 上的 F 偏序关系 R,确定元素优越次序。当 $\forall u,v\in U$,运用式(7.4)对 F 偏序关系下元素优越次序对 Q 进行排序。

$$Q(u,v)=\begin{cases}1, & u=v \\ (R(u,v)-R(v,u))\vee 0, & u\neq v\end{cases} \tag{7.4}$$

7.3.4 实例计算分析

针对组织内中青年员工较多的实际情况，为公益科研机构人力资源管理部门设计员工短期激励政策，建立了激励决策系统(U,A,F)。依据上节中确定的短期激励因子拟定了5个备选方案，备选方案集$U=(x_1,x_2,x_3,x_4,x_5)$，其中x_1为加薪，x_2为提供继续深造机会，x_3为优先评定职称，x_4为1和2的结合，x_5为1和3的组合。综合考虑以上方案的可行度、相关度、反应度和见效时间作为衡量标准，进行激励方案决策。由专家信息确定的决策数据如表7.10所示。

表7.10 决策数据

方案	α_1	α_2	α_3	α_4
x_1	0.8	0.8	0.6	0.7
x_2	0.6	0.6	0.6	0.7
x_3	0.7	0.7	0.8	0.7
x_4	0.4	0.7	0.7	0.8
x_5	0.6	0.8	0.9	0.9

由式(7.2)，得到模糊偏序关系为

$$R=\begin{bmatrix}1 & 1 & 0.8 & 0.9 & 0.7\\ 0.8 & 1 & 0.8 & 0.9 & 0.7\\ 0.9 & 1 & 1 & 0.9 & 0.8\\ 0.6 & 0.8 & 0.7 & 0.7 & 0.8\\ 0.8 & 1 & 1 & 0.9 & 1\end{bmatrix}$$

由式(7.3)得到：

$R(x_1)=4.4, R(x_2)=4.2, R(x_3)=4.6, R(x_4)=3.6, R(x_5)=4.7$

得到该公益科研机构员工短期激励方案的优劣排序为

$$x_5>x_3>x_1>x_2>x_4$$

依据上述决策准则，当前最优的短期激励策略是实施增加薪酬和晋升技术职务相结合的组合激励方案。

7.4　基于ANFIS方法的公益科研机构员工激励决策实例

7.4.1　引言

公益科研机构员工激励问题具有较大的复杂性，这体现在员工群体是专门从事智力工作，具有高度的自主性和独立性、自我价值感强、目标明确的知识员工，对工作的挑战性和创造性、工作满意度、工作环境，以及工作给予个人的发展空间、组织中的人文关怀等心理期望值高；加之公益科研机构经常承担国家前沿大型科技项目，员工的合作直接影响组织的科研工作效率。鉴于以上原因，采用传统的物质激励无法满足公益科研机构员工激励的要求。工作价值观激励符合当前人力资源管理中的内部契合理论，可避免由于组织成员价值观与组织价值观不匹配而导致员工的角色混淆和利益冲突，避免员工做出影响组织利益的行为。这种激励方式比较符合公益科研机构员工的实际情况，研读参考文献[174,175]可见，基于工作价值观研究公益科研机构员工激励具有较强的可行性。

与分析工作价值观激励的可行性相比，如何定量地确定工作价值观激励效果的难度更大。以往学者的研究多局限在定性研究的范畴，没有实现定量化。由于无法定量分析工作价值观激励的效果，无法为科学制定相关激励策略提供辅助决策支持。为了克服这些困难，本节利用复杂适应系统(complex adaptive system，CAS)理论分析基于工作价值观的公益科研机构员工激励作用机制，采用自适应神经模糊推理系统进行建模，以求定量化地分析工作价值观激励的效果。

目前，已有一些学者应用CAS在组织复杂度和创造性、文化复杂度，组织的自适应性以及组织的管理理念等方面进行了研究。应用CAS研究公益科研机构员工工作价值观激励的可行性表现在以下几个方面：

第一，CAS把系统的成员看作是具有自身目的与主动性、积极性的主体，这与公益科研机构中的知识员工是积极主动的主体相一致。

第二，CAS强调主体与环境之间的互动性，认为个体及其相互作用是整体的基础。复杂系统中主体以适应为基本手段，达到与环境一起演化的状态，它们之间是协同发展的，并不断相互影响与进化。这类问题的建模与工作价值观激励过程中个体工作价值观与组织价值观之间的作用机制相似。

第三，CAS的研究对象具有涌现性。按照CAS的观点，复杂系统的涌现现象具有以往系统中从未看到过的特征，是高层次具有而还原到低层次就不复存在的属性、特点、行为或功能，这与工作价值观激励的长期效应大于短期效果的实际情况不谋而合。

本例中研究的激励决策问题实际上是一个复杂系统优化问题，多准则、非线性、不可微、不确定是复杂系统的基本特征。传统的优化技术和方法受到严重的挑战。从复杂适应系统角度研究公益科研机构员工的激励问题应该采用生物进化方法，这样才能表示出这种非线性、相互作用和演化的作用机制。模糊逻辑系统和神经网络都可以用来模拟人的行为，目标都是模拟领域专家来解决复杂系统问题，但两种方法各有局限性。如果将两者结合起来，采用自适应神经模糊推理系统（adaptive-neuro fuzzy inference system，ANFIS）来研究这类问题，就可以融合神经网络的学习机制和模糊系统的语言推理能力等优点，弥补各自的不足。该方法已经在社会和管理领域的预测、评估和决策问题中得到了广泛的应用，如参考文献[176～178]。

7.4.2　ANFIS 模型结构

Roger 提出的 ANFIS 是 Sugeno 型模糊系统，对于 2 个输入（x，y）、1 个输出（z）的一阶 Sugeno 型模糊系统，有以下两条规则：

$$\text{如果}(x=A_1)\ \text{and}\ (y=B_1)\text{，则}\ f_1=p_1x+q_1y+r_1$$
$$\text{如果}(x=A_2)\ \text{and}\ (y=B_2)\text{，则}\ f_2=p_2x+q_2y+r_2 \tag{7.5}$$

与该一阶 Sugeno 型模糊系统等效的 ANFIS 结构如图 7.3 所示。

图 7.3 中点间的连线仅表示信号的流向，没有权值与之关联；方形节点表示带有可调参数的节点，圆形节点表示不带有可调参数的节点。

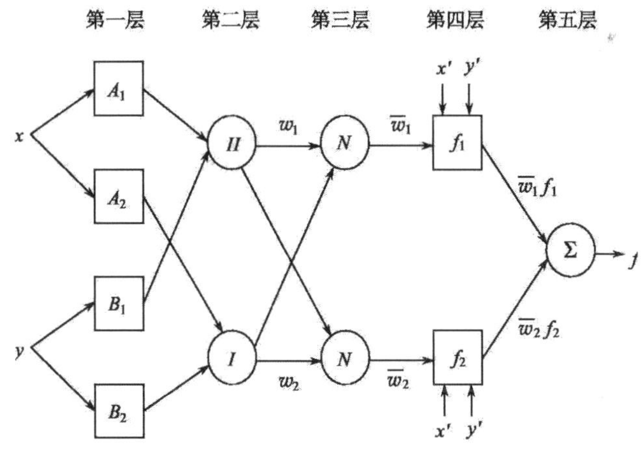

图 7.3　ANFIS 结构

第一层的所有节点都是自适应节点，是输入变量的隶属度函数层，通常可以选用高斯函数；

$$O_i^1=\mu_{A_i}(x),\quad i=1,2 \tag{7.6}$$

$$O_j^1 = \mu_{B_j}(y), \quad j = 1,2 \tag{7.7}$$

式中,x、y 为输入节点,O_i^1、O_j^1 为第一层节点的输出。

第二层是固定的(而非自适应的),称为规则的强度释放层,它是将输入信号相乘;第 2 层的输出可以表示为

$$O_i^2 = w_i = \mu_{A_i}(x)\mu_{B_j}(y) \tag{7.8}$$

第三层是将各条规则的适用度归一化,如第 i 条规则的归一化适用度:

$$O_i^3 = \overline{w}_i = \frac{w_i}{(w_1 + w_2)} \tag{7.9}$$

第四层的每个节点都是自适应节点,用来计算模糊规则的输出;

$$O_i^4 = \overline{w}_i f_i = \overline{w}_i(p_i x + q_i y + r_i) \tag{7.10}$$

其中,$\{p_i, q_i, r_i\}$ 是设置的参数,称为前件参数

第五层是一个固定节点,计算所有输入信号的总输出为

$$OL5_i = \sum_i \overline{w}_i f_i = \frac{\sum_i w_i f_i}{\sum_i w_i} \tag{7.11}$$

前件参数和后件参数都是未知参数,通过混合学习算法训练 ANFIS,可以得到这些参数,进而达到模糊建模的目的。

7.4.3 建模流程

在建模过程中,需要完成以下主要工作:

(1) 数据采集。① 采集公益科研机构员工价值观的影响因素。一般以调查问卷的形式获得。② 采集员工的综合绩效相关数据。相关信息不仅包括当前员工的绩效水平,而且要包含体现工作价值观激励的相关效果指标,如工作满意度、组织承诺等。采集到的数据分别对应神经网络的输入与输出。

(2) 确定公益科研机构员工价值观与工作绩效之间的相互关系。将采集到的数据分解为训练样本和测试样本,通过训练样本获得神经网络结构,通过测试样本验证神经网络结构的精度和有效性。

(3) 设计激励政策。预测在不同激励政策下员工的工作绩效,以此为进行公益科研机构员工激励决策提供辅助决策支持。

(4) 结合 ANFIS 的训练结果,诊断当前提高工作绩效的激励因素,确定有效的激励政策。

(5) 其中第(3)、第(4)步的过程可以交叉进行,以有效发挥人工智能建模的正向预测和逆向诊断的功能,提高激励决策的有效性和正确性。

7.4.4 算法步骤

混合学习算法是将最小二乘法和梯度下降法相结合的一种学习算法，可以降低梯度法中搜索空间的维数，提高收敛速度。对每次样本训练，混合学习算法都存在前向传递和反向传递两个过程。首先，固定前件参数，将输入量前向传递到ANFIS第四层，此时系统总输出可以表示为后件参数的线性组合，即

$$z = (\overline{w}_1 x) p_1 + (\overline{w}_1 y) q_1 + \overline{w}_1 r_1 + (\overline{w}_2 x) p_1 + (\overline{w}_2 y) q_2 + \overline{w}_2 r_2 = A \cdot X \tag{7.12}$$

其中，$(p_1, q_1, r_1, p_2, q_2, r_2)$构成向量$X$；$A$、$X$、$z$为矩阵，其维数分别为$P\times 6$、$6\times 1$、$P\times 1$；$P$为训练数据的组数。应用最小二乘法求得后件参数：

$$X^* = (A^{\mathrm{T}} A)^{-1} A^{\mathrm{T}} z \tag{7.13}$$

依据式(7.13)进行误差计算，将获得的信号进行反向传递，用梯度下降法更新前件参数，改变隶属函数的形状。

7.4.5 实例计算分析

本节合并采用第2章第2.5节从分别隶属中央部门和地方政府的两个典型公益科研机构获得的调研数据进行综合实例研究。调查问卷设计及相关数据处理已如第2章所述。

7.4.5.1 员工综合绩效数据采集与处理

工作价值观激励的作用可以表现为当前工作绩效的提高；也有可能对员工产生潜移默化的影响，而这种影响是无法用当前的绩效来衡量的。为此，选择以下指标采用加权求和的方式衡量工作价值观激励的效果。主要包括以下指标：①员工当前绩效水平；②员工满意度；③员工的组织承诺水平；④员工目标与组织目标的一致性；⑤员工的长期成长性。

其中第一个指标主要采集自员工年终考核结果，第2～4个指标通过调查问卷的形式获得，第5个指标以人事部门和本部门领导的综合打分为准。以上数据区间为[0,1]，其中0表示最差，1表示最好。各指标的权重依据专家信息确定，指标1的权重为0.5，指标2的权重为0.2，指标3～5的权重各为0.1。

7.4.5.2 数据降维处理

为实现数据降维，避免信息交叉重叠，降低神经网络训练的难度。对原始数据进行了因子分析，具体的统计分析过程，采用SPSS13.0软件实现。以表达信息量大于70%为标准选择因子8个，经旋转后的载荷因子及含义如表7.11所示。表

7.11 内容与第 2 章中表 2.3 一致。

表 7.11 旋转后因子及含义

因子	特征值	含义
F_1	7.339	科研项目运行等内部工作环境激励因素
F_2	6.899	外部经济社会环境激励因素
F_3	6.436	个体成长和价值实现等精神性报酬激励因素
F_4	3.976	内部环境激励因素
F_5	3.116	物质性和精神性工作报酬激励因素
F_6	2.509	绩效等进取激励因素
F_7	2.266	健康和交通等环境激励因素
F_8	1.797	领导风格等人际关系激励因素

以上述 8 个因子得分作为输入变量，进行神经网络训练。

7.4.5.3 模糊规则库的建立

针对 8 个输入节点，共建立了 576 条规则。规则的基本表示形式如下：

规则 1：如果 $F_1 \in B$ 和 $F_2 \in B$ 和 $F_3 \in B$ 和 $F_4 \in B$ 和 $F_5 \in B$ 和 $F_6 \in B$ 和 $F_7 \in B$ 和 $F_8 \in B$，则：output $\in B$。

规则 2：如果 $F_1 \in M$ 和 $F_2 \in B$ 和 $F_3 \in B$ 和 $F_4 \in B$ 和 $F_5 \in B$ 和 $F_6 \in B$ 和 $F_7 \in B$ 和 $F_8 \in B$，则：output $\in M$。

…………

规则 576：如果 $F_1 \in W$ 和 $F_2 \in W$ 和 $F_3 \in W$ 和 $F_4 \in W$ 和 $F_5 \in W$ 和 $F_6 \in W$ 和 $F_7 \in W$ 和 $F_8 \in W$，则：output $\in W$。

7.4.5.4 ANFIS 的训练与验证

从采集到的数据中抽取 200 个样本等分成两组，一组为训练样本，一组为验证样本。通过给定的输入/输出数据集，采用 MATLAB 模糊工具箱中的 ANFIS 结构，构建一个模糊推理系统（FIS）。它的隶属度函数的参数利用反向传播算法和最小二乘法一起调整达到最小，这个过程允许模糊系统用缄默的数据进行学习。在误差率小于 0.05 的情况下，ANFIS 对训练样本进行学习，在对数据样本训练 1000 次后，得到了一个良好的数据结构，通过对验证样本的应用，验证了结构的有效性。进一步，得到了各输入节点的归一化连接权，如表 7.12 所示。

表 7.12 各输入变量的连接权重

因子	F_1	F_2	F_3	F_4
权重	0.155	0.031	0.129	0.306
因子	F_5	F_6	F_7	F_8
权重	0.227	0.162	0.028	0.009

从以上分析结果可以看到，营造包括人际关系在内的好的内部工作环境，提高员工的物质性和精神性工作报酬，是提高员工绩效的有效措施。

7.4.5.5 激励手段与激励方案

结合"7.4.5.4"的分析结果，确定可以采取的主要激励手段包括：①提高员工收入；②改善内部项目管理方式和制度；③强化破格晋升机制。

设计了 3 个激励方案，分别为手段 a、b、c 两两组合，激励的强度为在最初激励方案的基础上增加 10%。随机抽取 10 个样本，利用专家信息及推理方法，确定他们对激励方案的反应，调整 ANFIS 的输入，相关结果如表 7.13 所示。需要说明的是，由于过于复杂的激励方案无法获取可对比的相关数据，为了降低数据获取的难度及提高训练速度，降低学习的复杂度，本项目只设计了 3 种激励手段，但这已足以验证本项目提出方法的有效性。

表 7.13 ANFIS 方法仿真结果

样本	初始绩效值	方案 1		方案 2		方案 3	
		绩效值	灵敏度	绩效值	灵敏度	绩效值	灵敏度
1	0.75	0.827	7.7	0.765	1.5	0.779	2.9
2	0.67	0.752	8.2	0.778	10.8	0.817	14.7
3	0.72	0.791	7.1	0.797	7.7	0.839	11.9
4	0.95	0.961	1.1	0.950	0	0.960	1.0
5	0.81	0.907	9.7	0.825	1.5	0.852	4.2
6	0.65	0.692	4.2	0.671	2.1	0.715	6.5
7	0.91	0.917	0.7	0.917	0.7	0.921	1.1
8	0.78	0.905	12.5	0.817	3.7	0.853	7.3
9	0.83	0.901	7.1	0.850	2	0.869	3.9
10	0.88	0.927	4.7	0.895	1.5	0.919	4.43

7.4.5.6 结果的对比与分析

本例中按照CAS观点，采用ANFIS方法建模。为了说明本例所用方法的有效性，与参考文献[179]单纯使用神经网络方法利用输入/输出数据进行训练得到的结果(表7.14)进行了对比。

表7.14 单纯神经网络方法仿真结果

样本	初始绩效值	方案1		方案2		方案3	
		绩效值	灵敏度	绩效值	灵敏度	绩效值	灵敏度
1	0.75	0.840	12.00	0.770	2.67	0.781	4.13
2	0.67	0.768	14.63	0.799	19.40	0.828	23.58
3	0.72	0.790	9.72	0.821	13.89	0.854	18.61
4	0.95	0.96	1.05	0.950	0.00	0.962	1.26
5	0.81	0.921	13.70	0.850	4.94	0.842	3.95
6	0.65	0.715	10.00	0.661	1.54	0.691	6.31
7	0.91	0.935	2.75	0.921	1.10	0.907	−0.33
8	0.78	0.921	18.08	0.829	6.41	0.875	12.17
9	0.83	0.905	9.04	0.851	2.41	0.881	6.14
10	0.88	0.927	0.47	0.895	0.15	0.920	4.55

对照表7.13和表7.14的仿真结果，可以得到如下结论：

(1) 同样的激励策略下，ANFIS仿真结果中的绩效值比单纯采用神经网络方法仿真的结果略低。

(2) 同样的激励策略下，ANFIS仿真结果的灵敏度略低于单纯神经网络方法仿真结果。

为进一步验证两种方法的优劣，将仿真结果重新对测试样本计算在不同激励策略下的误差率，发现ANFIS的误差率明显低于单纯采用神经网络方法的仿真结果。因此，采用复杂适应系统来研究基于工作价值观的公益科研机构员工激励问题更加符合实际情况。

7.5 本章小结

本章配合第2章至第6章的理论研究，对公益科研机构员工激励系统建设中的有关实践问题进行了一组创新务实的实例研究。

实例1采用某公益科研机构员工对激励机制建设的讨论意见研究了公益科研

机构员工激励系统的结构完整性问题。

实例 2 利用某公益科研机构组织文化建设的有关资料研究了员工激励系统约束机制中的伦理道德约束问题。

实例 3 采用模糊偏序(fuzzy partial order)方法对某公益科研机构员工激励系统动力机制的短期决策问题进行了量化研究,重点是研究员工短期激励动力机制的优先因素。

实例 4 采用自适应神经模糊推理系统(adaptive neural-fuzzy inference system,ANFIS)方法和综合数据对典型公益科研机构员工激励系统动力机制的决策问题进行了量化研究,重点是验证基于 ANFIS 方法的员工激励系统动力机制决策模型在一般情况下的有效性。

参考文献

[1] 刘亚非．我国公益类科研机构的发展与探索[D]．东北大学博士学位论文，2006．

[2] 黄建国．国外公益性科研机构的内部管理模式研究．[J]科学管理研究，2006，25(2)：16-18．

[3] 程夏蕾．关于社会公益类科研机构改革的思考[J]．水利发展研究，2010，(9)：29-30．

[4] 陈雷．我国公益型科研机构改革：一个基于非营利组织视角的分析[D]．浙江大学硕士学位论文，2004．

[5] 科学技术部政策法规与体制改革司科研院所改革跟踪调查课题组．中央级科研机构改革与发展情况调查分析报告[R]．2007．

[6] 张恒力，叶中华．现阶段公益型科研机构改革进展所面临的问题及对策建议[J]．科学与科学技术管理，2006，(11)：46-52．

[7] 李岚．人力资源应用心理学[M]．北京：高等教育出版社，2007．

[8] 孙新波，樊治平，秦尔东，等．知识员工激励理论与实务[M]．北京：经济管理出版社，2006．

[9] 侯光明，李存金．现代管理激励与约束机制[M]．北京：高等教育出版社，2003．

[10] 莱曼·W．波特，格雷戈里·A．比格利，理查德·M．斯蒂尔斯．激励与工作行为[M]．陈学军译．北京：机械工业出版社，2006．

[11] 薛淑珍．管理效率——聚集企业管理与组织发展的难题[M]．北京：中国物资出版社，2008．

[12] Vansteenkiste M, Lens W, Deci E L. Intrinsic versus extrinsic goal-contents in self determination theory: another look at the quality of academic motivation [J]. Educational Psychologist, 2006, 41: 19-31.

[13] Benabou R, Tirole J. Intrinsic and extrinsic motivation[J]. The Review of Economic Studies, 2003, 70(3): 489-520.

[14] Shang R A, Chen Y C, Shen L. Extrinsic versus intrinsic motivations for consumers to shop on-line[J]. Information & Management, 2005, 42 (3): 401-413.

[15] Hung S Y, Durcikova A, Lai H M, et al. The influence of intrinsic and extrinsic motivation on individuals′ knowledge sharing behavior[J]. International Journal of Human-Computer Studies, 2011, 69(6): 415-427.

[16] Zenger T, Marshall C. Determinants of incentive intensity in group-based rewards[J]. Academy of Management Journal, 2000, 43: 149-163.

[17] Chang E. Composite effects of extrinsic motivation on work effort: case of Korean employees[J]. Journal of World Business, 2003, 38: 70-79.

[18] Leonard N, Beauvais L, Scholl R. Work motivation: the incorporation of self-concept-based processes [J]. Human Relations, 1999, 52(8): 969.

[19] Sumita S. Motivational theories and incentives approaches [J]. IIMB Management Review, 2004, 16(4): 43.

[20] Bird P V. Working environment and employee motivation [D]. Capella University, 2006.

[21] Fehr E, Armin F. Psychological foundations of incentives [J]. European Economic Review, 2002, 46: 687-724.

[22] Prendergast C. The provision of incentives in firms [J]. Journal of Economic Literature, 1999, 37: 7-63.

[23] Gneezy U, Aldo R. Pay enough or don't pay at all [J]. Quarterly Journal of Economics, 2000, 115(3):

791-810.

[24] Heyman J, Ariely D. Effort for payment: a tale of two markets[J]. Psychological Science, 2004,15(11): 787-793.

[25] Li Y. Responsibility towards others and its effects on motivation [D]. The University of Chicago, 2009.

[26] Purdy. Job satisfaction within a non-profit organization: an application of Hertzberg's motivation-hygiene theory [D]. Capalla University, 2008.

[27] Xu Q M. A predictive model of employee self development: the effects of individual and contextual variables [D]. University of California, Irvine, 2007.

[28] Steers R M, Mowday R T, Shapiro D L. The future of work motivation theory[J]. Academy of Management Review, 2004, 29: 379-387.

[29] Maurer T J. Employee learning and development orientation: Toward an integrative model of involvement in continuous learning[J]. Human Resource Development Review, 2002,1:9-44.

[30] Maurer T J, Weiss E M, Barbeite F G. A model of involvement in work-related learning and development activity: the effects of individual, situational, motivational and age variables[J]. Journal of Applied Psychology, 2003,88(4):707-724.

[31] Ramlall S. A review of employee motivation theories and their implications for employee retention within organizations[J]. Journal of American Academy of Business, 2004,5(1/2): 52-64.

[32] Li H K, Chung S K. A comparative study on the job satisfaction and organizational commitment by the motivation of Korean and Chinese employees [J]. Journal of Management Education, 2007, 46: 181-202.

[33] Bolton S. Career motivation theory: generational difference and their impact on organizations[D]. Walden University, 2009.

[34] Barbuto J, Brown L, Wheeler D, et al. Motivation, altruism, and generalized compliance: a field study of organizational citizenship behaviors[J]. Psychological Reports, 2003, 92: 498.

[35] Furman D J. A study of the relationship between individual motivation and level of team development [D]. Capella University, 2008.

[36] Markle A. Asymmetric disconfirmation in managerial beliefs about employee motivation[D]. The University of Chicago, 2007.

[37] 张维迎. 博弈论与信息经济学[M]. 上海:格致出版社,上海三联书店,上海人民出版社,2011.

[38] 张军. 合作团队的经济学:一个文献综述[M]. 上海: 上海财经大学出版社,1998.

[39] 刘正周. 管理激励[M]. 上海: 上海财经大学出版社,1999.

[40] 李红霞. 科研团队激励机制研究[D]. 西安科技大学硕士学位论文. 2006.

[41] 刘颖. 工作价值观研究述评[J]. 科技信息,2008,(9):72-75.

[42] 曹国雄. 工作价值观对员工工作态度的影响[J]. 人才资料学报(台湾),1994,4:1-20.

[43] 杨建锋. 现代工作价值观研究述评[J]. 技术经济,2007, 26(11): 103-106.

[44] Akhtar S. Influences of cultural origin and sex on work values [J]. Psychological Reports, 2000, 86: 1037-1049.

[45] Schwartz S H. A theory of cultural values and some implications for work [J]. Applied Psychology: An International Review, 1999, 48: 23-47.

[46] van der Velde M E G, Feij J A, van Emmerik H. Change in work values and norms among dutch young

adults: aging or societal trends [J]. International Journal of Behavioral Development, 1998, 22: 55-76.

[47] Shapira Z, Griffith T L. Comparing the work values of engineers with managers, production, and clerical workers: a multivariate analysis [J]. Journal of Organizational Behavior, 1990, 11: 281-292.

[48] Super D E. Manual of Work Values Inventory [M]. Chicago: River-Side Publishing Company. 1970.

[49] Super D E. A life-span, life-space approach to career development [J]. Journal of Occupational Psychology, 1980, 52: 129-148.

[50] Wollack S, Goodale J G, Wijting J P. Development of the survey of workvalues [J]. Journal of Applied Psychology, 1971, 55: 331-338.

[51] Elizur D. Facets of work values: a structural analysis of work outcomes [J]. Journal of Applied Psychology, 1984, 69: 379-389.

[52] Butler G, Vodanovich S J. The relationship between work values and normative and instrumental commitment [J]. Journal of Psychology, 1992, 126: 139-146.

[53] Cheung C, Scherling S A. Job satisfaction, work values, and sex differences in Taiwan's Organizations [J]. Journal of Psychology, 1999, 133: 563-575.

[54] Drummond R J, Stoddard A. Job satisfaction and work values [J]. Psychological Reports, 1991, 69: 116-118.

[55] Maarten V, Neyrinck B, Niemiec C P. On the relations among work value orientations, psychological need satisfaction and job outcomes: a self-determination theory approach [J]. Journal of Occupational and Organizational Psychology, 2007, 80: 251-277.

[56] LaBarbera P, Gürhan Z. The role of materialism, religiosity, and demographics in subjective well-being [J]. Psychology and Marketing, 1997, 14: 71-97.

[57] Nickerson C, Schwartz N, Diener E, et al. Zeroing on the dark side of the American dream: A closer look at the negative consequences of the goal for financial success [J]. Psychological Science, 2003, 14: 531-536.

[58] Malka A, Chatman J A. Intrinsic and extrinsic work orientations as moderators of the effect of annual income on subjective well-being: a longitudinal analysis [J]. Personality and Social Psychology Bulletin, 2003, 29: 737-746.

[59] Bardi A, Schwartz S H. Values and behavior: Strength and structure of relations [J]. Personality and Social Psychology Bulletin, 2003, 29: 1207-1220.

[60] Gagne M, Deci E L. Self-determination theory and work motivation [J]. Journal of Organizational Behavior, 2005, 26: 331-362.

[61] Ghorpade J, Lackritz J, Singh G. Work values and preferences for employee involvement in the management of organizations [J]. Employee Responsibilities and Rights Journal, 2001, 13(4): 191-203.

[62] Roe R A, Ester P. Values and work: empirical findings and theoretical perspective [J]. Applied Psychology, 1999, 48: 1-21.

[63] Sun W. Institutional impact on work-related values in Chinese organizations [J]. Journal of Business Ethics, 2008, 83: 297-306.

[64] Kuchinke K P, Kang H S, Oh S Y. The influence of work values on job and career satisfaction, and organizational commitment among Korean professional level employees [J]. Asia Pacific Education Review, 2008, 9(4): 552-564.

[65] Duysal A, Ela U O, Olcay B A. Understanding managerial work values in turkey [J]. Journal of Busi-

ness Ethics ,2010 , 93 :103-114 .

[66] Ryan J J . Work values and organizational citizenship behaviors : values that work for employees and organizations[J]. Journal of Business and Psychology , 2002 , 17(1) :123-132 .

[67] Frieze I H , Olson J E ,Murrlell A J , et al . Work values and their effect on work behavior and work outcomes in female and male managers[J]. Sex Roles , 2006 , 54(1/2) : 83-93 .

[68] Loughlin C , Barling J . Younger workers's work values , attitudes , and behaviours[J]. Journal of Occupational and Organizational Psychology , 2001 , 74 :543-558 .

[69] Raile A N W . An initial exploration of the effects of expectations about work values and work value attainment on organizational communication satisfaction [D]. Michigan State University , 2005 .

[70] Chiu S K . The linkage of Job performance to goal setting , work motivation , team building , and organizational commitment in the high-tech industry in Taiwan[D]. Nova Southeastern University , 2004 .

[71] 蒋志青 . 知识经济时代的人力资源管理[M]. 上海 :上海人民出版社 ,2007 .

[72] 罗斯玛丽 · 哈里森 ,约瑟夫 · 凯塞尔 . 知识经济时代人力资源开发[M]. 周金泉译 . 北京 :经济管理出版社 ,2004 .

[73] 伍晋明 ,韩琳琳 ,王威 ,等 . 知识型员工人力资源管理[M]. 北京 :中国劳动社会保障出版社 ,2008 .

[74] 韩大鹏 . 知识型员工激励策略[M]. 北京 :中国经济出版社 ,2007 .

[75] 顾朝武 . 论知识员工的激励[J]. 中国人才 ,2003 ,(4) :31 ,32 .

[76] 于龙飞 . 论知识型员工激励[J]. 合作经济与科技 , 2005 ,(7) :4-6 .

[77] 张望军 ,彭剑锋 . 中国企业知识型员工激励机制实证分析[J]. 科研管理 ,2001 ,11 :90-97 .

[78] Forno A D , Merlone U . Incentives and individual motivation in supervised work groups[J]. 2010 ,207 (2) :878-885 .

[79] Locke E A . Work motivation [J]. Encyclopedia of Applied Psychology , 2004 ,(3) :709-713 .

[80] Tampoe M . Motivating knowledge workers—the challenge for the 1990s[J]. Knowledge Management and Organizational Design ,1993 , 26(3) :49-55 .

[81] Lacy F ,Sheehan B . Job satisfaction among academic staff : an international perspective[J]. Higher Education , 1997 , 34(3) : 305-322 .

[82] Dwivedula R , Bredillet C N . Profiling work motivation of project workers [J]. International Journal of Project Management , 2010 , 28(2) :158-165 .

[83] Siemsen E , Roth A V ,Balasubramanian S , et al . How motivation , opportunity , and ability drive knowledge sharing : the constraining-factor model[J]. Journal of Operations Management , 2008 , 26 (3) : 426-445 .

[84] Hsu C L , Lin J C C . Acceptance of blog usage : the roles of technology acceptance , social influence and knowledge sharing motivation [J]. Information & Management , 2008 ,45(1) :65-74 .

[85] King W R , Peter V , Marks Jr . Motivating knowledge sharing through a knowledge management system[J]. Omega , 2008 , 36 (1) :131-146 .

[86] Petroni A , Colacino P . Motivation strategies for knowledge workers : evidences and Challegnes [J]. Journal of Technology Management & Innovation , 2008 ,3(3) :21-32 .

[87] Brunner G F . The IRI medalist's address : the Tao of innovation[J]. Res . Technol . Manage ., 2001 , 44(1) :45-51 .

[88] Agarwal N , Singh P . Organizational rewards for a changing workplace : an examination of theory and practice[J]. Int . J . Technol . Manage ., 1998 , 16(1-3) : 225-238 .

[89] Koning J W . Three other R's: Recognition, reward and resentment[J]. Res Technol Manage ,1993, 36 (4):19-29.

[90] Kochanski J, Mastropolo P ,Ledford G . People solutions for R&D[J]. Res Technol Manage ,2003, 46 (1):59-61.

[91] Latham G P ,Pinder C C . Work motivation theory and research at the dawn of the twenty-first century [J]. Annual Review of Psychonology, 2005 ,56 :485-516.

[92] Milne G . Motivating the knowledge worker to perform[D]. University of Pretoria, 2007.

[93] Murtonen M, Olkinuora E, Palonen T ,et al. Motivational orientations in work[J]. International Journal of Educational Research, 2008, 47(4):213-222.

[94] Osterloh M ,Frey B . Motivation, knowledge transfer, and organizational forms[J]. Organization Science, 2000 ,11(5): 538-550.

[95] Teigland R ,Wasko M . Knowledge transfer in MNCs: Examining how intrinsic motivations and knowledge sourcing impact individual centrality and performance[J]. Journal of International Management, 2009, 15(1):15-31.

[96] Serra D, Serneels P, Barr A . Intrinsic motivations and the non-profit health sector: evidence from Ethiopia[J]. Personality and Individual Differences, 2011 ,51(3):309-314.

[97] Amar A . Motivating knowledge workers to innovate: a model integrating motivation dynamics and antecedents[J]. European Journal of Innovation Management, 2004, 7(2): 89-101.

[98] 李喆,卫小将. 个人价值观与社会工作价值观之整合[J]. 社会工作理论探索,2008,(12)下:8-10.

[99] 魏源. 价值观的概念、特点及其结构特征[J]. 中医临床康复,2006,(5): 161-163.

[100] 谭咏梅,王山. 多学科视角下的价值观概念和内涵[J]. 辽宁大学学报(哲学社会科学版),2008,36 (5): 6-8.

[101] 郑小升,张祥浩. 个体人生观形成的心理机制[J]. 甘肃理论学刊,2008,(3): 38-41.

[102] 周莉. 论个体价值观形成发展的机制[J]. 河南社会科学,2005, 13 (3):9-12.

[103] Rokeach M . The Nature of Human Values[M]. New York: Free Press, 1973.

[104] 蔡萍,卫小将. 中西传统文化与社会工作价值观的构建[J]. 科学之友,2006,(5): 81-82.

[105] 吴向东. 论价值观的形成与选择[J]. 哲学研究,2008,(5) : 22-57.

[106] Elizur D . Work values and commitment[J]. International Journal of Manpower, 1996 ,17 :25-30.

[107] Robbins S P . Organizational behavior :concept ,controversies ,and application[M]. Englewood cliffs: prentice-Hall ,1993.

[108] Bard A, Schwartz S H . Values and behavior: strength and structure of relations[J]. Personality and SocialPsychology Bulletin, 2003 ,29 :1207-1220.

[109] Caprara G V, Schwartz S, Capanna C, et al. Personality and politics: values ,traits, and political choice[J]. Political Psychology ,2006, 27: 1-28.

[110] Schwartz S H, Boehnke K . Evaluating thestructure of human values with confirmatory factor analysis [J]. Journal of Research in Personality ,2002, 38: 230-255.

[111] 宁维卫. 中国城市青年职业价值观研究[J]. 成都大学学报, 1996,(4): 10-12.

[112] 黄希庭, 郑涌. 当代中国青年价值观研究[M]. 北京:人民教育出版社,2005.

[113] 凌文辁, 方俐洛. 心理与行为测量[M]. 北京:机械工业出版社, 2003: 313-330.

[114] 金盛华. 社会心理学[M]. 北京: 高等教育出版社,2005.

[115] 陈红雷,周帆. 工作价值观结构研究的进展和趋势[J]. 心理科学进展,2003,(6):700-703.

[116] Miller C H. Career Development Theory in Perspective[M]. Boston Honglton: Mifflin Co,1974.

[117] Ros M, Schwartz S H, Surkiss S. Basic individual values, work values, and the meaning of work[J]. Applied Psychology: An International Review,1999, 48: 49-71.

[118] Wollack S, Goodale J G, Wijting J P, et al. Development of the survey of work values[J]. Journal of Applied Psychology, 1971, 55: 331-338.

[119] 陈英豪,汪荣才,刘佑星,等. 工作价值观量表修订报告[J]. 台南师专学报,1987,(20):1-33.

[120] 余朝权. 管理人员工作价值与其前项变因之研究——采生涯观点[J]. 东吴经济商学学报,1995,(16): 1-30.

[121] 吴铁雄,李坤崇,刘佑星,等. 工作价值观量表之编制研究[R]. 台北:行政院青年辅导委员会,1996.

[122] 马剑宏,倪陈明. 企业职工的工作价值观特征分析[J]. 应用心理学,1998,(4):10-14.

[123] 倪陈明,马剑宏. 企业职工的工作价值观与组织行为关系分析[J]. 人类工效学, 2000, (4):24-28.

[124] 王垒,马宏波,姚翔. 当代北京大学生工作价值观结构研究[J]. 心理与行为研究,2003,(1):23-28.

[125] 金盛华,李雪. 大学生职业价值观:手段与目的[J]. 心理学报,2005,5:23-28.

[126] 温家宝. 关于科技工作的几个问题. 求是,2011,(14):3-11.

[127] 路甬祥. 迎接人类知识文明新时代. 中国科学院第十五次院士大会闭幕词. 2010.

[128] 李拓. 和谐的音符——中国新兴社会阶层调查与分析[M]. 北京:中国方正出版社,2008.

[129] 陆学艺. 当代中国社会社会阶层研究报告[M]. 北京:社会科学文献出版社,2008.

[130] 蔡章生. 知识经济与科技创新[M]. 北京:国防工业出版社,2008.

[131] 中国科学技术协会调研宣传部,中国科学技术协会发展研究中心. 中国科技人力资源发展研究报告[R]. 北京:中国科学技术出版社,2008.

[132] 柴振群,剧晓哲,靳永慧,等. 专业技术人员职业道德与创新能力教程[M]. 北京:中国人事出版社,2004.

[133] 阿尔温·托夫勒. 第三次浪潮[M]. 黄明坚译. 北京:中信出版社,2006.

[134] 约翰·奈斯比特. 世界大趋势: 正确观察世界的 11 个思维模式[M]. 魏平译. 北京: 中信出版社,2010.

[135] 周海成. 大趋势[M]. 北京:中国文联出版社,2006.

[136] 托马斯·L.弗里德曼. 世界是平的[M]. 何帆,赫正非,肖莹莹,等译. 长沙: 湖南科学技术出版社,2010.

[137] 戴维·斯密克. 世界是弯的. 陈勇译[M]. 北京:中信出版社,2009.

[138] 冯绍红, 李东. 我国公益类科研机构员工工作价值观结构研究[J]. 人类工效学, 2009,15(2):9-13.

[139] 丁向阳. 人才竞争战略[M]. 北京:蓝天出版社,2005.

[140] 丁学东. 中国教育支出高于大多数国家,已成财政支出首项. http://www.china.news.com,2010-02-18.

[141] 佚名. 分析:中国成为最大博士生产国的背后. http://www.bbc.co.uk,2010-08-25.

[142] 马丁·雅克. 当中国统治世界[M]. 张莉,刘曲译. 北京:中信出版社,2010.

[143] 李中斌. 中小企业知识型员工激励模式研究[M]. 北京:中国言实出版社,2009.

[144] 斯蒂芬·P.罗宾斯,蒂莫西·A.贾奇. 组织行为学[M]. 李原,孙健敏译. 北京:中国人民大学出版社,2008.

[145] 刘小怡. X 效率一般理论[M]. 武汉:武汉出版社,1998.

[146] 罗格·弗朗茨. X 效率:理论、论据和应用[M]. 费弓域译. 上海: 上海译文出版社,1993.

[147] Kroo I, Altus S, Braun R, et al. Mutidisciplinary optimization methods for aircraft prliminary design.

AIAA Paper 94-4325-cp, 1994.

[148] 尹毅夫．中国管理学（上、下）[M]．北京：京华出版社，2009．

[149] 李泽厚．伦理学纲要[M]．北京：人民日报出版社，2010．

[150] 佐佐木毅，金泰昌．科学技术与公共性[M]．吴光辉译．北京：人民出版社，2009．

[151] 罗杰·A.麦凯恩．博弈论：战略分析入门[M]．原毅军，陈艳莹，张国峰，等译．北京：机械工业出版社，2008．

[152] 潘成安，胡汉辉，周晔．基于博弈论的知识型企业激励问题研究[J]．中国管理科学，2005，13(3)：108-114．

[153] 肖缓．基于心理契约的知识型员工行为激励模型[J]．中国管理科学，2003，(5)：64-69．

[154] 孙伟，黄培伦．公平理论研究综述[J]．科技管理研究，2004，(4)：102-104．

[155] 阮青松，黄向辉．西方公平偏好理论研究综述[J]．外国经济与管理，2005，27(6)：10-16．

[156] 李训．激励机制与效率——公平偏好理论视角的研究[M]．北京：经济管理出版社，2007．

[157] 龚霁茸，费方域．寻求公平的经纪人——相关实验经济学研究综述[J]．经济学家，2006，(2)：32-39．

[158] Thibaut J, Walker L. Procedural Justice: A Psychological Analysis [M]. Hillsdale, NJ: Erlbaum, 1975.

[159] Bies R J, Moag J S. Interactional justice: communication criteria of fairness. *In*: Lewicki R J, Sheppard B H, Bazerman M H. Research in Negotiations in Organizations. Greenwich[C]. CT: JAI Press. 1, 1986: 43-55.

[160] Greenberg J. The social side of fairness: interpersonal and informational classes of organizational justice. *In*: Cropanzano R. Justice in the Workplace: Approaching Fairness in Human Resource Management [C]. Hillsdale, NJ: Lawrence Erlbaum, 1993: 79-103.

[161] Samuelson P A. Altruism as a problem involving group versus individual selection in economics and biology [J]. American Economics Review, 1993, (83); 143-148.

[162] Fehr E, Fischbacher U. Why social preference matter—the impact of non-selfish motives on competition, comparison and incentives [J]. Zurich IEER Working Paper, 2002, No. 84.

[163] Guth W, Schmittberger R, Schwarze B. An experimental analysis of ultimatum bargaining [J]. Journal of Economic Behavior and Organization, 1982, 3: 367-388.

[164] 田盈，蒲勇健．团队协助激励机制博弈分析[J]．管理工程学报，2005，(2)：133-135．

[165] Mertens J F, Zamir S. Formulation of bayesian analysis for games with incomplete information [J]. International Journal of Game Theory, 1985, 10: 619-632.

[166] Kujala J V, Richardson U, Lyytinen H. A Bayesian-optimal principle for learner-friendly adaptation in learning games[J]. Journal of Mathematical Psychology, 2010, 54: 247-255.

[167] Ichiishi T, Yamazaki A. Cooperative extensions of the Bayesian game[J]. Adv. Math. Econ., 2006, 8: 273-296.

[168] Burguillo J C. Using game theory and competition-based Learning to stimulate student motivation and performance[J]. Computers & Education, 2010, 55: 566-575.

[169] 朱振涛，吴广谋，曹杰．不确定环境中利用薪酬合同获取市场信息的学习机制[J]．系统工程理论与实践，2009，29(9)：125-133．

[170] 张新华，叶泽．不确定需求下的电力竞价贝叶斯博弈模型[J]．系统工程学报，2007，22(2)：215-219．

[171] 谭德庆，胡培．不完全信息动态二维价格博弈模型及其分析[J]．数学的实践与认识，2005，35(12)：36-43．

[172] Allen B. Incentives in market games with asymmetric information: the core[J]. Economic Theory, 2003,21: 527-544.

[173] Falk A, Gachter S, Kovács J. Intrinsic motivation and extrinsic incentives in a repeated game with incomplete contracts[J]. Journal of Economic Psychology, 1999, 20:251-284.

[174] 张文修,仇国芳. 基于粗糙集的不确定决策[M]. 北京:科学出版社,2001.

[175] 张彩江. 复杂系统决策理论[M]. 广州:广东人民出版社,2006.

[176] Taylan O, Özoglu B K. An adaptive neuro-fuzzy model for prediction of student's academic performance[J]. Computers & Industrial Engineering, 2009, 57: 723-741.

[177] Atsalakis G S, Valavanis K P. Forecasting stock market short-term trends using a neuro-fuzzy based methodology [J]. Expert Systems with Applications, 2009, 36: 10696-10707.

[178] Ertugrul S. Predictive modeling of human operators using parametric and neuro-fuzzy models by means of computer-based identification experiment [J]. Engineering Applications of Artificial Intelligence, 2008,21: 259-268.

[179] Feng S, Dong L. Work-value motivation policy design based on neural networks for public scientific research institutions. *In*:Xu J P. Proceedings of the Fourth International Conference on Management Science and Engineering Management[C]. England:World Academic Press, 2010: 569-573.

附录　公益类科研机构员工工作价值观调查问卷

尊敬的女士、先生：

首先非常感谢您参与此次问卷调查。这是一份学术性问卷，以公益类科研机构员工为对象，旨在了解影响公益类科研机构员工职业选择和工作积极性的主要因素，以便于公益类科研机构更好地设计有效的激励政策。我们保证您的答案仅用于学术研究，向研究者之外的任何人严格保密。对问卷中的问题每个人都有不同的看法，故选择答案无所谓对错，如实回答就是最好的回答。请您根据所在单位和自身的情况，填写问卷，无需署名。本研究的顺利完成仰仗您的支持与合作！谨此表示最衷心的感谢！

恳请您：A. 每题只选一个答案；

B. 尽量不选中间项“一般”；

C. 凭直觉尽快回答；

D. 对未思考过的问题，也尽可能做出选择，请不要遗漏。

第一部分：背景资料调查

请在您认为符合您的情况的选项上划“√”

1. 性别：　A. 男　　　　B. 女

2. 婚姻状况：　A. 已婚　　　　B. 未婚

3. 年龄：　A. 25 岁以下；B. 25～30 岁；C. 31～40 岁；D. 41～50 岁；E. 50～60 岁；F. 61 岁以上

4. 学历：A. 专科以下；　B. 专科；　C. 本科；　D. 硕士；　E. 博士

5. 岗位：A. 管理岗位　（职位：A1. 基层管理；A2. 中层管理；A3. 高层管理）

B. 科研岗位　（职称：B1. 初级；B2. 中级；B3. 高级；B4. 院士）

C. 其他辅助岗位

6. 工龄：　A. 2 年以下；　B. 2～5 年；　C. 5～10 年；　D. 10～15 年；E. 15 年以上

7. 年薪：　A. 3 万元以下；　B. 3 万～5 万元；　C. 5 万～10 万元；　D. 10 万～15 万元；　E. 15 万元以上

第二部分：公益类科研机构员工工作价值观调查

请您根据下面的陈述符合您的情况的程度，在给出的答案中进行选择。

重要度选择：下列因素对您而言，在您的工作中的重要程度如何？请在给出的

5 种答案中进行选择，并在题后相应的数字上划“√”，5 种答案如下：

1——非常不重要；2——比较不重要；3——一般(重要与不重要同等程度)；4——比较重要；5——非常重要。

符合度选择：对您所在的公益类科研机构而言，下列因素与实际情况的符合程度如何？请在给出的 5 种答案中进行选择，并在题后相应的数字上划“√”，5 种答案如下：

1——非常不符合；2——比较不符合；3——一般(符合与不符合同等程度)；4——比较符合；5——非常符合。

调查项目		重要度选择					符合度选择				
1	国家的战略意识与方向利于公益类科研机构发展	1	2	3	4	5	1	2	3	4	5
2	民族的探索精神和科学传统有利于公益类科研机构发展	1	2	3	4	5	1	2	3	4	5
3	国家科技发展水平能有效支持公益类科研机构发展	1	2	3	4	5	1	2	3	4	5
4	经济发展形式、体制和总量能推动公益类科研机构发展	1	2	3	4	5	1	2	3	4	5
5	对公益类科研机构的定位、价值和组织构成有相关法律保障	1	2	3	4	5	1	2	3	4	5
6	公益类科研机构的知识产权和成果转化有相关法律保护	1	2	3	4	5	1	2	3	4	5
7	制定并实施支持公益类科研机构发展的配套政策	1	2	3	4	5	1	2	3	4	5
8	您所在公益类科研机构具有良好的发展前景	1	2	3	4	5	1	2	3	4	5
9	您所在公益类科研机构在国家建设中具有重要作用	1	2	3	4	5	1	2	3	4	5
10	您所在公益类科研机构具有良好的组织声望	1	2	3	4	5	1	2	3	4	5
11	您所在机构在科研中推崇声望高的学术带头人	1	2	3	4	5	1	2	3	4	5
12	您所在机构在科研中鼓励平等交流	1	2	3	4	5	1	2	3	4	5
13	您所在机构倡导遵循常规、继承前人	1	2	3	4	5	1	2	3	4	5

续表

调查项目		重要度选择					符合度选择				
14	您所在机构重视义理、淡泊名利	1	2	3	4	5	1	2	3	4	5
15	您所在机构追求利益最大化	1	2	3	4	5	1	2	3	4	5
16	您所在机构实行集权的管理模式	1	2	3	4	5	1	2	3	4	5
17	您所在机构鼓励学术自由	1	2	3	4	5	1	2	3	4	5
18	您所在机构具有容许失败的宽容环境	1	2	3	4	5	1	2	3	4	5
19	您所在机构倡导科学怀疑精神	1	2	3	4	5	1	2	3	4	5
20	您所在机构倡导公平竞争、机会均等	1	2	3	4	5	1	2	3	4	5
21	您所在机构倡导调和适中的组织环境	1	2	3	4	5	1	2	3	4	5
22	您所在机构鼓励科研中否定和批判的行为	1	2	3	4	5	1	2	3	4	5
23	您所在机构有员工可广泛参与的决策机制	1	2	3	4	5	1	2	3	4	5
24	您所在机构有完善的科研运行机制	1	2	3	4	5	1	2	3	4	5
25	您所在机构建立富有竞争力的薪酬福利制度	1	2	3	4	5	1	2	3	4	5
26	您所在机构有浓厚的重视人才氛围	1	2	3	4	5	1	2	3	4	5
27	您所在机构有合理有序的人才流动机制	1	2	3	4	5	1	2	3	4	5
28	您所在机构有完善的员工培训制度	1	2	3	4	5	1	2	3	4	5
29	您所在机构有科学合理的成果分享机制	1	2	3	4	5	1	2	3	4	5
30	您所在机构鼓励以团队的形式开展项目研究	1	2	3	4	5	1	2	3	4	5

续表

调查项目		重要度选择					符合度选择				
31	您所在机构有科学的绩效考核制度	1	2	3	4	5	1	2	3	4	5
32	您所在机构领导与员工关系融洽	1	2	3	4	5	1	2	3	4	5
33	您所在机构员工间有团结合作的关系氛围	1	2	3	4	5	1	2	3	4	5
34	您所在机构员工能与机构外部有良好的人际互动	1	2	3	4	5	1	2	3	4	5
35	您所在机构有良好的信息沟通和反馈机制	1	2	3	4	5	1	2	3	4	5
36	工作中能感受自己肩负的重要责任	1	2	3	4	5	1	2	3	4	5
37	工作中能有美的享受	1	2	3	4	5	1	2	3	4	5
38	从事的工作符合自己的兴趣	1	2	3	4	5	1	2	3	4	5
39	从事的工作能激发自己的创造力	1	2	3	4	5	1	2	3	4	5
40	从事的工作具有挑战性	1	2	3	4	5	1	2	3	4	5
41	工作中有升迁的机会	1	2	3	4	5	1	2	3	4	5
42	从事的工作能实现工作成果最大化	1	2	3	4	5	1	2	3	4	5
43	能保证从事研究的独立性	1	2	3	4	5	1	2	3	4	5
44	从事的工作能不断提高素质、拓展能力	1	2	3	4	5	1	2	3	4	5
45	从事的工作具有一定的自主性	1	2	3	4	5	1	2	3	4	5
46	工作中能获得足够的成就感	1	2	3	4	5	1	2	3	4	5
47	工作中能获得足够的尊重	1	2	3	4	5	1	2	3	4	5
48	工作中能够得到充分的授权	1	2	3	4	5	1	2	3	4	5
49	能有较满意的收入和福利	1	2	3	4	5	1	2	3	4	5
50	能实现工作和生活的平衡协调	1	2	3	4	5	1	2	3	4	5
51	从事的工作具有稳定性	1	2	3	4	5	1	2	3	4	5
52	能提供丰富的文体活动放松身心	1	2	3	4	5	1	2	3	4	5
53	工作单位在大城市	1	2	3	4	5	1	2	3	4	5
54	工作单位的交通便利	1	2	3	4	5	1	2	3	4	5

除了以上所列因素外,您认为还有哪些因素影响公益类科研机构员工的工作积极性,重要程度和符合程度如何？烦请您列出。

调查项目		重要度选择					符合度选择				
55		1	2	3	4	5	1	2	3	4	5
56		1	2	3	4	5	1	2	3	4	5
57		1	2	3	4	5	1	2	3	4	5
58		1	2	3	4	5	1	2	3	4	5
59		1	2	3	4	5	1	2	3	4	5

第三部分:公益类科研机构员工组织公民行为和离职倾向调查

下面是一些工作行为的描述,请您根据您的实际情况,选择一个适合您的情况。请在给出的5种答案中进行选择,并在题后相应的数字上划"√",5种答案如下:

1——非常少;2——比较少;3——一般;4——比较多;5——非常多。

调查项目							符合度选择				
1	当意识到同事工作中可能出现的问题时,主动提醒他						1	2	3	4	5
2	当同事工作中遇到困难时,主动帮助他解决						1	2	3	4	5
3	对同事给自己造成的工作不便,不会抱怨和计较过节						1	2	3	4	5
4	当组织对自己工作上产生误解,感到委屈时,能不抱怨,并保持积极的态度配合完成工作						1	2	3	4	5
5	当组织的形象或声誉受到损害时,会主动采取维护组织形象的行为						1	2	3	4	5
6	对组织的规章制度和程序,认为很有必要并严格遵守						1	2	3	4	5
7	当完成分内的工作时,我会主动要求做额外的工作						1	2	3	4	5
8	工作中尽可能地节约资源,如水、电、办公用品						1	2	3	4	5

续表

调查项目		符合度选择				
9	积极参加本单位的各项文体性活动	1	2	3	4	5
10	积极参加维护本单位形象的公益性活动(如植树、捐款、免费咨询等)	1	2	3	4	5
11	工作中愿意主动提出自己的各种意见和建议	1	2	3	4	5
12	其他同事对自己的意见和建议欣然接受	1	2	3	4	5
13	不计报酬,不考虑困难,创造性地从事工作	1	2	3	4	5
14	主动利用业余时间,通过各种方式开发自己的潜能,提高自身素质	1	2	3	4	5
15	主动介绍和宣传企业的优点和产品	1	2	3	4	5
16	主动帮助新进单位的同事适应环境	1	2	3	4	5
17	即使没有额外的报酬,工作有需求时,也会主动加班工作	1	2	3	4	5
18	主动协助解决同事间的误会纠纷,维护人际关系和谐	1	2	3	4	5
19	计划寻找更好的发展机会,然后离开本单位	1	2	3	4	5
20	计划寻找能提供更多薪水的单位,然后离开本单位	1	2	3	4	5

后　　记

知识员工激励问题近年来受到国内外人力资源开发与管理学术界越来越多的重视，但是基于工作价值观研究公益科研机构员工激励问题的文献至今未见。鉴于公益科研机构在国家科技创新体系中的特殊地位，作者选择了这一研究课题。由于研究任务的要求，本书研究内容涉及多个学科的方方面面。从员工激励系统总体上说，本书得出了以下基本结论：

第一，公益科研机构知识员工是建设创新型国家的重要力量。

公益科研机构中的知识员工是本书研究的激励对象，是展开研究的起点。在迄今为止的文献中，学术界多强调知识员工在组织中的作用，研究重点是从管理者的角度认识知识员工的特点，通过各种激励措施调动他们的积极性，以提高组织效率，实现组织目标。本书突破这种局限，从知识文明时代的客观规律和必然趋势出发，着重论述知识员工在当代、在我国的第一资源地位，强调知识文明时代对知识员工工作价值观的深刻影响和反作用，包括公益科研机构员工在内的知识员工在建设创新型国家、推动知识文明进程中的骨干作用。

一是运用马克思主义政治经济学的基本观点认识知识员工的资源地位，论述知识资源在知识文明时代正在上升为占支配地位的生产资料，作为主要生产资料的知识资源在生产力发展、生产关系变化和社会价值体系变革中正在发挥越来越大的决定性作用，作为现代知识主要载体和传播者的知识员工在工作价值观上正在发生的重大变化，在此基础上提出了知识员工是正在到来的知识文明时代孕育和催生的新兴社会阶层这一理论命题，围绕这一命题展开对公益科研机构员工激励思路的系统思考。

二是从国家战略高度认识知识员工在建设创新型国家和推动知识文明进程中的特殊地位，着力论述了正在崛起的知识员工新兴社会阶层在国家推进科教兴国、人才强国和可持续发展等核心战略，在实现建设创新型国家战略目标中的第一资源地位，重视知识员工工作价值观的变化趋势和激励要求对提高国家科技创新能力和可持续发展能力的极端重要性，论述了员工激励在人才强国建设中的关键作用。

第二，工作价值观是公益科研机构员工激励的文化心理基础。

激励基础是本书立论的基本依据。在此前的文献中，学术界多以需求作为员工激励的基础，对在更深层次上起决定作用的价值观和工作价值观缺乏足够的关联和重视。为把研究引向深入，本书分 5 个层次研究了关于价值观和工作价值观的若干基本问题。

一是从哲学高度递进论述了价值观、工作价值观、公益科研机构员工工作价值观的核心内涵和基本外延。

二是认真思辨，论述了价值观和工作价值观在影响人们行为方式上具有的引导性、持久性、主观性与客观性相互融合、体系性与层次性有机统一等特征；在作为人类思想意识内容上具有的社会性、历史性、文化性和心理性等特点；以及与员工的人生观、世界观之间不可分割的系统联系。

三是运用调研数据和计算机辅助手段凝练了公益科研机构员工工作价值观的5个基本维度，即工作报酬、知识进取、职务晋升、工作环境和人际关系以及它们领属的45项激励因素。以此为依托创建了公益科研机构员工工作价值观维度结构模型。

四是在价值观和工作价值观与员工激励之间建立因果关联，论述围绕价值观和工作价值观问题展开的文化心理现象涉及员工激励的各个方面，决定员工激励系统各种机制的作用效果，决定组织的运行效率、国家的创新活力和可持续发展能力。

五是在世界经济社会变革的大背景下研究我国知识员工工作价值观的变化趋势，论述当代科学技术迅猛发展、人类社会进入知识文明时代、市场经济占据支配地位、全球化进程加快、改革开放大潮涌动等重大经济社会变革对我国知识员工工作价值观的深刻影响。

第三，全方位自主互动是我国公益科研机构员工激励系统建设的目标模式。

激励系统是实施员工激励的平台。此前的文献多专注于员工激励系统中的动力机制，并将其称为激励机制而等同于整个激励系统，对在系统中不可或缺的约束机制和互动机制缺乏深入研究。为此本书强调指出，仅有激励机制的员工激励是不健全的，实现公益科研机构员工激励良好效果需要建立具有全方位多功能的激励系统。

基于这一认识，本书改进员工激励的顶层设计，构建了我国公益科研机构员工激励系统的整体框架模型，它包括驱动力、调控力和互动力3种内在的作用力量，3种力量分别基于动力机制、约束机制和博弈机制发挥作用。

管理者不受约束是目前我国公益科研机构员工激励效果不佳的另一个基本原因。为此，本书重点论述了知识文明时代的到来正推动公益科研机构员工激励系统的主客体关系发生着深刻变化。在这样的条件下，我国公益科研机构员工激励系统建设的目标模式应该是鼓励员工参与民主管理、促进员工全面发展的自主式、互动式激励系统。

在上述关于公益科研机构员工激励问题理论研究的基础上，本书以主要篇幅研究了在员工激励系统中有效运用3大机制的若干重要实践问题，取得了以下几点主要结论：

第一，工作报酬、知识进取、职务晋升、工作环境和人际关系是公益科研机构员工激励系统中动力机制的基本着力点。

关于动力机制这一在文献中涉及较多的问题，以员工工作价值观5个基本维度为纲全面论述了动力机制的有效运用。重点论述了公益科研机构知识员工在战略资源地位、科技创新意识、创造性劳动价值、自我价值意识、人际关系与工作环境意识、终身学习需要、推动生产力和生产关系发展的革命性等方面的人才素质特点，论述了这一人群在工作价值观体系5个基本维度的激励响应特点。其中知识进取和职务晋升在性质上可视为精神性工作报酬，人际关系在逻辑上可归入工作环境，由于这3个维度对知识文明时代公益科研机构员工激励具有更特殊的意义，本书予以特别强调。

系统分析了动力机制的整体作用效果，运用GSE方法分析了员工激励系统动力机制诸要素的灵敏度，探讨了动力机制诸要素的协同优化思路，构建了分析动力机制效果的相关模型。这些模型与第5章设计的激励-约束机制模型，第6章构建的博弈机制决策模型，以及第7章实例研究中构建的偏序模型和ANFIS模型构成一个系列，是本书为提高员工激励系统量化研究水平而进行的尝试。

第二，工作绩效约束、伦理道德约束和规章制度约束是公益科研机构员工激励系统约束机制的3种基本作用方式。

在论述约束机制与动力机制的差异性和互补性的基础上，系统论述了在员工激励系统约束机制中如何整合运用3种基本约束方式。在此前的文献中，对工作绩效多是从激励角度考虑而没有从约束角度予以充分考虑，伦理道德这一本应居于首位的约束方式尚未受到学术界的应有重视，本书专门对此进行了深入的研究。鉴于管理者在组织中的特殊地位及其不自觉接受约束对员工激励效果的负面影响，重点论述了将管理者纳入约束对象范围的必要性，强调由于管理者在组织中的地位、权力和影响，对管理者应该实行更严格的约束。

基于委托-代理理论设计了公益科研机构员工激励-约束机制。克服标准模型仅考虑工作报酬激励的局限性，适应公益科研机构员工激励与约束实践中的各种情况对标准模型做了系统改进，改进后的模型既可以合理解释其他动力要素的作用效果，也可以把约束机制的作用效果做出与动力机制统一的解释。结合伦理道德约束分析了约束机制的博弈性、动态性特点。

第三，公益科研机构员工激励系统的博弈机制是动力机制和约束机制的有机结合。

提出了效率与公平是公益科研机构员工激励中的两大博弈主题等观点，论述了博弈的基本内容、决定因素、基本样态、连续性和阶段性，公益科研机构员工在激励博弈中的公平偏好，以及公平偏好在工作报酬博弈、知识进取博弈、工作努力程度博弈中的具体运用。重点论述了在员工激励中由权利运用不公平、工作绩效评价不公平以及搭便车等引起,目前在公益科研机构中普遍存在并严重影响员工士气和组织效率的博弈现象。

研究了公益科研机构员工激励中的博弈决策过程,建立了激励博弈决策模型,尝试了贝叶斯方法在博弈决策中的应用,分析了完全信息和不完全信息条件下的激励博弈决策,论证了学习过程对提高激励博弈效果的重要作用。

第四,我国公益科研机构员工激励面临知识文明进程的巨大挑战。

在本书撰写期间,作者多次赴公益科研机构进行调研,调研内容包括这些单位的人才队伍、改革发展、激励系统建设、员工工作价值观、组织文化建设、员工对激励系统建设的意见等方面基本情况,得到了各单位领导和有关部门的大力支持。为配合各章的理论研究,本书专设一章对公益科研机构员工激励系统建设中的若干关键问题进行实例研究。采用对象单位员工对激励机制建设的讨论意见研究了公益科研机构员工激励系统的结构完整性问题。利用对象单位组织文化建设的有关资料研究了员工激励系统约束机制的基本方式,特别是伦理道德约束。分别采用模糊偏序方法和 ANFIS 方法对公益科研机构员工激励系统动力机制决策优化问题进行了量化研究。

在迎接知识文明、建设创新型国家的进程中,公益科研机构是国家队,是正规军。因此,建设公益科研机构员工激励系统是国家科技创新体系建设中一项十分重要的任务,它决定员工的士气、组织的效率、国家的科技实力。正因为其如此重要,建设公益科研机构员工激励系统必然又是一项长期的艰巨任务。在这个长期过程中,需要克服无数理论和实践上的困难。为此,作者愿意在实践中继续努力,努力应用本书取得的研究成果,接受公益科研机构员工激励的实践检验;努力开展后续研究,在更宽广的视野上开展工作,破解更多理论和实践问题,在理论和实际的结合上,在定量分析和定性思考的结合上取得新的进展;努力扩大学术交流,在交流中开阔视野,拓宽思路,丰富和完善现有成果。

在本书完稿之际,作者心中充满感激之情。

感谢南京航空航天大学和江苏省科技厅先后支持作者开展相关课题研究。

感谢南京航空航天大学杨英宝教授、王华伟副教授同作者一道开展相关研究。

感谢南京航空航天大学李东教授指导作者开展相关研究,安玉坤教授、方志耕教授、李南教授为作者开展研究提供指导意见。

感谢尹毅夫教授、刘思峰教授审阅书稿并提出宝贵意见。

感谢中国民航局航空安全技术中心、中国科学技术信息研究所、交通运输部规划研究院、铁道部经济规划研究院、中国科学院南京分院、江苏省科学技术情报研究所等科研机构为作者开展调研活动提供方便。

感谢科学出版社的编辑同志为本书出版付出的辛勤劳动。

感谢我们面前这个美好的世界，这个伟大的时代，给予我们这样多的机遇和挑战。

作　者

2012年1月11日于南京梅花山庄